Kohlhammer

Gudrun Wansing, Matthias Windisch (Hrsg.)

Selbstbestimmte Lebensführung und Teilhabe

Behinderung und Unterstützung im Gemeinwesen

Verlag W. Kohlhammer

Dieses Werk einschließlich aller seiner Teile ist urheberrechtlich geschützt. Jede Verwendung außerhalb der engen Grenzen des Urheberrechts ist ohne Zustimmung des Verlags unzulässig und strafbar. Das gilt insbesondere für Vervielfältigungen, Übersetzungen, Mikroverfilmungen und für die Einspeicherung und Verarbeitung in elektronischen Systemen.

1. Auflage 2017

Alle Rechte vorbehalten
© W. Kohlhammer GmbH, Stuttgart
Gesamtherstellung: W. Kohlhammer GmbH, Stuttgart

Print:
ISBN 978-3-17-030587-8

E-Book-Formate:
pdf: ISBN 978-3-17-030588-5
epub: ISBN 978-3-17-030589-2
mobi: ISBN 978-3-17-030590-8

Für den Inhalt abgedruckter oder verlinkter Websites ist ausschließlich der jeweilige Betreiber verantwortlich. Die W. Kohlhammer GmbH hat keinen Einfluss auf die verknüpften Seiten und übernimmt hierfür keinerlei Haftung.

Inhalt

Vorwort 11

Einleitung 12
Gudrun Wansing und Matthias Windisch

Teil 1: Konzeptionelle Entwicklungen und rechtliche Aspekte

Selbstbestimmte Lebensführung und Einbeziehung in das Gemeinwesen – Normative Grundsätze und konzeptionelle Perspektiven 19
Gudrun Wansing

    1   Einleitung 19
    2   Selbstbestimmte Lebensführung 20
    3   Lebensführung von Menschen mit Behinderungen – Möglichkeiten, Anforderungen und notwendige Ressourcen 23
    4   Einbeziehung in das Gemeinwesen – Sozialräumliche Bedingungen der Lebensführung 25
    Literatur 30

Personenzentrierung als sozialpolitische Programmformel
Zum Diskurs der Eingliederungshilfereform 33
Markus Schäfers

    1   Einleitung 33
    2   »Von der institutionellen zur personalen Perspektive« – zur genetischen Bedeutung von Personenzentrierung 33
    3   Personenzentrierung im Kontext von Eingliederungshilfereform und Bundesteilhabegesetz 35
    4   Zur Bedeutung von Personenzentrierung im sozialpolitischen Diskurs 37
        4.1   Personenzentrierung als richtungsweisende Programmformel 38
        4.2   Personenzentrierung als Bedarfsorientierung 39
        4.3   Personenzentrierung als personenbezogene Leistungserbringung 41

5	Personenzentrierung im sozialpolitischen Diskurs: Konsequenzen für ambulante Angebote	43
Literatur		45

Alltag und Lebenswelt als zentrale Bezugspunkte professionellen Handelns im Kontext gemeinwesenorientierter Unterstützung ... 49
Albrecht Rohrmann und Hanna Weinbach

1	Einleitung	49
2	Die Zuständigkeit für Behinderung	50
2.1	Paradigmen der Behindertenhilfe	50
2.2	Selbstbestimmung als Hinweis auf Anomalien des herrschenden Paradigmas	51
2.3	Begründung professioneller Zuständigkeit durch die Annahme einer wesensmäßigen Andersartigkeit	52
3	Zum Anregungspotential des Konzeptes der Lebensweltorientierung	54
4	Handlungs- und Strukturmaximen der Sozialen Arbeit mit Menschen mit Beeinträchtigungen	55
Literatur		59

Leitorientierung und Grenzprobleme der Selbstbestimmung in der ambulanten Unterstützung von Menschen mit Behinderungen und Pflegebedarf ... 61
Matthias Windisch

1	Einleitung	61
2	Begriff und Aspekte der Selbstbestimmung	62
3	Selbstbestimmung und Persönliche Assistenz	64
4	Selbstbestimmung und ambulante Pflege	66
5	Selbstbestimmung und Unterstützung der eigenständigen Lebensführung im Rahmen des Ambulant Betreuten Wohnens	67
6	Rechtliche Aspekte und Grenzprobleme von Selbstbestimmung	69
6.1	Gesetzliche Regelungen zu Recht und Grenzen der Selbstbestimmung	69
6.2	Grenzprobleme der Selbstbestimmung am Beispiel Persönlicher Assistenz	75
Literatur		77

Ambulante Unterstützung im Spiegel von Leistungsgesetzen ... 80
Felix Welti

1	Einleitung	80
2	Rechtliche Barrieren	81

	2.1	Numerus Clausus der Leistungsformen und Leistungserbringer bei Sachleistungen der Pflegeversicherung	81
	2.2	Begrenztes Volumen beim Pflegegeld	82
	2.3	Restriktionen beim Persönlichen Budget im Pflege- und Teilhaberecht	82
	2.4	Verständnis der Pflegebedürftigkeit in der Pflegeversicherung	83
	2.5	Mehrkostenvorbehalt in der Eingliederungshilfe und Hilfe zur Pflege	84
	2.6	Vergütungssystem	84
	2.7	Zuständigkeit	85
	2.8	Sektorentrennung	85
	2.9	Objekt- und Sektorenorientierung von Investitionsförderung	87
	2.10	Objektorientierung der Aufsichtsbehörden und des Verbraucherschutzes	87
3	Schluss	....	88
Literatur		....	88

Teil 2: Praxisbezogene Entwicklungen und Untersuchungsergebnisse

Das Recht, ein Leben mit Persönlicher Assistenz selbst gestalten zu können – eine Frage der Leistungserbringung oder der Menschenrechte? 93
Uwe Frevert

1	Einleitung	93
2	Persönliche Assistenz – das Sechs-Kompetenzen-Modell	94
3	Probleme bei der Umsetzung der Persönlichen Assistenz ...	95
4	Die Menschenrechte und das Übereinkommen über die Rechte von Menschen mit Behinderungen (UN-Behindertenrechtskonvention)	96

	4.1	UN-Übereinkommen über die Rechte von Menschen mit Behinderungen und ihre rechtliche Relevanz	97
	4.2	UN-Übereinkommen über die Rechte von Menschen mit Behinderungen und ihre Bedeutung für die Persönliche Assistenz in der deutschen Übersetzung	98
	4.3	Folgen der unterschiedlichen Bedeutung des Begriffs Persönliche Assistenz	99
5	Menschenrechte und Grundgesetz		100
Literatur		....	102

Personenzentrierte Steuerung der Eingliederungshilfe – am Beispiel des Landschaftsverbandes Rheinland 104
Dieter Schartmann

1	Einleitung	104
2	Der personenzentrierte Ansatz – Grundsatz und Haltung...	106
3	Personenzentrierte Steuerungsinstrumente	108
	3.1 Das Fallmanagement	108
	3.2 Das Hilfeplaninstrument – der IHP 3.1	109
	3.3 Die Hilfeplankonferenz	110
	3.4 Die Regionalkonferenz	112
	3.5 Fachleistungsstundensystematik	112
	3.6 Koordinierungs-, Kontakt- und Beratungsstellen sowie Sozialpsychiatrische Zentren	113
	3.7 Weitere Aspekte im Zusammenhang von Personenzentrierung und Partizipation	113
4	Weiterentwicklung der Personenzentrierung	114
	Literatur	115

Regionale Teilhabeindikatoren für eine teilhabeorientierte Steuerung der Eingliederungshilfe 117
Petra Gromann und Andrea Deuschle

1	Einleitung	117
2	Methodische Grundlage der Untersuchungsergebnisse zur teilhabeorientierten Steuerung	119
3	Ziel einer teilhabeorientierten Steuerung	120
4	Das Zielprinzip Teilhabe stellt »Inklusion vor Ort« her	121
5	Gemeinsames Steuern setzt Transparenz voraus	123
6	Fazit	124
	Literatur	125

Integrierter Teilhabeplan (ITP) als Verfahren zur individuellen Teilhabeplanung – Anspruch, Umsetzungserfahrungen und Probleme 127
Matthias Windisch

1	Einleitung	127
2	Konzeptuelle Aspekte des ITP-Instruments	128
	2.1 Ziele und Prozessorientierung	129
	2.2 Indikatoren der individuellen Bedarfsermittlung	130
	2.3 Finanzierung der Leistungen zur Bedarfsdeckung ...	131
3	Umsetzungserfahrungen und Kritik zum ITP-Instrument ...	132
	3.1 Die Sicht von Leistungsberechtigten	132
	3.2 Die Sicht von Professionellen	133
4	Fazit	137
	Literatur	137

Chancen und Grenzen der »Ambulantisierung« – Ergebnisse einer empirischen Studie 140
Daniel Franz und Iris Beck

- 1 Einleitung 140
- 2 Das Ambulantisierungsprogramm 141
- 3 Auswirkungen der Veränderungen 143
  - 3.1 Selbst- und Mitbestimmung 144
  - 3.2 Soziale Netzwerke und soziale Unterstützung 145
  - 3.3 Arbeitsteilung und Aufgaben von Fachkräften 146
  - 3.4 Settings für Menschen mit komplexem Unterstützungsbedarf 147
- 4 Fazit und Ausblick 149
- Literatur 151

Ambulante Dienste für behinderte Menschen – Entwicklungen, Herausforderungen und Perspektiven 153
Christian Huppert

- 1 Einleitung 153
- 2 Angebots- und Begriffsvielfalt in Ambulanten Diensten 154
  - 2.1 Persönliche Assistenz 154
  - 2.2 Offene Hilfen 155
  - 2.3 Beratung 156
- 3 Zur Geschichte Ambulanter Dienste 157
  - 3.1 Aufbau Ambulanter Dienste 157
  - 3.2 Staatliche Förderung der Dienste 159
- 4 Strukturelle Kennzeichen der Dienste 160
- 5 Leistungserbringung an den Schnittstellen der Sozialgesetzbücher 161
- 6 Teilhabe und Inklusion – Herausforderungen für Ambulante Dienste 163
  - 6.1 Offene Hilfen – Inklusion im Konjunktiv 164
  - 6.2 Akteure in der ambulanten Behindertenhilfe 164
  - 6.3 Vernetzte Kompetenzzentren im Gemeinwesen 165
- 7 Fazit und Ausblick 165
- Literatur 165

Peer Counseling als Methode zur Unterstützung einer selbstbestimmten Lebensführung – ein Beratungskonzept und seine Wirkweisen 168
Micah Jordan und Mario Schreiner

- 1 Einleitung 168
- 2 Definition und Grundsätze von Peer Counseling 169
- 3 Entstehung und Verbreitung des Peer Counseling 170
- 4 Aktueller Diskurs zum Peer Counseling 171

5		Empirische Forschung zu den Wirkweisen von Peer Counseling	172
	5.1	Forschungsstand	173
	5.2	Das Projekt Peer Counseling im Rheinland	173
	5.3	Erste empirische Ergebnisse	175
6		Bedeutung des Peer Counseling zur Unterstützung einer selbstbestimmten Lebensführung	177
Literatur			178

Autorenverzeichnis ... 181

Vorwort

Es waren die sozialen Selbsthilfebewegungen und eine wachsende Selbstbestimmungsbewegung von Menschen mit Behinderungen, die vor etwas mehr als drei Jahrzehnten in Deutschland eine Auseinandersetzung angestoßen haben, die bis heute anhält. Sie richtet sich gegen soziale Ausgrenzung und bevormundende Hilfestrukturen und zielt auf die Entwicklung und Gestaltung von individuell abgestimmten bzw. passgenauen Pflege- und Unterstützungsangeboten außerhalb institutioneller Versorgungseinrichtungen. Zielsetzung war und ist es, durch gesellschaftliche Veränderungen Gleichberechtigung und Anerkennung, Freiheit und Selbstbestimmung in der Lebensgestaltung sowie eine Teilhabe im Gemeinwesen zu erreichen. Diese in den 1980er Jahren angestoßene Thematik erweist sich gegenwärtig in Anbetracht der UN-Behindertenrechtskonvention mehr denn je als hoch aktuell und relevant.

Sie wurde 2015 im Rahmen einer Fachtagung »Teilhaben und selbstbestimmt leben – Anforderungen an ambulante Hilfen für Menschen mit Behinderung und Pflegebedarf im Gemeinwesen« an der Universität Kassel aufgegriffen. Veranstalter der Fachtagung waren das Institut für Sozialwesen am Fachbereich Humanwissenschaften der Universität Kassel, die Arbeitsgruppe Teilhabeforschung im Forschungsverbund für Sozialrecht und Sozialpolitik der Universität Kassel und der Hochschule Fulda (FOSS) sowie der gemeinnützige Verein Ambulante Hilfen im Alltag (aha e.V.) anlässlich dessen 20-jährigen Jubiläums. Aha e.V. ist Ende 1994 aus dem Lehr- und Forschungszusammenhang zu Behinderung und Soziale Arbeit im damaligen Fachbereich Sozialwesen an der Universität Kassel hervorgegangen. Motivation und Zielsetzung des Vereins war und ist es, in der Praxis Sozialer Arbeit zur Entwicklung und zum Ausbau passgenauer individueller Hilfeleistungen für Menschen mit Behinderungen und Pflegebedarf orientiert an deren Selbstbestimmungsrecht sowie zu deren sozialen Teilhabe in der Region Kassel beizutragen.

Anknüpfend an die inhaltliche Ausrichtung der Tagung greift der vorliegende Sammelband die Tagungsbeiträge von Referentinnen und Referenten auf und ergänzt sie um einschlägige Beiträge von weiteren Autorinnen und Autoren.

Allen Autorinnen und Autoren, die mit ihren Beiträgen zu diesem Band beigetragen haben, danken wir an dieser Stelle vielmals. Außerdem verdient Viviane Schachler großen Dank, die uns engagiert und fachkundig bei Lektorat und Manuskripterstellung unterstützt hat.

Kassel, Juli 2017   Gudrun Wansing und Matthias Windisch

Einleitung

Gudrun Wansing und Matthias Windisch

In den vergangenen Jahren hat sich ein grundlegender Wechsel in der Orientierung der professionellen Organisation und Umsetzung sozialer Unterstützung von Menschen mit Beeinträchtigungen und Hilfebedarf herausgebildet. Maßstab der Unterstützung sind menschenrechtliche Grundsätze wie Selbstbestimmung, Inklusion und gleichberechtigte Teilhabe in der Gesellschaft. Personen- und sozialraumbezogene Unterstützungsleistungen sollen eine traditionell institutionenbezogene Versorgung ablösen.

Seit 2009 bietet die UN-Behindertenrechtskonvention (UN-BRK) in Deutschland einen normativen Bezugsrahmen für die Gestaltung und Bewertung von Unterstützungsleistungen. Für die Bewältigung des Alltags ist insbesondere der Artikel 19 UN-BRK zur selbstbestimmten Lebensführung und Einbeziehung in das Gemeinwesen von Bedeutung. Er formuliert das Recht von Menschen mit Behinderungen, mit gleichen Wahlmöglichkeiten wie andere Menschen im Gemeinwesen zu leben. Deutschland hat sich mit der Unterzeichnung der UN-BRK dazu verpflichtet, für Menschen mit Behinderungen die freie Wahl der Wohn- und Lebensform, die Verfügbarkeit von und den Zugang zu flexiblen Unterstützungsdiensten im Gemeinwesen, einschließlich Persönlicher Assistenz, sowie den Zugang zu allgemeinen Dienstleistungen und Einrichtungen im Gemeinwesen zu gewährleisten, die den Bedürfnissen von Menschen mit Behinderungen gerecht werden sollen. Mit dem Artikel 19 hat die UN-BRK nachhaltig dazu beigetragen, dass es gegenwärtig eine breit geführte Auseinandersetzung zur Umsetzung personenzentrierter und gemeinwesen- bzw. sozialraumorientierter Hilfen im Kontext der Weiterentwicklung der Eingliederungshilfe sowie in den fachlichen Diskursen der Rehabilitations-/Behindertenpädagogik und der Sozialen Arbeit bei Behinderung gibt.

Dabei geht es um eine konzeptionelle Weiterentwicklung von institutionenbezogenen, pauschalen Maßnahmen des »Wohnens« hin zur individuellen Unterstützung alltäglicher Lebensführung an selbstgewählten Wohnorten und in selbstgewählten Wohnformen. Mit diesem Orientierungswandel geht in der Praxis vielerorts eine zunehmende Umsetzung von ambulanten Unterstützungskonzepten einher. Gleichwohl erschweren oder verhindern nach wie vor zum Teil erhebliche Barrieren eine selbstbestimmte Lebensführung im Alltag und die Teilhabe im Gemeinwesen bei Behinderung und Pflegebedarf.

Trotz der Aktualität und Bedeutung des Themas wie auch beobachtbarer Veränderungen von Bedingungen und der Organisation der professionellen sozialen Unterstützung von Menschen mit Behinderungen und Pflegebedarf in den vergangenen rund 30 Jahren liegen dazu bislang wenig systematische Publikationen vor. Der vorliegende Band soll diese Lücke schließen. Er integriert verschiedene

Perspektiven auf die Entwicklung und auf Anforderungen und Probleme der Unterstützung der selbstbestimmten Lebensführung von Menschen mit Behinderungen und Pflegebedarf.

Das Ziel des vorliegenden Buches ist es, Antworten auf folgende Fragen zu geben: Was bedeutet eine selbstbestimmte Lebensführung? Welche Optionen und Anforderungen gehen damit für Menschen mit Behinderungen einher? Wie lassen sich die normativen Forderungen nach Selbstbestimmung und Teilhabe bzw. Person- und Sozialraumorientierung konzeptionell fassen? Welche innovativen Entwicklungen zeichnen sich in der professionellen Behindertenhilfe bzw. Sozialen Arbeit bei Menschen mit Behinderungen und Unterstützungsbedarf gemessen an dem postulierten Orientierungswandel ab? Welche Rahmenbedingungen unterstützen ihre selbstbestimmte Lebensführung und ihre Teilhabemöglichkeiten? Welche Probleme gibt es bei der Konstruktion und Umsetzung individuell passender Hilfen? Welchen Beitrag kann ambulante Unterstützung zur selbstbestimmten Lebensführung und Teilhabe konzeptionell leisten? Wie müssen ambulante Dienste für Menschen mit Behinderungen und Unterstützungsbedarf künftig gestaltet werden?

Im ersten Teil des Bandes erfolgen Grundlegungen zu konzeptionellen Entwicklungen und rechtlichen Aspekten. Gudrun Wansing setzt sich in ihrem Beitrag »Selbstbestimmte Lebensführung und Einbeziehung in das Gemeinwesen – Normative Grundsätze und konzeptionelle Perspektiven« mit Inhalt und Bedeutung der Zielperspektiven einer selbstbestimmten Lebensführung und Einbeziehung in das Gemeinwesen auseinander. Dabei bezieht sie normative Anforderungen nach Artikel 19 UN-BRK wie auch soziologische Perspektiven ein. Im Ergebnis skizziert sie Anforderungen für nachhaltige Veränderungen in der professionellen Unterstützung bei Behinderung und Hilfebedarf, die weit über den Entwicklungsstand der betreuten Wohnformen hinausreichen.

Markus Schäfers geht in seinem Beitrag »Personenzentrierung als sozialpolitische Programmformel – Zum Diskurs der Eingliederungshilfereform« kritisch auf Bedeutungszuschreibungen zum Begriff der Personenzentrierung im sozialpolitischen Diskurs, Formen ihrer Inszenierung und Perspektiven ihrer gesetzespolitischen Stärkung ein. Dabei ist es ihm ein Anliegen, eine Brücke von dem sozialpolitischen Verständnis der Personenzentrierung zu den Konsequenzen einer möglichen Gesetzesreform der Eingliederungshilfe für die alltagsrelevante Unterstützung von Menschen mit Behinderungen und Hilfebedarf zu schlagen.

Im Blickpunkt des Beitrags »Alltag und Lebenswelt als zentrale Bezugspunkte professionellen Handelns im Kontext gemeinwesenorientierter Unterstützung« von Albrecht Rohrmann und Hanna Weinbach steht das Spannungsverhältnis zwischen den Zielen der fachlichen Diskurse zu ihrer alltagsbezogenen Unterstützung (Personenzentrierung, Sozialraumorientierung, Selbstbestimmung, Teilhabe usw.) und den tatsächlichen Unterstützungsleistungen mit ihren Folgen in der Praxis aus der Sicht des sozialpädagogischen Konzepts der Lebensweltorientierung. Dem Autor und der Autorin zufolge sind Hilfen für Menschen mit Beeinträchtigungen aus lebensweltorientierter Sicht als Unterstützungsleistungen zur gelingenden bzw. besseren Alltagsbewältigung in inklusiv auszurichtenden Gemeinwesen bzw. Sozialräumen zu profilieren.

Matthias Windisch widmet sich in seinem Beitrag »Leitorientierung und Grenzprobleme der Selbstbestimmung in der ambulanten Unterstützung von Menschen mit Behinderungen und Pflegebedarf« dem Selbstbestimmungsrecht und dessen Umsetzung. Im Mittelpunkt steht die Frage, wie sich individuelle Selbstbestimmungsrechte und professionell organisierte ambulante Unterstützungsleistungen zueinander verhalten. Der Autor wirft einen differenzierenden und konzeptuellen Blick auf die Rolle des Selbstbestimmungsrechts in den professionellen ambulanten Unterstützungsformaten wie Persönliche Assistenz, Pflege und sozialpädagogische bzw. psychosoziale Unterstützung und zeigt Grenzprobleme der individuellen Selbstbestimmung auf.

Von welchem leistungsrechtlichen Kontext ambulante Hilfen für Menschen mit Beeinträchtigungen bestimmt und begrenzt sind, ist Gegenstand des Beitrags »Ambulante Unterstützung im Spiegel von Leistungsgesetzen« von Felix Welti. Die kritische Auseinandersetzung fokussiert schwerpunktmäßig das Pflegeversicherungs- und Eingliederungshilferecht unter Bezugnahme auf die normative Bedeutung der UN-BRK und des geplanten Bundesteilhabegesetzes. Der Beitrag legt Barrieren in den rechtlichen Strukturen der Leistungen zur Teilhabe und Pflegeleistungen trotz normativer Bekenntnisse zur Selbstbestimmung offen, die einer Diversifizierung und bedarfsgerechten Weiterentwicklung der sozialen Unterstützungsleistungen entgegenstehen.

Der zweite Teil des Bandes greift praxisbezogene Entwicklungen und Untersuchungsergebnisse zur Umsetzung des Orientierungswechsels in der professionellen Behindertenhilfe auf. Der Beitrag von Uwe Frevert »Das Recht, ein Leben mit Persönlicher Assistenz selbst gestalten zu können – eine Frage der Leistungserbringung oder der Menschenrechte?« zeigt aus der Betroffenenperspektive die Bedeutung der Persönlichen Assistenz im Lichte (menschen-)rechtlicher Grundsätze auf. Der Autor unterstreicht den Anspruch auf Persönliche Assistenz und skizziert zugleich verschiedene Probleme und Barrieren der Umsetzung in der gegenwärtigen Praxis.

Wie und unter welchen Voraussetzungen personenzentrierte Hilfen aus Sicht eines überörtlichen Leistungsträgers der Sozialhilfe ermöglicht werden, ist Gegenstand eines Beitrags »Personenzentrierte Steuerung der Eingliederungshilfe – am Beispiel des Landschaftsverbandes Rheinland (LVR)« von Dieter Schartmann. Der Autor stellt als wesentliche Bausteine der Steuerung das Fallmanagement, das Hilfeplaninstrument der Individuellen Hilfeplanung (IHP), die Hilfeplankonferenz und die Regionalkonferenz, die Fachleistungssystematik sowie niedrigschwellige Anlauf- und Beratungsstellen im Rheinland vor, die jeweils eng miteinander verzahnt sind.

In ihrem Beitrag »Regionale Teilhabeindikatoren für eine teilhabeorientierte Steuerung der Eingliederungshilfe« verfolgen Petra Gromann und Andrea Deuschle die Frage nach der Steuerung der Eingliederungshilfe und Teilhabewirkungen unter den Bedingungen von regional unterschiedlichen Ausgangslagen. Methodik und Ergebnisse eines Evaluationsprojekts zur Entwicklung eines teilhabeorientierten Steuerungskonzepts werden vorgestellt, dessen Ziel es ist, eine Dokumentation und Bewertung von gemeinsam verhandelten regionalen Steuerungszielen trotz unterschiedlicher regionaler Gegebenheiten umzusetzen.

Matthias Windisch beschäftigt sich in einem Beitrag mit Anspruch, Umsetzungserfahrungen und Problemen des »Integrierten Teilhabeplan (ITP) als Verfahren zur individuellen Teilhabeplanung«. Im Mittelpunkt steht das Verfahren zur individuellen Bedarfsermittlung und einer darauf aufbauenden zielorientierten Unterstützungsplanung als zentrales Element in dem viel diskutierten Konzept der Personenzentrierten Steuerung der Eingliederungshilfe (PerSEH) in Hessen. Neben einer Charakterisierung wesentlicher konzeptueller Ansprüche und Merkmale des ITP-Instruments fasst der Autor kritisch strukturelle Schwächen und Erfahrungen mit dessen Umsetzung in der Praxis auf der Basis von Ergebnissen einschlägiger Gutachten und Evaluationsuntersuchungen zusammen.

»Chancen und Grenzen der Ambulantisierung« zeigen Daniel Franz und Iris Beck anhand ausgewählter Ergebnisse ihrer Evaluationsstudie zum Ausbau ambulanter Hilfen für Menschen mit so genannter geistiger Behinderung in der Hansestadt Hamburg auf. Mit diesem Ausbau verbindet sich der Auszug aus Wohngruppen in eigenen Wohnraum auf der Basis einer Personenzentrierung der Leistungserbringung sowie ihrer stärkeren Ausrichtung auf den Sozialraum. Im Kern des Beitrags werden das Programm der »Ambulantisierung« in Hamburg, dessen Auswirkungen, Chancen und Grenzen vorgestellt.

Der Beitrag von Christian Huppert »Ambulante Dienste für behinderte Menschen – Entwicklungen, Herausforderungen und Perspektiven« lenkt den Blick auf Offene Hilfen bzw. Familienunterstützenden Dienste. Nach einer Charakterisierung der Begriffs- und Angebotsvielfalt von ambulanten Diensten, ihrer Entstehungsgeschichte und strukturellen Merkmale sowie ihrer rechtlich basierten, komplexen Finanzierungssituation diskutiert der Autor Ergebnisse einer eigenen Befragung von Akteuren und Nutzenden Offener Hilfen. Der Beitrag vermittelt Einblicke in die Gestaltung der Offenen Hilfen und Antworten auf Fragen nach deren Passung zu aktuellen fachlichen Herausforderungen von Inklusion und Teilhabe.

In einem abschließenden Beitrag stellen Micah Jordan und Mario Schreiner »Peer Counseling als Methode zur Unterstützung einer selbstbestimmten Lebensführung« vor. Vor dem Hintergrund seiner Entstehungsgeschichte werden Grundsätze und Ziele des Peer Counseling-Beratungskonzeptes erläutert und zentrale Wirkweisen nachgezeichnet. Dabei beziehen sich der Autor und die Autorin auf ihre empirischen Ergebnisse der Evaluation eines Modellprojektes zu Peer Counseling im Rheinland.

Teil 1: Konzeptionelle Entwicklungen und rechtliche Aspekte

Selbstbestimmte Lebensführung und Einbeziehung in das Gemeinwesen – Normative Grundsätze und konzeptionelle Perspektiven

Gudrun Wansing

1 Einleitung

Die Lebensbedingungen und die soziale Unterstützung von Menschen mit Behinderungen haben sich historisch vor allem in den vergangenen Jahrzehnten gewandelt. Die Veränderungen wurden durch gesellschaftliche Entwicklungen beeinflusst, mit denen eine Reihe von Perspektivenwechsel im Verständnis von Behinderung und im Umgang mit Behinderung einhergehen (vgl. Mürner & Sierck 2012; Lingelbach & Waldschmidt 2016). Wegweisende Meilensteine lassen sich für die zweite Hälfte des 20. Jahrhunderts entlang der Leitperspektiven von Normalisierung, Selbstbestimmung und Empowerment, Lebensqualität, Teilhabe und Inklusion nachzeichnen (vgl. Wansing 2005, 126 ff.). Die Veränderungen beschreiben in einer großen Linie den Wandel von der Versorgung der als krank und abweichend wahrgenommenen »Behinderten« hin zur Ermöglichung einer selbstbestimmten Lebensführung und gesellschaftlicher Teilhabe für als gleichwertig anerkannte Menschen mit Beeinträchtigungen. Die gegenwärtigen Entwicklungen sind wesentlich geprägt durch die Impulse der UN-Behindertenrechtskonvention (BRK). Diese liefert völkerrechtlich verbindliche Normen für die Gestaltung gleicher Lebenschancen für Menschen mit Behinderungen und damit eine universelle Reflexions- und Bewertungsfolie für den gesellschaftlichen Umgang mit Behinderung allgemein wie auch für die Gestaltung von sozialen Unterstützungssystemen. Während im Bildungsbereich gegenwärtig insbesondere das in Artikel 24 der BRK verbriefte Recht auf Bildung und die Forderungen nach einem inklusiven Bildungssystem für eine breit geführte Auseinandersetzung sorgen, entfaltet für die professionelle Behindertenhilfe bzw. die Soziale Arbeit mit behinderten Menschen der Artikel 19 der BRK besondere Veränderungskraft. Als Ziele und Maßstäbe werden hier die Ermöglichung einer selbstbestimmten Lebensführung und die Einbeziehung in das Gemeinwesen (independent living and inclusion in community) formuliert. Damit eröffnen sich Optionen für die Lebensführung von Menschen mit Behinderungen, die weit über den derzeitigen Stand der Entwicklung betreuter Wohnformen hinausreichen. Der folgende Beitrag setzt sich grundlegend mit Inhalt und Bedeutung dieser Zielperspektiven auseinander und skizziert Folgerungen für die Neuausrichtung professioneller Unterstützung. Dabei werden sowohl die normativen Grundsätze der BRK als auch sozialwissenschaftliche Perspektiven in den Blick genommen.

2 Selbstbestimmte Lebensführung

Das Recht auf Selbstbestimmung ist ein konstitutives Moment der Teilhabe an den kulturellen Errungenschaften einer pluralen und demokratisch verfassten Gesellschaft. Infolge von gesellschaftlichen Modernisierungsprozessen, beschleunigt vor allem im Laufe des 19. Jahrhunderts, lockern und lösen sich vorgegebene soziale Bindungen und tradierte Muster der Lebensführung zunehmend auf, die zuvor Lebenschancen qua Geburt bzw. qua Zugehörigkeit zu Großfamilien, Dörfern oder Ständen oder entlang von (zugeschriebenen) Merkmalen wie Geschlecht oder Hautfarbe prägten. Selbstbestimmung und Individualität stellen zentrale Werte einer aufgeklärten und durch Individualisierungsprozesse gekennzeichneten Gesellschaft dar, die sich den demokratischen Idealen von Freiheit und Gleichheit verpflichtet. Das Grundgesetz der Bundesrepublik Deutschland garantiert das Recht eines jeden Menschen auf die freie Entfaltung seiner Persönlichkeit, soweit ein Mensch nicht die Rechte anderer verletzt und nicht gegen die verfassungsmäßige Ordnung oder das Sittengesetz verstößt (Art. 2 Abs. 1). Die UN-BRK formuliert als zentralen Grundsatz »die Achtung der dem Menschen innewohnenden Würde, seiner individuellen Autonomie, einschließlich der Freiheit, eigene Entscheidungen zu treffen, sowie seiner Unabhängigkeit« (Art. 3, a). Dieser Grundsatz ist insofern von Bedeutung für Menschen mit Behinderungen, als es ihnen historisch infolge von institutioneller Fremdbestimmung und Rund-um-Versorgung in separaten Lebensvollzügen über einen langen Zeitraum verwehrt wurde, eigene Vorstellungen eines »guten Lebens« zu entwickeln und im Rahmen alltäglicher Lebensführung umzusetzen. Bis heute noch machen Menschen mit Behinderungen häufiger als jene ohne Behinderungen die Erfahrung, dass andere über ihr Leben bestimmen (vgl. Bundesministerium für Arbeit und Soziales [BMAS] 2013, 182). Dies gilt vor allem für Menschen mit kognitiven Beeinträchtigungen bzw. für Menschen, die umfängliche Pflege und Unterstützung zur Bewältigung ihres Alltags benötigen. Ihnen wird die Fähigkeit zur Selbstbestimmung vielfach abgesprochen, auch weil häufig ein – an die Moralphilosophie Kants angelehnter – verengter Selbstbestimmungsbegriff zugrunde gelegt wird (▶ Kap. 4).

»Die so verstandene Selbstbestimmung impliziert ein bestimmtes Verständnis der Person: Selbstbestimmtes Handeln ist ausdrücklich Handeln von Personen, die ein Bewusstsein ihrer selbst haben und einerseits bedürftig und verletzbar sind, andererseits zu rationalen intentionalen, in Freiheit gewählten und verantwortbaren Handlungen fähig sind. Dieser Begriffsbestimmung zufolge können Menschen mit geistiger Behinderung nicht oder nur eingeschränkt als selbstbestimmungsfähige Subjekte gelten« (Dederich 2016, 170).

Markus Dederich verweist im Hinblick auf solche »auch ethisch problematischen Ausschlusstendenzen« (ebd.) zum einen auf Möglichkeiten eines erweiterten Verständnisses von Selbstbestimmung im basalen Sinne von Autonomie als Selbststeuerung und zum anderen auf die Notwendigkeit des stellvertretenden Handelns für Menschen mit eingeschränkten Fähigkeiten der Selbstbestimmung, um auch deren Wünsche und Bedürfnisse zu repräsentieren und sich für deren Anerkennung einzusetzen (vgl. ebd., 171). Die Lebensführung von Menschen mit hohen Unterstützungsbedarfen bleibt jedoch in vielen Aspekten – zuweilen ein Leben lang – im besonderen Maße geprägt durch die Ambivalenz von Autonomie und Angewiesenheit. Diese Situation wird sich auch durch eine zukünftig möglicherweise inklusive, barrierefreie Umweltgestaltung und eine individualisierte Organisation von Unterstützung nicht vollständig auflösen lassen. In vielen Lebenssituationen konstituiert sich Behinderung weiterhin durch ein »Mehr an sozialer Abhängigkeit« (Hahn 1981).

Die Angewiesenheit auf Unterstützung schließt für viele Menschen mit Behinderungen die Möglichkeit vollständiger *Unabhängigkeit* im Alltagshandeln aus, nicht aber die Möglichkeit auf Selbstbestimmung als Chance, eigene Bedürfnisse und Vorstellungen zum Ausdruck zu bringen und (ggf. mit Unterstützung) entsprechende Entscheidungen zu treffen. Vor diesem Hintergrund wird der Begriff »independence« der englischen Originalversion der BRK in der deutschen Schattenübersetzung[1] sowie in der österreichischen deutschsprachigen Übersetzung[2] anstelle von »Unabhängigkeit« mit »Selbstbestimmung« sowie die Formulierung »independent living« (Art. 19) anstelle von »unabhängiger Lebensführung« mit »selbstbestimmter Lebensführung« übersetzt.

Wichtige Impulse für die Anerkennung des Rechts auf Selbstbestimmung für behinderte Menschen gingen bereits seit den 1970er Jahren von der emanzipatorischen und politisch motivierten Behindertenbewegung aus. In Anlehnung an die US-amerikanische Independent-Living-Bewegung machten behinderte Menschen auch in Deutschland zunehmend darauf aufmerksam, dass ihre benachteiligte Lebenssituation nicht naturgegeben und keine unabänderliche Folge persönlicher Defizite, sondern wesentlich durch soziale Faktoren bedingt ist, die sie an der Ausübung ihrer Grundrechte wie Freiheit, Privatheit und Selbstbestimmung behindern (vgl. Köbsell 2012). Sie forderten Selbstbestimmung, Selbstvertretung und größtmögliche Kontrolle über die in Anspruch genommenen sozialen Dienstleistungen (vgl. Rüggeberg 1985; Miles-Paul 1992).

Diese gesellschaftspolitische Dimension von Behinderung wurde jedoch in der Entwicklung der deutschen Behindertenhilfe lange Zeit – und wird zum Teil noch heute – ausgeblendet. Dabei waren wichtige politische und fachliche Impulse bereits seit den 1950er Jahren vom Normalisierungsprinzip ausgegangen, das im Kontext skandinavischer Sozialpolitik entwickelt worden war. Vor dem Hintergrund der scharfen Kritik am biologistischen Menschenbild und der Anstaltsverwahrung mit ihren menschunwürdigen Lebensbedingungen, insbesondere für Menschen mit geistiger Behinderung, folgte man hier dem Grundsatz »to create existence for the mentally retarded as close to normal living conditions as possible« (Bank-Mikkelsen 1980, 56). Es ist interessant, sich die Formulierungen des Juristen und Verwaltungsbeamten Niels Erik Bank-Mikkelsen (der das Normalisierungsprinzip in die dänische Sozialgesetzgebung eingebracht hatte) im Lichte

---

1 Übersetzung des Art. 3, enthalten in der Ausgabe der BRK: https://www.behinderten-beauftragter.de/SharedDocs/Publikationen/DE/Broschuere_UNKonvention_KK.pdf?__blob=publicationFile#page=1&zoom=auto,-76,332 (Zugriff: 24. Mai 2017).
2 https://www.ris.bka.gv.at/Dokumente/BgblAuth/BGBLA_2016_III_105/BGBLA_2016_III_105.pdf (Zugriff: 24. Mai 2017).

der BRK noch einmal im Wortlaut anzusehen: »This is normalization; equality with other citizens without categorizing groups« (ebd., 62). Mit diesem politischen Richtungswechsel von besonderen Programmen für die als »behindert« bezeichneten Bevölkerungsgruppen hin zur Gewährleistungen gleichberechtigter Lebensbedingungen für alle Bürgerinnen und Bürger wurden bereits wichtige Grundsätze formuliert, wie sie heute in der BRK menschenrechtlich verankert sind. Während die Leitperspektive Normalisierung jedoch in Skandinavien in Verbindung mit der dortigen Bürgerrechtstradition nachhaltige sozialpolitische Reformen bis hin zur Auflösung von Sondereinrichtungen und zur Verwirklichung von Assistenzmodellen nach sich zog, blieb die Umsetzung in Deutschland im Wesentlichen auf die Weiterentwicklung des professionellen Hilfesystems und seiner Institutionen beschränkt. Standards für Wohn- und Dienstleistungsqualität wurden vielfach ohne die wirksame Partizipation der Menschen mit Beeinträchtigungen entwickelt und richteten sich an einer unterstellten Homogenität einer Gruppe der »Behinderten« und an deren vermeintlich kollektiven Unterstützungsbedarfen aus.

Erst im Zuge einer »verspäteten Befreiung« (Waldschmidt 2012) von Menschen mit Behinderungen durch den Einzug der Leitlinie Selbstbestimmung in die konzeptionelle Ausrichtung der Unterstützungssysteme der Behindertenhilfe ab den 1990er Jahren (vgl. Bundesvereinigung Lebenshilfe 1996) wurde die subjektive Perspektive der Adressatinnen und Adressaten deutlich gestärkt. Es wurden neue Methoden der individuellen Hilfeplanung eingeführt (vgl. Lübbe & Beck 2002), die Position von Heimbeiräten ausgebaut und ambulante zugehende soziale Hilfeleistungen forciert, die Nutzerzufriedenheit avancierte zu einem wichtigen Indikator von Ergebnisqualität der sozialen Einrichtungen und Dienste (z. B. Schwarte & Oberste-Ufer 2001; Hamel & Windisch 2000). Jedoch bleiben die Grundsätze der Autonomie und Partizipation auf die Rolle des Konsumenten bzw. des Nutzers reduziert, solange sie ausschließlich im Rahmen organisierter, professioneller Dienstleistungen betrachtet werden. Insbesondere in stationären Lebenszusammenhängen werden Handlungsspielräume für Selbstbestimmung häufig durch eine vorgegebene Versorgungsstruktur bzw. organisatorische Vorgaben abgesteckt; sie enden (bildlich gesprochen) an den Grundstücksgrenzen von Einrichtungen.

Optionen der Selbstbestimmung weisen deutlich über den Dienstleistungsrahmen hinaus, wenn Selbstbestimmung auf die Perspektive der Lebensführung bezogen wird. Der Begriff Lebensführung bezeichnet allgemein den Zusammenhang von Tätigkeiten in verschiedenen Lebensbereichen. Er meint »alles Handeln und Erleben eines Individuums im Zusammenhang seiner biopsychosozialen Daseinssicherung in der modernen Gesellschaft (Arbeiten, Versorgen, Erziehen, Ordnen, Lieben, Pflegen, Konsumieren etc.)« (Wirth 2015, 130). Das sozialwissenschaftliche Verständnis von Lebensführung geht grundlegend auf Max Weber zurück und wird konzeptionell wesentlich durch die Arbeiten der Projektgruppe »Alltägliche Lebensführung« an der Universität München geprägt (vgl. grundlegend Voß & Weihrich 2001, 2002; Jurczyk et al. 2016). Im Zentrum ihrer Untersuchungen alltäglicher Lebensführung steht die Frage, wie Personen ihren Alltag praktisch organisieren und individuell bewältigen.

> »Es geht um Formen dessen, wie Personen tagtäglich in den für sie relevanten Bereichen (Beruf, Familie, Konsum, Politik usw.) tätig sind, die dadurch zu ihren ›Lebensbereichen‹ werden« (Jurczyk et al. 2016, 67).

3 Lebensführung von Menschen mit Behinderungen – Möglichkeiten, Anforderungen und notwendige Ressourcen

Die Lebensführung von Personen vollzieht sich nicht im luftleeren Raum, sondern innerhalb von konkreten sozialen Bezügen, die Möglichkeiten der Lebensführung prägen. Gesellschaftliche Bedingungen können Chancen eröffnen, behindern oder verweigern. Sie bieten Gestaltungsfreiräume und sie konfrontieren Menschen mit Anforderungen und Zumutungen. Der Grundsatz der Inklusion in der BRK zielt normativ auf freie und gleiche Möglichkeiten der Lebensführung ohne Diskriminierung aufgrund von Behinderung. Inklusion meint in diesem Sinne »den menschenrechtlichen Schutz freier sozialer Bezüge und Beziehungen, über die gesellschaftliche Zugehörigkeit erfahren und vermittelt wird« (Aichele 2013, 34). Die Autonomie des einzelnen Menschen und soziale Inklusion sind als Grundsätze eng miteinander verwoben.

> »Erst in der wechselseitigen Verwiesenheit wird klar, dass Autonomie gerade nicht die Selbstmächtigkeit des ganz auf sich gestellten Einzelnen … meint, sondern auf selbstbestimmtes Leben in sozialen Bezügen zielt; und im Gegenzug wird deutlich, dass soziale Inklusion ihre Qualität gerade dadurch gewinnt, dass sie *Raum und Rückhalt für persönliche Lebensgestaltung* bietet« (Bielefeld 2009, 11; Herv. G.W.).

Der Verweis auf die untrennbare Verknüpfung von Autonomie und Inklusion ist wichtig, um sowohl einseitig individualistische als auch sozialdeterministische Vorstellungen von Lebensführung zu verhindern. Einerseits darf der Grundsatz der Autonomie nicht dazu führen, dass Menschen mit Behinderungen ausschließlich auf ihre Eigenverantwortung und Selbstzuständigkeit für ein gelingendes Leben innerhalb vorhandener Lebensbedingungen verwiesen werden. Andererseits dürfen die Grundsätze von Inklusion und Teilhabe keine »totalitären« gesellschaftlichen Erwartungen der Zugehörigkeit und aktiven Partizipation generieren, die als Zwänge Formen der Lebensführung vollständig determinieren. Teil- und zeitweise Exklusionen im Sinne von Nicht-Zugehörigkeit und Nicht-Partizipation sind nicht per se als Verstoß gegen die Menschenrechte zu interpretieren. Sich nicht für Sport zu interessieren, keiner Religion anzugehören oder nur wenige soziale Kontakte zu pflegen, kann Ausdruck von Identität und Selbstbestimmung sein, sofern die (Selbst-) Exklusion das Resultat freier Entscheidungen ist. Zugleich ist die Verwirklichung einer selbstbestimmten Lebensführung und von Teilhabe voraussetzungsvoll.

> »Die Lebensführung ist eine Leistung, die von Individuen permanent in Auseinandersetzung mit den Bedingungen ihrer sozialen Lage erbracht werden muss, sie ist immer eine aktive Konstruktionsleistung der Personen« (Jurczyk & Rerrich 1993, 34).

Rechte verwirklichen sich nicht von selbst, nicht alleine über ihre Anerkennung. Handlungs- und Entscheidungsspielräume (z. B. im Arbeitsleben, beim Wohnen, in der Freizeit) müssen vorhanden, bekannt und nutzbar sein. Um Gelegenheiten zur Teilhabe selbstbestimmt nutzen und Anforderungen in den verschiedenen Lebensbereichen bewältigen zu können, braucht es zudem Ressourcen, wie Bildungsabschlüsse, soziale Kontakte und Geld (vgl. in Anlehnung an Bourdieu Wansing 2005, 69 ff.; Rambausek 2017, 38 ff.) sowie Fähigkeiten, wie beispielsweise Kommunikationsfähigkeit, Flexibilität, psychische Belastbarkeit und Mobilität. Menschen bringen unterschiedliche Voraussetzungen mit, sich vorhandene Handlungsspielräume zu erschließen und zu nutzen sowie gesellschaftliche Erwartungen und Anforderungen zu erfüllen. Menschen mit Behinderungen verfügen häufig nicht oder in nur geringem Ausmaß über entsprechende Voraussetzungen, und zwar zum einen aufgrund von körperlichen, psychischen oder kognitiven Beeinträchtigungen und zum anderen infolge von sozialer Benachteiligung und Ausgrenzung bzw. nicht oder erfolglos (im Hinblick auf Ressourcenerwerb) verwirklichter Teilhabe (vgl. BMAS 2013). Dabei verketten sich Bedingungen, Entscheidungen und Erfahrungen, erworbene und eingesetzte Ressourcen und Fähigkeiten in den verschiedenen Lebensbereichen zu vor- oder nachteilhaften Voraussetzungen der Lebensführung.

Analysen zu den Lebenslagen von Menschen mit Behinderungen zeigen deutlich, dass Exklusionsrisiken in den verschiedenen Bereichen kumulieren und sich zu massiven Teilhabebeschränkungen manifestieren können. Zugleich wird sichtbar, dass Ressourcen in einem Bereich Risiken in einem anderen Bereich kompensieren können und dass Einschränkungen und Behinderungen (der Teilhabe an der Gesellschaft) in insgesamt günstigen Ressourcenlagen vergleichsweise gering ausfallen (vgl. ebd., 255 ff.; zu Exklusionskarrieren behinderter Menschen vgl. Wansing 2005, 78 ff.). Möglichkeiten und Grenzen selbstbestimmter Lebensführung entstehen in der Wechselwirkung von Optionen und Anforderungen einerseits sowie individuellen Voraussetzungen andererseits. Die Herausforderung der alltäglichen Lebensführung liegt, »in der Vereinbarkeit dessen, was man *selber möchte*, mit dem, was von einem *erwartet* oder einem *zugemutet wird*; mit dem was – gemessen an bestimmten Standards – *notwendig* ist und schließlich mit dem, was einem selbst *möglich ist*« (Kudera 1995, 345; zit. n. Jurczyk et al. 2016, 55). Behinderung kann vor diesem Hintergrund als ein Problem verstanden werden, eine Form der Lebensführung zu verwirklichen, die individuell gewünscht und gesellschaftlich anerkannt ist.

Interventionen zur Ermöglichung und Unterstützung der alltäglichen Lebensführung von Menschen mit Behinderungen müssen sich an den skizzierten Herausforderungen im Spannungsfeld zwischen gesellschaftlichen Erwartungen und Zumutungen einerseits und den individuellen Wünschen und Voraussetzungen andererseits orientieren. Ein zentraler Schlüssel für eine zielführende Neuausrichtung der sozialen Hilfen liegt in der Überwindung der Leistungskategorien ambulant und stationär und einer konsequenten Umstellung von einer Kategorie des »Wohnens« auf Kategorien der Lebensführung bzw. der Lebens- und Alltagsbewältigung (▶ Kap. 3). »Wohnen« steht im System der traditionellen Behindertenhilfe für eine etablierte institutionelle Kategorie, die auf der rechtlich-administrativen Konstruktion eines pauschalen Hilfebedarfs gründet, woran sich in der Regel, auf der Basis pauschaler Leistungs- und Vergütungsvereinbarungen zwischen Sozialhilfeträger und Anbieter, eine professionell organisierte Wohnform anschließt. Eine wirksame Unterstützung ist jedoch keine Frage nach dem richtigen Gebäude. Maßnahmen, die der Ermöglichung selbstbestimmter Lebensführung dienen sollen, müssen in eine zweifache Richtung weisen: Auf der einen Seite geht es um die *strukturelle Ermöglichung*, indem gleichberechtigte Handlungs- und Entscheidungsspielräume in den verschiedenen Lebensbereichen geschaffen werden, und zwar durch den Abbau von Barrieren, Diskriminierung und Benachteiligung. Auf der anderen Seite stellt sich die Aufgabe, Menschen mit Behinderungen (wieder) zu befähigen, ein Leben zu führen, das den eigenen Vorstellungen entspricht und gesellschaftliche Teilhabe und Anerkennung ermöglicht und zwar durch die Ausstattung mit Hilfsmitteln, durch Bildung, Beratung, pädagogische Begleitung und Assistenz. Jan Wirth beschreibt den Auftrag für die soziale Arbeit entsprechend als

>»die Bearbeitung der Ambivalenz von Aktualität und Möglichkeit der Lebensführung, wie sie in Inklusion und Exklusion, gestörter Adressierung und Kommunikation, Belastungs- und Gefährdungssituationen, Konflikten, Krisen, bei Gewalt und Verlusten im Lebensverlauf sichtbar werden oder eben diese invisibilisierte, verschütteten Ambivalenzen wieder beobachtbar zu machen« (Wirth 2015, 390).

Die BRK formuliert Aufgaben und Zwecke von Bildung, Habilitation und Rehabilitation in diesem Sinne (Art. 24, 26). Zur Verwirklichung sollen umfassende Dienste und Programme insbesondere im Bereich der Gesundheit, der Beschäftigung, der Bildung und der Sozialdienste (weiter-)entwickelt werden.

4 Einbeziehung in das Gemeinwesen – Sozialräumliche Bedingungen der Lebensführung

Die BRK konkretisiert die menschenrechtlichen Forderungen der Gestaltung gleichberechtigter Lebensbedingungen für Menschen mit Behinderungen in Artikel 19 auf der Ebene der »community« (Gemeinde, Gemeinschaft, Gemeinwesen). Auch wenn im Zuge von Globalisierungsprozessen zunehmend inter- und transnationale Entwicklungen (z. B. der Ökonomie) sowie politische und rechtliche Entwicklungen auf Bundesebene Lebensbedingungen wesentlich prägen, so erweist sich die Frage des Wohnortes und des jeweiligen örtlichen Bedingungsgefüges von demografischen, wirtschaftlichen, politischen und sozialen Faktoren nach wie vor als zentrale Einflussgröße bei der Verwirklichung von Lebenschancen (vgl. Neu 2006). So sind die konkreten Möglichkeiten der Lebensführung von Menschen mit Behinderungen stark abhängig von den örtlichen Gegebenheiten beispielsweise in Bezug auf Schulen, Arbeitsplätze, das Verkehrssystem sowie die Verfügbarkeit und Qualität von Pflege-, Assistenz- und Unterstützungsdiensten und deren politischer und administrativer Steuerung. Dabei ist Gemeinde nicht bloß als ein räumliches Gebilde zu denken, das territorial oder administrativ buchstäblich zu *verorten* wäre.

> »Gemeinde muss über die Verwaltungseinheit hinaus als sozialer Raum gedacht werden, der deutlich kleiner als ein rechtliches Gebiet, aber auch weit darüber hinaus reichen kann und sich in unterschiedlichen Dimensionen konkretisiert: als Raum der sozialen Beziehungen ebenso wie als Raum von Machtpositionen, die sich durch den sozialen Status ergeben; als Raum, der dem Einzelnen zugänglich ist und als Raum der Artikulierung und Durchsetzung von Interessen. Zugänge zu wichtigen Gütern wie Arbeitsplätzen, Versorgungsangeboten, Wohnungen usw. sind mit Interessensdurchsetzung und damit auch immer mit Konflikten verbunden, und diese zeigen sich nirgends so deutlich wie auf der kommunalen und regionalen Ebene« (Beck 2016a, 12; vgl. auch Beck 2016b).

Die Perspektive auf Sozialräume als Orte der (Re-)Produktion von Machtverhältnissen und sozialer Ungleichheit ist wichtig, um einseitige, sozialromantisierenden Vorstellungen von Gemeinde oder Gemeinschaft (für behinderte Menschen) per se als Orte der Zugehörigkeit, Teilhabe und wechselseitigen Anerkennung in Nachbarschaften entgegenzuwirken. Geht man von einem sozialen Modell von Behinderung im Sinne der Beeinträchtigung von Möglichkeiten selbstbestimmter Lebensführung und Teilhabe aus, so lassen sich sozialräumliche Bedingungen (in Schulen, im Verkehrssystem, am Wohnungsmarkt, in politischen Entscheidungsprozessen usw.) identifizieren, die Behinderungen hervorbringen können, weil sie die Interessen und Bedürfnisse von Bürgerinnen und Bürgern mit Beeinträchtigungen nicht berücksichtigen. Sozialraumorientierte Ansätze zur Verbesserung der Teilhabe behinderter Menschen in einer konkreten Region sollten vor diesem Hintergrund immer auch auf eine Analyse von »Situationen der Behinderung« (Weisser 2010, 7) gerichtet sein, »in denen das Vermögen, etwas zu realisieren, ungleich verteilt ist« (ebd.). Aktivitäten müssen dann entsprechend politische Veränderungen und die Bewusstseinsbildung in den Blick nehmen.

> »Eröffnet wird eine politische und fachliche Perspektive, die ... nach ausgrenzenden institutionellen Bedingungen für behinderte Menschen fragt und diese im Sinne von Nichtdiskriminierungspolitik im örtlichen Gemeinwesen aufzuheben oder weitgehend zu reduzieren sucht« (Lampke et al. 2011, 14).

Die BRK formuliert normative Maßstäbe für die Gestaltung gleichberechtigter und diskriminierungsfreier Lebensbedingungen im Gemeinwesen, die Menschen mit Behinderungen eine selbstbestimmte Lebensführung und die Teilhabe in allen Lebensbereichen ermöglichen sollen. So sind geeignete Maßnahmen zu treffen,

> »mit dem Ziel, für Menschen mit Behinderungen den gleichberechtigten Zugang zur physischen Umwelt, zu Transportmitteln, Information und Kommunikation, einschließlich Informations- und Kommunikationstechnologien und -systemen, sowie zu anderen Einrichtungen und Diensten, die der Öffentlichkeit in städtischen und ländlichen Gebieten offenstehen oder für sie bereitgestellt werden, zu gewährleisten« (Art. 9).

Bedeutsam für die alltägliche Lebensführung ist vor allem der Artikel 19, der das gleiche Recht aller Menschen mit Behinderungen formuliert, »mit gleichen Wahlmöglichkeiten wie andere Menschen in der Gemeinschaft zu leben«. Diese Orientierung an den Wahlmöglichkeiten »anderer Menschen« wirft insofern

Schwierigkeiten auf, als sie zum einen die Möglichkeit einer eindeutigen Differenzziehung zwischen Menschen mit Behinderungen und »anderen Menschen« unterstellt und zum anderen von gleichen Zugangschancen der »anderen Menschen« ausgeht. Faktisch zeigen sich aber in der Bevölkerung insgesamt höchst ungleiche Wahl- und Zugangsmöglichkeiten im Gemeinwesen, etwa im Zugang zu Sportvereinen oder zum Ehrenamt, und zwar in Abhängigkeit von Geschlecht, Alter, Ethnizität, Klasse oder Schicht. Zugleich sind diese Ungleichheiten auch in der Gruppe der Menschen mit Behinderungen ausgebildet. Diese Schwierigkeit, den Maßstab von Chancengleichheit anhand von sozialen Bezugsgruppen zu bilden, wird in der BRK dadurch umgangen, dass die Entscheidungsspielräume in Artikel 19 a–c inhaltlich bestimmt werden (vgl. Banafsche 2013, 151). Demnach ist zu gewährleisten,

»dass

a) Menschen mit Behinderungen gleichberechtigt die Möglichkeit haben, ihren Aufenthaltsort zu wählen und zu entscheiden, wo und mit wem sie leben, und nicht verpflichtet sind, in besonderen Wohnformen zu leben;
b) Menschen mit Behinderungen Zugang zu einer Reihe von gemeindenahen Unterstützungsdiensten zu Hause und in Einrichtungen sowie zu sonstigen gemeindenahen Unterstützungsdiensten haben, einschließlich der persönlichen Assistenz, die zur Unterstützung des Lebens in der Gemeinschaft und der Einbeziehung in die Gemeinschaft sowie zur Verhinderung von Isolation und Absonderung von der Gemeinschaft notwendig ist;
c) gemeindenahe Dienstleistungen und Einrichtungen für die Allgemeinheit Menschen mit Behinderungen auf der Grundlage der Gleichberechtigung zur Verfügung stehen und ihren Bedürfnissen Rechnung tragen.«

Für die Angebotssituation sozialer Dienste in Deutschland bedeuten diese menschenrechtlichen Vorgaben einen notwendigen Wandel von der nach wir vor dominant institutionenbezogenen Planung und Organisation von Unterstützungsleistungen in stationären Einrichtungen hin zur personenbezogenen Unterstützung der Lebensführung an selbstgewählten Wohnorten und -formen. Bislang fehlt es an repräsentativen Befragungen zu den Wohnwünschen und Wahlmöglichkeiten von Menschen mit Behinderungen (zur Befragung in Einrichtungen vgl. Schäfers et al. 2016). Jedoch zeigen regionale Untersuchungen, dass Menschen mit (geistiger) Behinderung – bei grundsätzlich unterschiedlichen Wohnwünschen – das Leben in einer eigenen Wohnung mit individuell passender Unterstützung in sozialen Bezügen und in einem Wohnumfeld mit guter Infrastruktur bevorzugen (vgl. Seifert 2010; Metzler & Rauscher 2004). Evaluationsstudien zu Ambulantisierungsprozessen bestätigen, dass sich der Wechsel von stationären in ambulant betreuten Wohnformen positiv auf Selbstbestimmung und Kompetenzerwerb auswirken kann (▶ Kap. 10).

Im Bereich der Eingliederungshilfe zeigt sich statistisch ein Trend zur Verwirklichung ambulant betreuter Wohnformen (Con_sens 2015, 10 ff.). Während von den insgesamt etwa 252.000 Leistungsbeziehenden zum selbstbestimmten Wohnen im Jahr 2008 nur ein Drittel Hilfen zum ambulant betreuten Wohnen erhielt, stieg dieser Anteil bis zum Jahr 2014 auf 45 % der insgesamt rd. 360.000 Leistungsbeziehenden. Bei insgesamt steigenden Fallzahlen sank in diesem Zeitraum zwar nicht die absolute Zahl der Empfängerinnen und Empfänger von stationären Eingliederungshilfeleistungen zum Wohnen, jedoch erhöhten sich die Zuwachsraten hier in geringerem Maße als im ambulanten Bereich (Sozialhilfestatistik 2008 bis 2014, Daten zum Jahresende). Dabei zeigen sich allerdings deutliche Unterschiede zwischen den einzelnen Bundesländern. Die sogenannte Ambulantisierungsquote schwankt zwischen 18 % in Bremen und 67 % in Berlin (Sozialhilfestatistik 2014, Daten zum Jahresende). Diese regionalen Ungleichheiten in der Organisation von Unterstützung sind ein deutlicher Indikator für den Einfluss regionaler, auch kommunaler Bedingungen für die Verwirklichung von Lebenschancen von Menschen mit Behinderungen.

Insgesamt erweisen sich die Möglichkeiten einer selbstbestimmten Lebensführung im Gemeinwesen trotz der aufgezeigten Trends in vielerlei Hinsicht nach wie vor als begrenzt (vgl. BMAS 2013, 168 ff.). Neben Barrieren im Zugang zu öffentlichen Gebäuden, Straßen und Plätzen sowie Barrieren der Mobilität und Kommunikation zeigen sich erhebliche Einschränkungen insbesondere im Hinblick auf Wohnmöglichkeiten. Dies liegt zum Teil an einem Mangel an bezahlbarem und barrierefreiem Wohnungen (ebd. 2013, 171 ff.). Darüber hinaus hängen Wahlmöglichkeiten für Menschen, die einen (hohen) Unterstützungs- und Pflegebedarf in der Alltagsbewältigung haben, neben den Ressourcen von Angehörigen und sozialen Netzwerken wesentlich von der Verfügbarkeit und Qualität professioneller Pflege- und Unterstützungsdienste ab. Insbesondere für (ältere) Menschen mit geistiger Behinderung gibt es nach wie vor nur wenig Alternativen zwischen dem Verbleib in der Herkunftsfamilie (vgl. Schäfers & Wansing 2009) und dem Leben in einer stationären Wohneinrichtung. Die Gründe hierfür sind vielschichtig: Eine zentrale Rolle spielen ökonomische Faktoren, die im Zusammenhang mit den stark ansteigenden Fallzahlen der steuerfinanzierten Eingliederungshilfe stehen. Das Wunsch- und Wahlrecht sowie der Vorrang ambulanter Leistungen wird im SGB XII (§ 13) unter einen Mehrkostenvorbehalt gestellt, der es ermöglicht, Menschen mit umfänglichen Unterstützungsbedarfen auf stationäre Einrichtungen zu verweisen, auch wenn diese ambulante Unterstützung wünschen. Die künftige Regelung der Eingliederungshilfe im Bundesteilhabegesetz (BTHG) unterscheidet nicht mehr zwischen den Leistungsformen ambulant und stationär. Inwieweit die Umsetzung der neuen Bestimmungen ab 2020 die Entscheidungsfreiheit bei der Wahl der Wohnform verbessern wird, bleibt abzuwarten. Weitere Barrieren entstehen durch eine unzureichende Verwirklichung trägerübergreifender Leistungen. Als Hindernis bedarfsdeckender Hilfen erweist sich vor allem die Schnittstelle von Eingliederungshilfe- und Pflegeleistungen, wenn diese nicht gleichrangig erbracht werden und Personen in bestimmten Wohnformen vom vollen Zugang zur Pflegeleistungen ausschließen (vgl. zu den rechtlichen Barrieren ausführlich Welti 2016; ▶ Kap. 5). Zudem stehen ambulante, flexible Unterstützungsdienste, einschließlich Persönlicher Assistenz, noch nicht flächendeckend zur Verfügung, dies gilt vor allem für ländliche Regionen. Der UN-Ausschuss für die Rechte von Menschen mit Behinderungen äußert sich insgesamt in seinen abschließenden Bemerkungen über den ersten Staatenbericht Deutschlands zur Umsetzung der BRK besorgt

»über den hohen Grad der Institutionalisierung und den Mangel an alternativen Wohnformen beziehungsweise einer geeigneten Infrastruktur, durch den für Menschen mit Behinderungen zusätzliche finanzielle Barrieren entstehen« (Vereinte Nationen 2015, 7).[3]

Über diese strukturellen Bedingungen hinaus spielt die konzeptionelle Ausrichtung der professionellen Unterstützungssysteme eine zentrale Rolle bei der Verwirklichung einer selbstbestimmten Lebensführung im Gemeinwesen. In der Behindertenhilfe hat der Gemeinwesen- oder Sozialraumbezug im Vergleich zur Sozialen Arbeit oder zur Gemeindepsychiatrie insgesamt keine Tradition (erste Adaptionen bei Franz & Beck 2007). Dies hängt historisch zum einen mit den sozialversicherungsrechtlichen und rehabilitationspolitischen Traditionslinien sowie mit der Anstaltsfürsorge im 19. Jahrhundert und der weiteren Ausdifferenzierung der separierenden Einrichtungen zusammen. Zum anderen ist die Vernachlässigung sozialräumlicher Perspektiven auf ein traditionell medizinisches, naturalistisches Verständnis von Behinderung zurückzuführen, das Einschränkungen in der Lebensführung einseitig mit individuellen Defiziten erklärt und Kontextfaktoren weitgehend ausblendet. Erst in jüngerer Zeit zeigt sich, beeinflusst auch durch die BRK, ein zunehmender Bezug auf das Gemeinwesen bzw. auf Sozialraumansätze in den Feldern der Behindertenhilfe und Rehabilitation. Dabei geht es sowohl um die Verankerung von Gemeinwesen- und Sozialraumorientierung in die professionellen Handlungsvollzüge (vgl. Seifert & Steffens 2009; Beck 2009; Beck & Greving 2011) als auch um kommunale Strategien politisch-administrativer Steuerung (vgl. Rohrmann 2016; Deutscher Verein 2011; Becker et al. 2013). Neben der notwendigen Weiterentwicklung dieser handlungspraktischen Ansätze offenbart sich ein erheblicher Entwicklungsbedarf in der theoretischen Fundierung des (Sozial-)Raum-Begriffes, der in handlungspraktischen Zusammenhängen häufig unbestimmt bleibt.

Mögliche Bezüge liefern raumsoziologische Ansätze (vgl. Schroer 2012), wie zum Beispiel relativistische Modelle. Diese legen nahe, Sozialräume nicht als unabhängige Gebilde zu sehen, die eine Art unverrückbaren Rahmen für die Lebensführung darstellen. Sozialräume werden in diesem Ansatz als Bedingung und Resultat sozialer Prozesse und damit als dynamisch und veränderbar gedacht (Steets 2008). So sind auch Bedingungen im Gemeinwesen nicht quasi naturwüchsig gegeben, sondern sie werden durch soziale, kulturelle und politische Praxen vor Ort entschieden und gestaltet. Sozialräume, Behinderung und Teilhabe lassen sich in diesen Denkmodellen als interdependentes Verhältnis beschreiben (vgl. Wansing 2016, 258 ff.). Die Beziehungs- und Handlungsperspektive relativistischer Raummodelle lenkt den Blick auf Akteure, auf ihre Interessen und auf subjektive Lebenszusammenhänge. Inklusion in das Gemeinwesen erweist sich in dieser Perspektive als ein grundsätzlich zweiseitiger Prozess: als Prägung von individuellen Handlungsmöglichkeiten durch sozialräumliche Bedingungen und als Prägung sozialräumlicher Strukturen durch die Beiträge von Personen. Maß-

---

3 Durch Monitoring-Stelle zur UN-Behindertenrechtskonvention beauftragte und geprüfte Übersetzung des englischen Originals. Es handelt sich um keine amtliche Übersetzung der Vereinten Nationen.

nahmen der Bildung, Beratung und Begleitung von Menschen mit Behinderungen müssen in diesem Sinne auch auf die Befähigung zur wirksamen Partizipation im Sinne der Einflussnahme und Gestaltung sozialräumlicher Bedingungen am selbstgewählten Wohn- und Lebensort gerichtet sein.

Literatur

Aichele, Valentin (2013). Inklusion als menschenrechtliches Prinzip: der internationale Diskurs um die UN-Behindertenrechtskonvention. *Archiv für Wissenschaft und Praxis der sozialen Arbeit 44* (3): 28–36.
Banafsche, Minou (2012). Art. 19 Unabhängige Lebensführung und Einbeziehung in die Gemeinschaft. In Antje Welke (Hrsg.). *UN-Behindertenrechtskonvention mit rechtlichen Erläuterungen.* Berlin: Deutscher Verein, 150–163.
Bank-Mikkelsen, Niels Erik (1980). Denmark. In Robert J. Flynn und Kathleen E. Nitsch (Hrsg.). *Normalization, social integration, and community services.* Baltimore: University Park Press, 51–70.
Beck, Iris (2009). Sozialer Raum. *Vierteljahresschrift für Heilpädagogik und ihre Nachbargebiete 4*: 334–337.
Beck, Iris (2016a). Einleitung. In Iris Beck (Hrsg.). *Inklusion im Gemeinwesen.* Stuttgart: Kohlhammer, 11–16.
Beck, Iris (2016b). »Gemeinde, sozialer Raum«. In Markus Dederich, Iris Beck, Ulrich Bleidick und Georg Antor (Hrsg.). *Handlexikon der Behindertenpädagogik. Schlüsselbegriffe aus Theorie und Praxis.* 3. erw. u. überarb. Aufl. Stuttgart: Kohlhammer, 391–396.
Beck, Iris und Heinrich Greving (Hrsg.) (2011). *Gemeindeorientierte pädagogische Dienstleistungen.* Stuttgart: Kohlhammer.
Becker, Ulrich, Elisabeth Wacker und Minou Banafsche (Hrsg.) (2013). *Inklusion und Sozialraum. Behindertenrecht und Behindertenpolitik in der Kommune.* Baden-Baden: Nomos.
Bielefeld, Heiner (2009). *Zum Innovationspotential der UN-Behindertenrechtskonvention. Essay No. 5. Deutsches Institut für Menschenrechte.* http://www.institut-fuer-menschenrechte.de/uploads/tx_commerce/essay_no_5_zum_innovationspotenzial_der_un_behindertenrechtskonvention_aufl3.pdf (Zugriff: 25. Mai 2017).
BMAS (Bundesministerium für Arbeit und Soziales) (2013). *Teilhabebericht der Bundesregierung über die Lebenslagen von Menschen mit Beeinträchtigungen.* https://www.bmas.de/SharedDocs/Downloads/DE/PDF-Publikationen/a125-13-teilhabebericht.pdf?__blob=publicationFile (Zugriff: 24. Mai 2017).
Bundesvereinigung Lebenshilfe für Menschen mit geistiger Behinderung e.V. (Hrsg.) (1996). *Selbstbestimmung. Kongressbeiträge.* Marburg: Lebenshilfe.
Con_sens (2015). *Kennzahlenvergleich Eingliederungshilfe der überörtlichen Träger der Sozialhilfe 2013. Erstellt für Bundesarbeitsgemeinschaft der überörtlichen Träger der Sozialhilfe (BAGüS).* Münster: con_sens.
Dederich, Markus (2016). »Selbstbestimmung«. In Markus Dederich, Iris Beck, Ulrich Bleidick und Georg Antor (Hrsg.). *Handlexikon der Behindertenpädagogik. Schlüsselbegriffe aus Theorie und Praxis.* 3. erw. u. überarb. Aufl. Stuttgart: Kohlhammer, 169–171.
Deutscher Verein für öffentliche und private Fürsorge (2011). *Eckpunkte des Deutschen Vereins für einen inklusiven Sozialraum.* https://www.deutscher-verein.de/de/empfehlungen-stellungnahmen-2011-1543.html (Zugriff: 24. Mai 2017).
Franz, Daniel und Iris Beck (2007). *Sozialraumorientierung in der Behindertenhilfe. Hrsg. von der Deutschen Heilpädagogischen Gesellschaft (DHG).* Jülich u. Hamburg: Eigenverlag DHG.

Hahn, Martin (1981). *Behinderung als soziale Abhängigkeit. Zur Situation schwerbehinderter Menschen.* München: Reinhardt Ernst Verlag.
Hamel, Thomas und Matthias Windisch (2000). *QUOFHI – Qualitätssicherung Offener Hilfen für Menschen mit Behinderung.* Marburg: Lebenshilfe-Verlag.
Jurczyk, Karin und Maria S. Rerrich (1993). Alltägliche Lebensführung: der Ort, wo »alles zusammenkommt«. In Karin Jurczyk und Maria S. Rerrich (Hrsg.). *Die Arbeit des Alltags: Beiträge zur einer Soziologie der alltäglichen Lebensführung.* Freiburg i. Br.: Lambertus, 11–45.
Jurczyk, Karin, Günter G. Voß und Margit Weihrich (2016). Alltägliche Lebensführung – theoretische und zeitdiagnostische Potentiale eines subjektorientierten Konzepts. In Erika Alleweldt, Anja Röcke und Jochen Steinbicker (Hrsg.). *Lebensführung heute. Klasse, Bildung, Individualität.* Weinheim u. Basel: Belz Juventa, 53–87.
Köbsell, Swantje (2012). *Wegweiser Behindertenbewegung. Neues (Selbst-)Verständnis von Behinderung.* Neu-Ulm: AG-SPAK.
Lampke, Dorothea, Albrecht Rohrmann und Johannes Schädler (2011). Kommunale Teilhabeplanung – Einleitung. In Dorothea Lampke, Albrecht Rohrmann und Johannes Schädler (Hrsg.). *Örtliche Teilhabeplanung mit und für Menschen mit Behinderungen. Theorie und Praxis.* Wiesbaden: VS, 9–24.
Lingelbach, Gabriele und Anne Waldschmidt (Hrsg.) (2016). *Kontinuitäten, Zäsuren, Brüche? Lebenslagen von Menschen mit Behinderungen in der deutschen Zeitgeschichte.* Frankfurt a.M. u. New York: Campus.
Lübbe, Andrea und Iris Beck (2002). *Individuelle Hilfeplanung. Anforderungen an die Behindertenhilfe.* http://dhg-kontakt.de/wp-content/uploads/2015/12/DHG-Schrift-9.pdf (Zugriff: 24. Mai 2017).
Metzler, Heidrun und Christine Rauscher (2004). *Wohnen inklusiv. Wohn- und Unterstützungsangebote für Menschen mit Behinderungen in Zukunft (Projektbericht).* Stuttgart: Diakonisches Werk.
Miles-Paul, Ottmar (1992). *Wir sind nicht mehr aufzuhalten – Behinderte auf dem Weg zur Selbstbestimmung; Beratung von Behinderten durch Behinderte – Peer Support: Vergleich zwischen den USA und der BRD.* München: AG-SPAK.
Mürner, Christian und Udo Sierck (2012). *Behinderung. Chronik eines Jahrhunderts.* Landsberg: Beltz Juventa.
Neu, Claudia (2006). Territoriale Ungleichheit – eine Erkundung. *Aus Politik und Zeitgeschichte 37* (2006): 8–15.
Rambausek, Tonia (2017). *Behinderte Rechtsmobilisierung. Eine rechtssoziologische Untersuchung zur Umsetzung von Artikel 19 der UN-Behindertenrechtskonvention.* Wiesbaden: VS.
Rohrmann, Albrecht (2016). Lokale und Kommunale Teilhabeplanung. In Iris Beck (Hrsg.). *Inklusion im Gemeinwesen.* Stuttgart: Kohlhammer, 145–183.
Rüggeberg, August (1985). *Autonom-Leben – Gemeindenahe Formen von Beratung, Hilfe und Pflege zum selbständigen Leben von und für Menschen mit Behinderung. Überblick über internationale Ansätze und Modelle und die Situation in der Bundesrepublik.* Stuttgart: Kohlhammer.
Schäfers, Markus, Viviane Schachler, Ulrich Schneekloth, Elisabeth Wacker und Ekaterina Zeiler (2016). *Pretest Befragung in Einrichtungen der Behindertenhilfe. Im Auftrag des BMAS.* http://www.bmas.de/SharedDocs/Downloads/DE/PDF-Publikationen/Forschungsberichte/fb471-pretest-befragung-in-einrichtungen.pdf;jsessionid=ADBC5C286FFABA94C12AE2514EC278CE?__blob=publicationFile&v=1 (Zugriff: 24. Mai 2017).
Schäfers, Markus und Gudrun Wansing (2009). *Familienunterstützende Hilfen (FUH). Alternativen zum betreuten Wohnen für Menschen mit Behinderung. Projektbericht.* http://www.lwl.org/spur-download/fuh/fuh-bericht.pdf (Zugriff: 12. November 2016).
Schroer, Markus (2012). *Räume, Orte, Grenzen. Auf dem Weg zu einer Soziologie des Raums.* 4. Aufl. Frankfurt a.M.: Suhrkamp.
Schwarte, Norbert und Ralf Oberste-Ufer (2001). *LEWO II. Lebensqualität in Wohnstätten für erwachsene Menschen mit geistiger Behinderung. Ein Instrument für fachliches Qualitätsmanagement.* Marburg: Lebenshilfe-Verlag.

Seifert, Monika (2010). *Kundenstudie. Bedarf an Dienstleistungen zur Unterstützung des Wohnens von Menschen mit Behinderung.* Berlin: Rhombos-Verlag.
Seifert, Monika und Birgit Steffens (2009). Das Gemeinwesen mitdenken. Die Inklusionsdebatte an der Schnittstelle zwischen Behindertenhilfe und Sozialer Arbeit. *Teilhabe 49* (1), 11–17.
Steets, Silke (2008). Raum und Stadt. In Nina Baur, Herman Korte, Martina Löw und Markus Schroer (Hrsg.). *Handbuch Soziologie.* Wiesbaden: VS, 391–412.
Vereinte Nationen (2015). *CRPD – Ausschuss für die Rechte von Menschen mit Behinderungen. Abschließende Bemerkungen über den ersten Staatenbericht Deutschlands.* http://www.institut-fuer-menschenrechte.de/fileadmin/user_upload/PDF-Dateien/UN-Dokumente/CRPD_Abschliessende_Bemerkungen_ueber_den_ersten_Staatenbericht_Deutschlands_ENTWURF.pdf (Zugriff: 13. November 2016).
Voß, Gerd-Günter und Margit Weihrich (Hrsg.) (2001). *tagaus – tagein. Neue Beiträge zur Soziologie Alltäglicher Lebensführung.* Mering u. München: Hampp.
Voß, Gerd-Günter und Margit Weihrich (Hrsg.) (2002). tag für tag. Alltag als Problem – Lebensführung als Lösung? *Neue Beiträge zur Soziologie Alltäglicher Lebensführung 2.* Mering u. München: Hampp.
Waldschmidt, Anne (2012). *Selbstbestimmung als Konstruktion. Alltagstheorien behinderter Frauen und Männer.* 2. Aufl. Wiesbaden: VS.
Wansing, Gudrun (2005). *Teilhabe an der Gesellschaft. Menschen mit Behinderung zwischen Inklusion und Exklusion.* Wiesbaden: VS.
Wansing, Gudrun (2016). Soziale Räume als Orte der Lebensführung. Optionen, Beschränkungen und Befähigungen. In Iris Beck (Hrsg.). *Inklusion im Gemeinwesen.* Stuttgart: Kohlhammer, 239–267.
Weisser, Jan (2010). Sozialraumorientierung und Situationen der Behinderung. Über die sozialräumliche Strukturierung von Abhängigkeitsbeziehungen. *Vierteljahresschrift für Heilpädagogik und ihre Nachbargebiete 79* (1): 4–10.
Welti, Felix (2016). Sonderregelung für pflegebedürftige behinderte Menschen in Behinderteneinrichtungen § 43a SGB XI verstößt gegen Grundgesetz und UN-BRK. *Diskussionsforum Rehabilitations- und Teilhaberecht, Beitrag D36-2016.* http://www.reha-recht.de/fachbeitraege/beitrag/artikel/beitrag-d36-2016/ (Zugriff: 24. Mai 2017).
Wirth, Jan V. (2015). *Die Lebensführung der Gesellschaft: Grundriss einer allgemeinen Theorie.* Wiesbaden: VS.

Personenzentrierung als sozialpolitische Programmformel
Zum Diskurs der Eingliederungshilfereform

Markus Schäfers

1 Einleitung

»Personenzentrierung« ist eine zentrale sozialpolitische Programmformel in der gegenwärtigen Diskussion um neue gesetzliche Grundlagen der Rehabilitation und Teilhabe. »Leistungen sollen nicht länger institutionenzentriert, sondern personenzentriert bereit gestellt werden«, so heißt es im Koalitionsvertrag (CDU et al. 2013, 78), der ein modernes Teilhaberecht verspricht.

Was aber bedeutet Personenzentrierung im sozialpolitischen Diskurs? Genauer: Mit welchen Bedeutungen versehen die sozialpolitischen Akteure den Begriff Personenzentrierung? Wie wird Personenzentrierung inszeniert? Was wird für die Stärkung einer personenzentrierten Perspektive gesetzespolitisch in Aussicht gestellt?

Diesen Fragen gehe ich im vorliegenden Beitrag nach. Dabei werde ich die Brücke schlagen von einem sozialpolitischen Verständnis des Begriffs Personenzentrierung zu der Frage, welche Konsequenzen das Bundesteilhabegesetz für die alltägliche Unterstützung von Menschen mit Behinderungen hat.[4] Beginnen werde ich damit, die Genese des Begriffs Personenzentrierung zu skizzieren: Welche Wurzeln hat dieser Begriff, auf den der sozialpolitische Diskurs Bezug nimmt?

2 »Von der institutionellen zur personalen Perspektive« – zur genetischen Bedeutung von Personenzentrierung

Fachliche Entwicklungen der Behindertenpädagogik und Rehabilitation in den 1990er Jahren lassen sich als Wandel »von der institutionellen zur personalen Perspektive« zusammenfassen (vgl. Thimm 2001; Beck 2002; Schädler 2002; Wacker et al. 2009; Franz 2014; Beck 2016). Mit dieser Formel verbinden sich an

---

[4] Der Beitrag bezieht sich auf die Fassung des Bundesteilhabegesetzes nach Gesetzesbeschluss des Deutschen Bundestages (vgl. Deutscher Bundestag 2016; Bundesrat 2016).

das Unterstützungssystem gerichtete Forderungen nach einer Abkehr von einer standardisierten Versorgung hin zur stärkeren Orientierung am Subjekt und seinen alltäglichen Lebensvollzügen. Der Mechanismus des separierenden Hilfesystems, die Feststellung von Behinderungsarten bzw. besonderen Hilfe- und Förderbedarfen mit der Zuweisung an je spezifische institutionelle Orte (Sonderschule, Wohnheim, Werkstatt für behinderte Menschen) zu verknüpfen, soll durchbrochen werden.

> »Die Unterordnung der Lebensführung unter Organisationserfordernisse, die Gleichsetzung der Zuweisung zu Sonderinstitutionen mit der Bedarfserfüllung, die oft viele Bedürfnisse abschnitt: Das war das zentrale Moment, das die Forderung nach der Individualisierung der Hilfen begründete« (Beck 2016, 30).

Unter einer personalen Perspektive haben sich die Hilfen nicht länger an institutionelle Erfordernisse, sondern an den Folgen für die Lebensführung der Menschen mit Unterstützungsbedarfen zu orientieren. Die Gestaltung individueller Unterstützungsarrangements, welche jede einzelne Person zur Entwicklung eines eigenen Lebensstils und der Verwirklichung einer möglichst autonomen Lebensführung befähigen, rückt mehr und mehr in den Vordergrund (vgl. Wacker et al. 2009). Menschen mit Behinderungen erscheinen nicht mehr als homogene Gruppe, sondern als Individuen mit höchst unterschiedlichen Bedarfen und Weltsichten, die in ihrer Verschiedenheit Anerkennung erfahren.

Als Alltags- oder Lebensweltorientierung hat diese Forderung Eingang in die (sozial-)pädagogische Diskussion gehalten (vgl. Grunwald & Thiersch 2004). Lebensweltorientierung fokussiert die erfahrenen Lebensräume und sozialen Bezüge von Menschen; erst der Bezug zur konkreten Lebenssituation stellt das Wissen bereit, was genau an Unterstützung benötigt wird. Mit der Umstellung des Hilfebedarfs von einer institutionsbezogenen auf eine personenbezogene und lebensweltliche Kategorie wird der Mensch mit Behinderung – in seiner Lebenswelt, mit seinen Selbstdeutungen und Zielvorstellungen – zum Angelpunkt der Unterstützungsplanung und nicht eine Organisation und ihre Leistungsprogramme.

> »Eine an lebensweltlichen Bedarfslagen ausgerichtete Bedarfsplanung muss ... danach fragen, was Menschen brauchen, um in einer Gemeinde oder Region unter ... allgemeinen Ziel- und ihren persönlichen Zukunftsperspektiven leben zu können, und nicht nach dem, was sie brauchen (dürfen) innerhalb eines (sich nicht verändernden) Angebots« (Beck 2002, 53).

Eine personenbezogene Perspektive ist somit institutionskritisch und professionsskeptisch angelegt: Durch die Orientierung am Subjekt betont sie, Menschen (mit Behinderungen) nicht zuvorderst in ihren Beeinträchtigungen zu sehen und nicht auf ihre Rolle als Hilfempfangende zu reduzieren. Insbesondere hebt sie die grundsätzliche autonome Zuständigkeit jeder Person für ihren eigenen Alltag heraus (vgl. Grunwald & Thiersch 2004) und warnt vor der Unterwanderung der Lebenswelt durch die Logiken des Hilfesystems.

In diesem Sinne war die Formel »von der institutionellen zur personalen Perspektive« – obwohl als Essenz fachlicher Reformansätze der Behindertenpädagogik formuliert – immer schon politisch, da sie auf eine Veränderung sozialpolitischer Programme und rechtlicher Rahmenbedingungen zielte. Noch deutlicher wird die politische Stoßrichtung im Kontext der Gemeinde- und Sozialpsychiatrie; hier wird auch zum ersten Mal Personenzentrierung als Reformbegriff verwendet (vgl. Kruckenberg et al. 1999). Der personenzentrierte Ansatz der Aktion Psychisch Kranke (APK) zielte auf den Umbau der psychiatrischen Versorgung, indem individuelle Hilfearrangements an die Stelle bis dato vorherrschender standardisierter Angebote eines fragmentierten Leistungssystems treten (vgl. APK 2002).

Zur Verbreitung des personenzentrierten Ansatzes beigetragen hat sicherlich der »Integrierte Behandlungs- und Rehabilitationsplan« (IBRP). Dieses Instrument sollte sowohl eine individuelle Hilfeplanung implementieren als auch die Koordination der bis dato versäulten sozialpsychiatrischen Angebote sicherstellen. Der IBRP galt daher als »Schlüssel zur personenzentrierten Hilfeleistung« (vgl. ebd., 36).

»Das so skizzierte Konzept der Personenzentrierung hat ein erhebliches Innovationspotential und wurde daher in der Folgezeit auch über das Feld der Sozialpsychiatrie hinaus aufgegriffen. Dennoch hat es die damit intendierten weitreichenden Veränderungen bislang nicht bewirken können« (Rohrmann 2016, 136 f.).

3 Personenzentrierung im Kontext von Eingliederungshilfereform und Bundesteilhabegesetz

In die politische Debatte um die Eingliederungshilfereform gehoben wurde der Begriff Personenzentrierung durch die Arbeits- und Sozialministerkonferenz (ASMK). In einem sogenannten Vorschlagspapier der ASMK findet der Begriff zum ersten Mal in diesem Kontext Erwähnung (vgl. auch Schütte 2013, 12): »Es wird vorgeschlagen, die Eingliederungshilfe von einer überwiegend einrichtungszentrierten Hilfe zu einer personenzentrierten Hilfe neu auszurichten« (ASMK 2008, 5). Seit dieser Zeit wird Personenzentrierung als zentraler Reformbegriff verwendet, um einer programmatischen Neuausrichtung des Hilfesystems Richtung und Form zu verleihen.

Der Reformbedarf der Eingliederungshilfe ist vor einem ökonomischen und strukturellen Hintergrund zu betrachten. Die Eingliederungshilfe ist eine der wichtigsten leistungsrechtlichen Grundlagen für die Unterstützung von Menschen mit Behinderung. Von allen Ausgaben für Rehabilitationsleistungen (im Jahre 2014 rund 32,6 Mrd. Euro) entfällt die Hälfte auf die Sozialhilfe für sogenannte »Eingliederungshilfe für behinderte Menschen« (vgl. BAR 2016). Damit ist die Sozialhilfe der größte Rehabilitationsträger. Aufgabe der Eingliederungshilfe ist es, Menschen mit Behinderungen

»die Teilnahme am Leben in der Gemeinschaft zu ermöglichen oder zu erleichtern, ihnen die Ausübung eines angemessenen Berufs oder einer sonstigen angemessenen Tätigkeit zu ermöglichen oder sie so weit wie möglich unabhängig von Pflege zu machen« (§ 53 Abs. 3 Sozialgesetzbuch [SGB] XII).

Im Jahre 2013 lag die Zahl der Empfängerinnen und Empfänger von Eingliederungshilfe für behinderte Menschen bei 834.000 Personen (vgl. Statistisches Bundesamt 2015, 6). Insbesondere seit der Wiedervereinigung Deutschlands lässt sich eine rapide Steigerung feststellen; 1991 lag die Zahl noch bei rund 324.000. Die Kosten der Eingliederungshilfe haben sich im selben Zeitraum verdreifacht (vgl. ebd., 7).

Der Leistungskatalog der Eingliederungshilfe (vgl. § 54 SGB XII) ist sehr weit, er umfasst medizinische, heilpädagogische und andere Rehabilitationsmaßnahmen und ist vom Gesetzgeber nicht abschließend festgelegt. Zu den am häufigsten erbrachten Leistungen zählen Hilfen zum selbstbestimmten Leben in betreuten Wohnmöglichkeiten, Leistungen in Werkstätten für behinderte Menschen und Heilpädagogische Leistungen für Kinder.

70 % der Empfängerinnen und Empfänger von Eingliederungshilfe erhalten Leistungen in (teil-)stationären Einrichtungen, 30 % außerhalb von Einrichtungen (vgl. Bundesministerium für Arbeit und Soziales [BMAS] 2014a, 14). Betrachtet man nur die wohnbezogene Eingliederungshilfe, erscheint die Verteilung ausgeglichener: 54 % werden in Wohneinrichtungen, 46 % ambulant betreut (▶ Tab. 1). Vergleicht man hier allerdings die Kosten, wird weiterhin ein stationäres Übergewicht deutlich: 81 % der Ausgaben für wohnbezogene Eingliederungshilfe fallen in Einrichtungen (6,1 Mrd. Euro), 19 % außerhalb von Einrichtungen an (1,4 Mrd. Euro) (vgl. ebd., 7).

Tab. 1: Personen, die Eingliederungshilfe im Wohnbereich erhalten (Daten aus 2013; Mehrfachzählungen möglich; vgl. Statistisches Bundesamt 2015, 23)

	Personen mit Eingliederungshilfebezug	in %
in einer stationären Wohneinrichtung	211.393	54 %
in einer Wohngemeinschaft (ambulant betreut)	21.004	5 %
in einer eigenen Wohnung (ambulant betreut)	162.115	41 %

Bereits diese Übersichtszahlen verdeutlichen einige Probleme, mit denen sich die Eingliederungshilfe konfrontiert sieht. Neben steigenden Fallzahlen und Ausgaben betrifft dies insbesondere die Steuerung und leistungsrechtliche Gewährung von Hilfen: Welche Hilfeformen einer Person zugänglich gemacht werden, ist strukturell betrachtet vor allem von der örtlichen Angebotsstruktur abhängig – die in vielen Regionen Deutschlands stationär dominiert ist, nicht zwingend vom Bedarf oder Wunsch des Menschen mit Behinderung.

Vor diesem Hintergrund ist die Reformdebatte einzuordnen: Über mehrere Jahre hinweg hat eine Bund-Länder-Arbeitsgruppe im Auftrag der ASMK Reformvorschläge zur Weiterentwicklung der Eingliederungshilfe erarbeitet. Dieser Prozess mündete in »Eckpunkten« (ASMK 2009, 2010) sowie in einem »Grundlagenpapier« (ASMK 2012), das aus Sicht der Arbeitsgruppe notwendige Reformschritte erläutert, sowie in eine Debatte darüber mit den Verbänden der Behindertenhilfe und Selbsthilfe. Gesetzgeberische Konsequenzen hatte dies zunächst nicht.

Im Jahre 2012 hat der Bundesrat eine von allen Ländern getragene Entschließung zur »Schaffung eines Bundesleistungsgesetzes« vorgelegt. Konkretisiert wurde diese Forderung im Rahmen des Fiskalpakts, in dem eine Übereinkunft zwischen Bund und Ländern getroffen wurde, in der nächsten Legislaturperiode des Deutschen Bundestages ein Bundesleistungsgesetz zu schaffen, das die rechtlichen Vorschriften der Eingliederungshilfe in der bisherigen Form ablösen und dabei eine Kostenbeteiligung des Bundes regeln soll (vgl. ASMK 2013, 82; Gitschmann 2013; Schütte 2013).

Spätestens seitdem CDU, CSU und SPD (2013, 67) im Koalitionsvertrag für die 18. Legislaturperiode angekündigt haben, »ein Bundesleistungsgesetz für Menschen mit Behinderung (Bundesteilhabegesetz)« zu erarbeiten, wird die Diskussion um eine Eingliederungshilfereform unter dem Stichwort »Bundesteilhabegesetz« fortgesetzt und erweitert. Das federführende BMAS initiierte Mitte 2014 ein Beteiligungsverfahren und richtete dazu eine »Arbeitsgruppe Bundesteilhabegesetz« ein, an der Vertretungen von Bund, Ländern und Kommunen, Sozialversicherungsträgern, Sozialpartnern, Fach- und Berufsverbänden sowie Selbsthilfeverbänden teilnahmen (vgl. BMAS 2014b). Das BMAS hat 2015 einen Abschlussbericht über die Tätigkeit der Arbeitsgruppe vorgelegt. Ende 2016 hat der Deutsche Bundestag das Bundesteilhabegesetz beschlossen (vgl. Deutscher Bundestag 2016; Bundesrat 2016). Die Änderungen treten demnach schrittweise bis 2020 in Kraft (vgl. Giese et al. 2016; Schmachtenberg 2016).

4 Zur Bedeutung von Personenzentrierung im sozialpolitischen Diskurs

Im Folgenden wird der Frage nachgegangen, mit welcher Bedeutung Personenzentrierung im Diskurs der Eingliederungshilfereform und des Bundesteilhabegesetzes versehen wird: In welche Kontexte wird Personenzentrierung gesetzt? Welche Funktionen erhält der Begriff? Wie wird Personenzentrierung inszeniert, um gesetzgeberische Maßnahmen zu legitimieren?

Die folgende Untersuchung greift auf Ergebnisse einer Diskursanalyse zur Eingliederungshilfereform zurück (zum Untersuchungsdesign vgl. Schäfers 2014). In die Analyse einbezogen werden politische Positionspapiere, Protokolle, Empfehlungen, Stellungnahmen und Kommentare von folgenden Autorengruppen:

- Politische Institutionen im engeren Sinne (Arbeits- und Sozialministerkonferenz und ihre Arbeitsgruppen, Bundes- und Landesregierungen, Bundes- und Landesministerien, politische Parteien und Fraktionen)
- Interessensvertretungen behinderter Menschen/Selbsthilfeverbände
- Verbände der Freien Wohlfahrtspflege, Fachverbände der Behindertenhilfe
- Leistungsträger und ihre Zusammenschlüsse (vor allem Träger der örtlichen und überörtlichen Sozialhilfe)
- Gemeinsame Foren und Vereinigungen (Deutscher Verein für öffentliche und private Fürsorge, Deutsche Vereinigung für Rehabilitation)
- Arbeitsgruppe »Bundesteilhabegesetz«

Für den vorliegenden Beitrag beschränkt sich die Darstellung auf diejenigen Ergebnisse, die mit Blick auf die alltägliche Unterstützung von Menschen mit Behinderungen besonders relevant erscheinen.

4.1 Personenzentrierung als richtungweisende Programmformel

Auf einer allgemeinen, programmatischen Ebene dient Personenzentrierung dazu, die politische Ausrichtung der Eingliederungshilfereform zu markieren: Zunächst von der ASMK, später auch von den Koalitionsparteien wird Personenzentrierung als Reformbegriff zur sozialpolitischen Modernisierung formuliert. Als Leitbild gibt Personenzentrierung die Weisung aus, die Hilfen zu individualisieren, den Subjektbezug in Recht und Praxis der Rehabilitation zu stärken, also den einzelnen Menschen bzw. das Individuum als Ausgangs- und Bezugspunkt des Leistungsgeschehens zu begreifen.

> »Personzentrierung geht aus von dem einzelnen leistungsberechtigten Menschen mit Behinderung« (Thesen zur Personzentrierung der Fachverbände 2010, 1).

Insbesondere in einer frühen Phase des Diskurses wird Personenzentrierung in die Nähe von Selbstbestimmung, Eigenverantwortung und Selbsthilfe gestellt (vgl. auch Schütte 2013, 12):

> »Ausgehend vom Selbstbestimmungsrecht und der Eigenverantwortung der Menschen mit Behinderungen muss bürgerrechtlich künftig stärker als bisher ein Hilfe- und Unterstützungssystem am Einzelnen und seinen jeweiligen Bedürfnissen ausgerichtet sein« (ASMK 2008, 3).

Zugleich – und konkretisierend – wird die »personenzentrierte Hilfe« durch ihre Opposition charakterisiert: die »einrichtungszentrierte Hilfe«.

> »Es wird vorgeschlagen, die Eingliederungshilfe von einer überwiegend einrichtungszentrierten Hilfe zu einer personenzentrierten Hilfe neu auszurichten. Damit wird ein emanzipatorischer und bürgerrechtlicher Ansatz verfolgt, der die Forderungen der UN-Konvention einerseits und die Grundsätze des SGB IX sowie die des SGB XII andererseits aufgreift, der vor allem aber dem Grundrecht auf Gleichberechtigung von Menschen mit und ohne Behinderungen geschuldet ist« (ASMK 2008, 5).

Hier findet also ein deutlicher Rückbezug des Diskurses zur Genese und fachwissenschaftlichen Bedeutung von Personenzentrierung statt (▶ Kap. 2). Personenzentrierung soll im sozialrechtlich grundgelegten Leistungsgefüge darauf abzielen, die Nutzerposition gegenüber der Einrichtungs- und Anbieterseite aufzuwerten.

Im Diskursverlauf wird Personenzentrierung als Reformbegriff – insbesondere in der Form der Oppositionsfigur Personenzentrierung vs. Einrichtungsorientierung – von anderen sozialpolitischen Akteuren aufgegriffen:

> »Die geforderten Reformschritte, insbesondere die Umgestaltung der Eingliederungshilfe von einem institutionsbezogenen zu einem personenzentrierten Unterstützungssystem, bedeuten einen tiefgreifenden Wandel des Systems« (Positionspapier »Grundzüge eines Bundesleistungsgesetzes für Menschen mit Behinderung« der Fachverbände 2013, 9).

Im Lichte der paradigmatischen Kontexte, in die Personenzentrierung gesetzt wird, besteht die programmatische Leistung des Begriffs Personenzentrierung weniger darin, den bereits im geltenden Recht verankerten Zielvorstellungen von Selbstbestimmung und Teilhabe neuartige Bedeutungsfacetten hinzuzufügen. Vielmehr liegt die Relevanz des Begriffes darin, die Funktion eines »Transmissionskonzepts« zu übernehmen: Personenzentrierung dient dazu, eine Verbindung zu schaffen zwischen einer abstrakten, paradigmatischen Ebene – hier knüpft Personenzentrierung nahtlos an bestehende Leitideen des SGB IX und der UN-BRK an (vgl. Schütte 2013, 15) – und einer konkreteren, gesetzespolitischen Ebene, auf der letztlich ausgehandelt wird, welche Veränderungsbedarfe und Umsteuerungsmaßnahmen als notwendig erscheinen. Die Veränderungsbedarfe werden insbesondere von der Oppositionsfigur Institutionszentrierung abgeleitet: Die Reform soll den einrichtungsbezogenen Charakter der Eingliederungshilfe überwinden, und diese Stoßrichtung wird als Schlüssel zur Individualisierung der Hilfen gedeutet.

4.2 Personenzentrierung als Bedarfsorientierung

Eine erste Konkretisierung erfährt die Stoßrichtung der Reform mit Blick auf die Bedarfsermittlung und Teilhabeplanung. Der zu überwindende Institutions- oder Einrichtungsbezug wird hier als Bedarfsermittlung »unabhängig von der Wohnform« bzw. »unabhängig vom Ort der Leistungserbringung« beschrieben.

> »Die Eingliederungshilfe muss zu einem personenzentrierten Unterstützungssystem weiterentwickelt werden. Die Leistungen müssen dafür unabhängig vom Ort der Leistungserbringung ausgestaltet und bemessen werden und allein vom individuellen Hilfebedarf des Einzelnen ausgehen« (Positionspapier »Grundzüge eines Bundesleistungsgesetzes« der Fachverbände 2013, 3).
>
> »Die Leistungen sollen sich am persönlichen Bedarf orientieren und entsprechend eines bundeseinheitlichen Verfahrens personenbezogen ermittelt werden« (Koalitionsvertrag, CDU et al. 2013, 78).

Der Diskurs nimmt hier Bezug auf das Problem der pauschalen Bedarfsermittlung in der Praxis der Eingliederungshilfe, die eine Zuweisung von Menschen mit Behinderungen zu bestimmten Institutionen (Wohnheim, ambulanter Betreuungsdienst usw.) nach Kategorien festgestellter Beeinträchtigungen oder Unterstützungsbedarfe legitimiert, wodurch individuelle Bedarfe, Wünsche oder Vorstellungen von einer Unterstützungsgestaltung im Einzelfall nivelliert werden.

»Die Leistungsgewährung ist überwiegend einrichtungsorientiert und berücksichtigt nicht ausreichend die individuelle Situation des Leistungsberechtigten (Personenzentrierung)« (Bundesrat 2013, 4).

Im Zeichen von Personenzentrierung – verstanden als individuelle Situation des bzw. der Leistungsberechtigten – wird die Lösung darin gesehen, den Bedarfsbegriff als personale Kategorie zu konstruieren (sprachlich markiert durch »individuell«, »persönlich«, »der Einzelne«, »das Subjekt«). Zielrichtung soll sein, die Individualität von Menschen mit Behinderungen bei der Bedarfsermittlung, Leistungsplanung und -gestaltung stärker zu berücksichtigen. Mit der Konnotation zum Begriff des Bedarfs legitimiert Personenzentrierung Reformbestrebungen, die sich auf die sozialrechtliche Fallbearbeitung und das administrative Verfahren der Leistungszuweisung und -gewährung beziehen.

»Der transparenten Bedarfsermittlung und -feststellung, der Planung und Umsetzung von Teilhabeleistungen kommt bei der personenzentrierten Leistungsgestaltung eine grundlegende Bedeutung zu, wobei Wünsche und individuelle Teilhabeziele der leistungsberechtigten Person den Ausgangspunkt einer dies aufgreifenden, sachgerechten Bedarfsermittlung bilden. Von grundlegender Bedeutung ist auch das Recht des betroffenen Menschen mit Behinderungen, auf Augenhöhe mit den Leistungsträgern an der Feststellung seines individuellen Bedarfs und an der Teilhabeplanung mitwirken zu können« (BMAS 2015, 17).

Als Folge einer personenzentrierten Umstellung werden gesetzgeberische Konsequenzen auf zwei Ebenen der Bedarfsermittlung und Teilhabeplanung in den Blick genommen:

- auf einer inhaltlichen Ebene (im Sinne rechtlich formulierter Anforderungen an Instrumente der Bedarfsermittlung) und
- auf einer Ebene des Verfahrens (im Sinne von konkretisierten Vorschriften zum Ablauf, zu Verfahrensbeteiligten, zur Koordination zwischen den Leistungsträgern).

Divergierende Vorstellungen werden in der Reformdebatte deutlich bei der Frage, ob es in Bezug auf das Verfahren der Bedarfsermittlung und Gesamtplanung »bundesweit vergleichbare« oder – darüber hinausgehend – »bundeseinheitliche« Regelungen geben soll (vgl. ebd., 18). Dies mag auch ein Grund dafür sein, dass in der Beschlussfassung des Bundesteilhabegesetzes (vgl. Deutscher Bundestag 2016) die Anforderungen an Instrumente der Bedarfsermittlung relativ offengehalten sind: Es wird lediglich auf zu entwickelnde gemeinsame Empfehlungen der Rehabilitationsträger über »Grundsätze« dieser Instrumente verwiesen (§ 26 Abs. 2 Nr. 7 SGB IX). Nur in Bezug auf das Gesamtplanverfahren des Sozialhilfeträgers werden in § 117 Abs. 3 SGB IX nähere zu beachtende Kriterien genannt: transparent, trägerübergreifend, interdisziplinär, konsensorientiert, individuell, lebensweltbezogen, sozialraumorientiert und zielorientiert. Diese sind als unbestimmte Rechtsbegriffe sicherlich interpretationsfähig und bedürfen daher einer Übersetzung in mess- und überprüfbare Anforderungen an Instrumente und Verfahren der Bedarfsermittlung und Teilhabeplanung.

4.3 Personenzentrierung als personenbezogene Leistungserbringung

Die oben bereits erwähnte Abkopplung der Leistung von der Wohnform wird von den sozialpolitischen Akteuren als Mittel zur Überwindung eines institutionszentrierten Systems interpretiert.

> »Prägend für die Neuausrichtung ist der Wandel von einer überwiegend einrichtungsorientierten zu einer personenzentrierten Hilfe mit der Folge, dass die derzeitige Charakterisierung von Leistungen der Eingliederungshilfe in ambulante, teilstationäre und stationäre Maßnahmen entfällt« (ASMK 2010, 1 f.).

Als Konsequenz dessen, nicht mehr zwischen stationären und ambulanten Leistungen zu unterscheiden, sollen Eingliederungshilfeleistungen künftig auf »Fachleistungen« konzentriert, also abgelöst werden von Existenzsicherungs- und Unterkunftsleistungen, die derzeit insbesondere in stationären Betreuungszusammenhängen noch im Paket mit Fachmaßnahmen erbracht und aus Mitteln der Eingliederungshilfe finanziert werden.

> »Das künftig im SGB IX Teil 2 geregelte Recht der Eingliederungshilfe wird konsequent personenzentriert ausgerichtet. Die notwendige Unterstützung erwachsener Menschen mit Behinderungen wird nicht mehr an einer bestimmten Wohnform, sondern unter ganzheitlicher Perspektive am notwendigen individuellen Bedarf ausgerichtet sein. Die mit dem SGB XII begonnenen Schritte einer Trennung von Fachleistung und von Leistungen zum Lebensunterhalt werden zum Abschluss gebracht. Die Eingliederungshilfe konzentriert sich künftig auf die reinen Fachleistungen. Die Leistungen zum Lebensunterhalt einschließlich Wohnen sollen wie bei Menschen ohne Behinderungen nach dem Dritten oder Vierten Kapitel des SGB XII bzw. nach dem SGB II erbracht werden« (Deutscher Bundestag 2016, 4).

Diese Interventionen lassen sich durchaus interpretieren als Versuch einer De-Institutionalisierung: Die Überwindung angebotsbezogenen Denkens und Planens im Sinne einer Auflösung der Institutionen »ambulant« und »stationär« soll geeignet sein, den Blick auf das Subjekt freizusetzen. Anderseits wird über die gesamte Reformdebatte hinweg deutlich, dass die sozialpolitischen Akteure nicht losgelöst von Institutionen argumentieren und Personenzentrierung als »passende Hilfepakete« operationalisieren, die in die Nähe ambulanter Angebote gestellt werden:

> »Beim personenzentrierten Ansatz geht es darum, mit dem Leistungsberechtigten gemeinsam den individuellen Hilfebedarf festzustellen und dann ein passendes Hilfepaket zu organisieren« (Thesen zur Personzentrierung der Fachverbände 2010, 2).
> »Ziel der Personenzentrierung: Dynamisierung des Ambulantisierungsprozesses« (Fachveranstaltung der Fachverbände; Welke & Axmann 2013, 8).

Trotz dieser Ausrichtung auf eine Stärkung ambulanter Angebote wird in der Gesetzesbegründung hervorgehoben, dass eine Auflösung der leistungsrechtlichen

Unterscheidung zwischen ambulant und stationär nicht einer Abschaffung stationärer Wohneinrichtungen gleichkommen soll.

»Die Gliederung nach ambulanten, teilstationären und vollstationären Leistungen wird deshalb für erwachsene Menschen mit Behinderungen aufgegeben. Bestehende Betreuungsmöglichkeiten in Wohnformen, wo Menschen mit Behinderungen zusammenleben, werden erhalten. Unter Berücksichtigung des Wunsch- und Wahlrechts wird auch künftig jeder erwachsene Mensch mit Behinderung entsprechend seinen individuellen Bedarfen wohnen und sein Leben gestalten können« (Deutscher Bundestag 2016, 4).

Auch wenn klar ist, dass nach erfolgter Auflösung der leistungsrechtlichen Unterscheidung zwischen ambulant und stationär nicht alle stationären Hilfeformen schlagartig aufhören zu existieren, scheint dennoch – insbesondere sprachlich durch die Formulierung: »bestehende Betreuungsmöglichkeiten« – deutlich der reformerische Wille durch, die Leistungsangebote zukünftig zu ambulantisieren.

Über diesen formalen Aspekt der Leistungserbringung hinaus thematisiert der Diskurs um das Bundesteilhabegesetz (eher in einer späteren Phase) inhaltliche Änderungen im Leistungsrecht unter dem Stichwort »Leistungen zur Sozialen Teilhabe«.

»Der mit Blick auf die personenzentrierte Neuausrichtung der Eingliederungshilfe geänderten und zunehmenden Bedeutung der Leistungen der sozialen Teilhabe muss Rechnung getragen werden. Die Möglichkeiten einer individuellen und den persönlichen Wünschen entsprechenden Lebensplanung und -gestaltung für Menschen mit Behinderungen gilt es weiter zu stärken. ... Im Kontext der personenzentrierten Neuausrichtung der Eingliederungshilfe ist zudem eine Weiterentwicklung der sozialen Teilhabe, insbesondere im Hinblick auf flexiblere Möglichkeiten der Leistungserbringung erforderlich« (BMAS 2015, 21).

Neben rechtssystematischen Änderungen (Neustrukturierung des weiterhin offen gehaltenen Leistungskatalogs) wird durch das Bundesteilhabegesetz »ein neuer Leistungstatbestand für Assistenzleistungen eingeführt« (ebd., 189) und im Gesetzestext so konkretisiert:

»Zur selbstbestimmten und eigenständigen Bewältigung des Alltages einschließlich der Tagesstrukturierung werden Leistungen für Assistenz erbracht. Sie umfassen insbesondere Leistungen für die allgemeinen Erledigungen des Alltags wie die Haushaltsführung, die Gestaltung sozialer Beziehungen, die persönliche Lebensplanung, die Teilhabe am gemeinschaftlichen und kulturellen Leben, die Freizeitgestaltung einschließlich sportlicher Aktivitäten sowie die Sicherstellung der Wirksamkeit der ärztlichen und ärztlich verordneten Leistungen. Sie beinhalten die Verständigung mit der Umwelt in diesen Bereichen« (§ 78 SGB IX; Deutscher Bundestag 2016, 63).

Die hier aufgeführten »Assistenzleistungen« stellen keine neuen Leistungen dar, sondern sind ein neuer Sammelbegriff für diejenigen Hilfen, die das SGB IX und das SGB XII bislang unter den Bezeichnungen »Hilfe zum selbstbestimmten Leben in betreuten Wohnmöglichkeiten« und »Hilfen zur Teilhabe am gemeinschaftlichen und kulturellen Leben« kannte. So heißt es denn auch in der Gesetzesbegründung:

»Die Neuregelungen für die Leistungsgruppen der sozialen Teilhabe ... dienen nicht der Ausweitung der bisherigen Leistungen, sondern der Rechtssicherheit bei der Leistungserbringung und damit der Stärkung der Selbstbestimmung und Teilhabe der Leistungsberechtigten« (Deutscher Bundestag 2016, 228).

Eine im Diskurs in Aussicht gestellte wesentliche inhaltliche Weiterentwicklung von (Assistenz-)Leistungen im Sinne einer Individualisierung und Flexibilisierung der Hilfen ist im Bundesteilhabegesetz kaum erkennbar: Einer personenzentrierten Reformlogik folgend wäre gewesen, Assistenz als Leistungsform zu verstehen und als Wahlrecht an die Person zu knüpfen, statt einen neuen Leistungstatbestand »Assistenzleistungen« zu kreieren und ihn als Sammelbegriff für Leistungen zur sozialen Teilhabe neben andere Leistungsarten zu stellen.

Ähnlich verhält es sich mit dem Wunsch- und Wahlrecht von Menschen mit Behinderungen (§ 8 SGB IX), das durch das Bundesteilhabegesetz wesentlich gestärkt werden sollte. Hier lassen sich eher gegenläufige Tendenzen feststellen. Wie in der bisherigen Fassung des SGB XII, das einen sog. Mehrkostenvorbehalt kannte, wird auch in der Neufassung des SGB IX (Teil 2, »Eingliederungshilferecht«) das Wunsch- und Wahlrecht dergestalt eingeschränkt, dass es um »angemessene« Wünsche geht:

> »Wünschen der Leistungsberechtigten, die sich auf die Gestaltung der Leistung richten, ist zu entsprechen, soweit sie angemessen sind. Die Wünsche der Leistungsberechtigten gelten nicht als angemessen, 1. wenn und soweit die Höhe der Kosten der gewünschten Leistung die Höhe der Kosten für eine vergleichbare Leistung von Leistungserbringern ... unverhältnismäßig übersteigt und 2. wenn der Bedarf nach der Besonderheit des Einzelfalles durch die vergleichbare Leistung gedeckt werden kann« (§ 104 Abs. 2 SGB IX; Deutscher Bundestag 2016, 73).

Zwar wird der Kostenvergleich durch die Frage der Zumutbarkeit nach § 104 Abs. 3 SGB IX relativiert:

> »Bei der Entscheidung nach Absatz 2 ist zunächst die Zumutbarkeit einer von den Wünschen des Leistungsberechtigten abweichenden Leistung zu prüfen. Dabei sind die persönlichen, familiären und örtlichen Umstände einschließlich der gewünschten Wohnform angemessen zu berücksichtigen. Kommt danach ein Wohnen außerhalb von besonderen Wohnformen in Betracht, ist dieser Wohnform der Vorzug zu geben, wenn dies von der leistungsberechtigten Person gewünscht wird. ... Bei Unzumutbarkeit einer abweichenden Leistungsgestaltung ist ein Kostenvergleich nicht vorzunehmen« (§ 104 Abs. 3 SGB IX; Deutscher Bundestag 2016, 74; Bundesrat 2016, 5).

Nichtsdestotrotz kommen an dieser Stelle wieder institutionelle Größen ins Spiel, die mit einer als »personenzentriert« bezeichneten Reform eigentlich überwunden werden sollten, wenn nämlich Kosten von Angeboten verschiedener Institutionen miteinander verglichen werden und dieser Kostenvergleich ausschlaggebend dafür ist, wann Wünsche der Menschen mit Behinderungen als angemessen gelten oder nicht.

5 Personenzentrierung im sozialpolitischen Diskurs: Konsequenzen für ambulante Angebote

Die Analyse und Interpretation des Diskurses zur Reform der Eingliederungshilfe zeigt, dass Personenzentrierung im politischen Diskurs die Funktion eines »Transmissionskonzepts« erhält: Personenzentrierung schafft die Verbindung zwischen einer paradigmatischen Ebene (Selbstbestimmung, Teilhabe, Inklusion) und einer konkreteren Ebene gesetzespolitischer Umsteuerungsmaßnahmen (wie die Abkopplung von Wohnform und Leistung). Personenzentrierung als Reformbegriff zieht sich wie ein roter Faden durch den Diskursverlauf – und dazu noch quer zu allen Diskursgemeinschaften: Regierungsvertreterinnen und -vertreter wie Leistungsträger, Leistungsanbieter und Interessensvertretungen behinderter Menschen – alle haben sich ungeachtet divergierender politischer Interessen die Programmformel Personenzentrierung auf die Fahne geschrieben. Personenzentrierung verbindet angemessen Programmatik mit Pragmatik und scheint in der Lage zu sein, diskursive Allianzen zu formen und einzuschwören mit der Folge, dass über die grundlegende Ausrichtung der Reform kaum gestritten wird.

Die letztlich getroffenen gesetzespolitischen Entscheidungen und Handlungen werden mit Rückgriff auf Personenzentrierung von den Entscheidungsträgern legitimiert. Umsteuerungsmaßnahmen – wie die (zunächst einmal ausschließlich formale) Auflösung der Unterscheidung stationär vs. ambulant – erscheinen rückwärts betrachtet, am Ende einer »personenzentrierten Argumentationskette«, geradezu logisch und fast »alternativlos«, insbesondere um moderne Leitideen wie Selbstbestimmung und Teilhabe umzusetzen.

Betrachtet man den Konkretisierungsgrad der gesetzlichen Veränderungen, so ist festzustellen, dass die mit der Reform intendierte Individualisierung und Flexibilisierung der Hilfen sowie eine Stärkung des Wunsch- und Wahlrechts von Menschen mit Behinderungen kaum gesetzgeberische Entsprechung findet. Regelungen zur Bedarfsermittlung z. B. sind relativ unverbindlich ausgestaltet, sodass Zweifel angebracht sind, inwiefern die Reform an dieser wichtigen Schaltstelle im Rehabilitationsgeschehen Innovationspotenzial entfaltet. Ganz im Gegensatz dazu erscheinen die im Gesetz vorgenommenen Änderungen, welche Fragen der Administration betreffen (z. B. Zugang und Beratung, Koordination der Leistungsträger, Teilhabeplanung), vergleichsweise detailliert ausgearbeitet. Auf den Punkt gebracht: Die staatliche Steuerungsfunktion wird gestärkt, die Nutzerposition im Leistungsgeschehen bleibt schwach.

Darin offenbart sich das Absurdum von Personenzentrierung: Angetreten als fachwissenschaftlich begründeter Reformbegriff, der sich gegen eine bürokratische Verobjektivierung des Subjekts und eine Institutionalisierung von Behinderung im sozialrechtlichen Verfahren der Leistungsgewährung richtet, wird Personenzentrierung im sozialpolitischen Diskurs dazu benutzt, rechtliche Verfeinerungen des Verwaltungsverfahrens zu legitimieren.

> »Unter dem Deckmantel einer stärkeren Personenzentrierung wird letztlich eine ›Re-Institutionalisierung‹ vorangetrieben, in der Fragen des Verwaltungshandelns und staatliche Steuerungspotenziale im Mittelpunkt stehen – nicht Optionen der Selbststeuerung und die Selbstverfügungsmächte derer, die mit Behinderungserfahrung leben« (Schäfers 2014, 332 f.).

Was bedeutet dies für Angebote der alltäglichen Begleitung und Unterstützung individueller Lebensführung von Menschen mit Behinderungen? Vieles spricht dafür, dass die Reichweite der Reform begrenzt sein wird, da zentrale Hemmnisse für eine Flexibilisierung der Angebote und Stärkung der Autonomie der Leistungsberechtigten nicht beseitigt werden. Stationäre oder ambulante Angebotsformen im realen Leben werden sich nicht allein dadurch wesentlich verändern, indem sie formaljuristisch nicht mehr unterschieden werden. Wenn Anreize zur Veränderung der Angebotslandschaft nicht durch eine Stärkung der Nutzerposition und des Wunsch- und Wahlrechts kommen, bleiben nur finanzielle Anreize – und welche Konsequenzen die Trennung von Fachleistungen und existenzsichernden Leistungen sowie die nicht mehr nach ambulant oder stationär trennbare Finanzierungslogik haben werden, ist schwer einschätzbar. Länder und Gemeinden haben im Vertragsrecht relativ großen Gestaltungsspielraum beim Abschluss von Vereinbarungen mit den Leistungsanbietern, zumal das Wunsch- und Wahlrecht des Leistungsberechtigten durch einen Kostenvergleich zwischen Leistungsanbietern nach wie vor eingeschränkt wird. In den Niederungen rechtlicher Vorschriften offenbart sich, dass die Institutionsbezogenheit des Systems auch mit einer »personenzentrierten Reform« (wenn man sie denn so nennen möchte) nicht vollkommen überwunden zu sein scheint.

Der Diskurs um neue gesetzliche Grundlagen der Rehabilitation und Teilhabe zeigt ein Muster von Sozialpolitik, das auf gesellschaftliche Prozesse der Individualisierung und Pluralisierung mit einer Ausdifferenzierung institutioneller Lösungen reagiert. Es stellt sich die Frage, inwiefern immer mehr und weiter aufgefächerte Angebote tatsächlich zu einer höheren Passgenauigkeit und Wirksamkeit der Unterstützung (im Sinne einer Stärkung der Autonomie der Person mit Unterstützungsbedarf) beitragen – oder nicht doch eher zu einer (wenn doch feineren, aber dennoch bleibenden) Kategorisierung von Zielgruppen nach Beeinträchtigungen oder angebotsbezogenen Unterstützungsbedarfen. Personenzentrierung als fachliches Konzept verfolgt den Anspruch einer Individualisierung, Autonomie- und Teilhabeförderung. In dem vom sozialpolitischen Diskurs hervorgebrachten Verständnis erscheinen diese Ansprüche jedoch als kaum einlösbar.

Literatur

APK (Aktion Psychisch Kranke) (2002). *Abschlussbericht des Projekts Implementation des personenzentrierten Ansatzes in der psychiatrischen Versorgung* (01. Mai 2000–31. Dezember 2002). http://www.apk-ev.de/Datenbank/projekte/0003_Abschlussbericht_Impl_¬gesamt.pdf (Zugriff: 01. Mai 2016).

ASMK (Arbeits- und Sozialministerkonferenz) (2008). *Vorschlagspapier der Bund-Länder-Arbeitsgruppe »Weiterentwicklung der Eingliederungshilfe für Menschen mit Behinderungen« der ASMK.* http://www.behindertenbeauftragte.bayern.de/pdf/vd6608anl11.pdf (Zugriff: 01. Mai 2016).

ASMK (Arbeits- und Sozialministerkonferenz) (2009). *Beschlussprotokoll der 86. Arbeits- und Sozialministerkonferenz 2009 vom 25./26. November 2009 in Berchtesgaden.* http://www.stmas.bayern.de/imperia/md/content/stmas/stmas_internet/sozial/asmk2009_¬top52.pdf (Zugriff: 26. Mai 2017).

ASMK (Arbeits- und Sozialministerkonferenz) (2010). *Eckpunkte für die Reformgesetzgebung »Weiterentwicklung der Eingliederungshilfe für Menschen mit Behinderungen« der Bund-Länder-Arbeitsgruppe der ASMK. Stand: 14.09.2010.* http://www.dvfr.de/fileadmin/download/Aktuelles/100914_Entwurf_Anlage_zum_ASMK_Beschlussentwurf_Eingliederungshilfe.pdf (Zugriff: 01. Mai 2016).

ASMK (Arbeits- und Sozialministerkonferenz) (2012). *Grundlagenpapier zu den Überlegungen der Bund-Länder-Arbeitsgruppe »Weiterentwicklung der Eingliederungshilfe für Menschen mit Behinderungen« der ASMK.* http://www.reha-recht.de/fileadmin/user_upload/Downloads/Infothek/Aus_der_Politik/2012-08-23_Grundlagenpapier_ASMK_Eingliederungshilfe.pdf (Zugriff: 01. Mai 2016).

ASMK (Arbeits- und Sozialministerkonferenz) (2013). *Ergebnisprotokoll der 90. Konferenz der Ministerinnen und Minister, Senatorinnen und Senatoren für Arbeit und Soziales der Länder am 27./28. November 2013 in Magdeburg.* http://www.asmk.sachsen-anhalt.de/fileadmin/Bibliothek/Politik_und_Verwaltung/MS/ASMK/90_ASMK/Protokoll_90_ASMK_final_extern_barrierefrei.pdf (Zugriff: 01. Mai 2016).

BAR (Bundesarbeitsgemeinschaft für Rehabilitation) (2016). Ausgaben für Reha und Teilhabe. *Reha-Info 2016* (1): 1–4.

Beck, Iris (2002). Bedürfnisse, Bedarf, Hilfebedarf und -planung: Aspekte der Differenzierung und fachlichen Begründung. In Heinrich Greving (Hrsg.). *Hilfeplanung und Controlling in der Heilpädagogik.* Freiburg i.Br.: Lambertus, 32–61.

Beck, Iris (2016). Der Bedarfsbegriff »revisited« – Aspekte der Begründung individueller Ansätze zur Bedarfserhebung und -umsetzung. In Markus Schäfers und Gudrun Wansing (Hrsg.). *Teilhabebedarfe von Menschen mit Behinderungen. Zwischen Lebenswelt und Hilfesystem.* Stuttgart: Kohlhammer, 26–47.

BMAS (Bundesministerium für Arbeit und Soziales) (2014a). *Leistungen der Eingliederungshilfe. Statistische Angaben zum 6. Kapitel SGB XII. Stichtag: 10.07.2014. Basis sind Daten der amtlichen Sozialhilfestatistik bis 2012. Anlage zum Protokoll der konstituierenden Sitzung der Arbeitsgruppe Bundesteilhabegesetz. 1. Sitzung am 10. Juli 2014. Protokoll Stand: 17. September 2014 – final.* http://www.einfach-teilhaben.de/BRK/DE/StdS/Bundesteilhabegesetz/1_Sitzung/1_sitzung_protokoll.pdf (Zugriff: 01. Mai 2016).

BMAS (Bundesministerium für Arbeit und Soziales) (2014b). *Protokoll der konstituierenden Sitzung der Arbeitsgruppe Bundesteilhabegesetz. 1. Sitzung am 10. Juli 2014. Protokoll Stand: 17. September 2014–final.* http://www.einfach-teilhaben.de/BRK/DE/StdS/Bundesteilhabegesetz/1_Sitzung/1_sitzung_protokoll.pdf (Zugriff: 01. Mai 2016).

BMAS (Bundesministerium für Arbeit und Soziales) (2015). *Arbeitsgruppe Bundesteilhabegesetz – Abschlussbericht. Abschlussbericht des Bundesministeriums für Arbeit und Soziales über die Tätigkeit der Arbeitsgruppe Bundesteilhabegesetz 10. Juli 2014–14. April 2015. Teil A und B.* http://www.gemeinsam-einfach-machen.de/GEM/DE/AS/Bundesteilhabegesetz/Abschlussbericht/Abschlussbericht_node.html (Zugriff: 01. Mai 2016).

Bundesrat (2013). *Entschließung des Bundesrates »Schaffung eines Bundesleistungsgesetzes«. Beschluss des Bundesrates vom 22.03.13. BR-Drs. 282/12 (Beschluss).* http://www.bundesrat.de/SharedDocs/drucksachen/2012/0201-0300/282-12(B).pdf (Zugriff: 26. Mai 2017).

Bundesrat (2016). *Gesetzesbeschluss des Deutschen Bundestages. Gesetz zur Stärkung der Teilhabe und Selbstbestimmung von Menschen mit Behinderungen (Bundesteilhabegesetz – BTHG). BR-Drs. 711/16.* http://www.bundesrat.de/SharedDocs/drucksachen/2016/0701-0800/711-16.pdf (Zugriff: 26. Mai 2017).

CDU, CSU und SPD (2013). *Deutschlands Zukunft gestalten. Koalitionsvertrag zwischen CDU, CSU und SPD. 18. Legislaturperiode.* https://www.cdu.de/sites/default/files/media/dokumente/koalitionsvertrag.pdf (Zugriff: 26. Mai 2017).

Deutscher Bundestag (2016). *Gesetzentwurf der Bundesregierung. Entwurf eines Gesetzes zur Stärkung der Teilhabe und Selbstbestimmung von Menschen mit Behinderungen (Bundesteilhabegesetz – BTHG). BT-Drs. 18/9522.* http://dip21.bundestag.de/dip21/btd/18/095/1809522.pdf (Zugriff: 26. Mai 2017).

Fachverbände für Menschen mit Behinderung (2010). *10 Thesen zur Personzentrierung.* http://www.diefachverbaende.de/files/stellungnahmen/2010-10-01-Thesen-zur-Personzentrierung.pdf (Zugriff: 26. Mai 2017).
Fachverbände für Menschen mit Behinderung (2013). *Grundzüge eines Bundesleistungsgesetzes für Menschen mit Behinderung.* http://www.diefachverbaende.de/files/stellungnahmen/2013-04-24-Eckpunkte-BLG_KFV_endgueltigeVersion.pdf (Zugriff: 26. Mai 2017).
Franz, Daniel (2014). *Anforderungen an MitarbeiterInnen in wohnbezogenen Diensten der Behindertenhilfe. Veränderungen des professionellen Handelns im Wandel von der institutionellen zur personalen Orientierung.* Marburg: Lebenshilfe.
Giese, Maren, Tonia Rambausek, Diana Ramm und Mirjam Schülle (2016). *Bericht zum »Diskussionsforum Teilhabegesetz« beim 25. Rehabilitationswissenschaftlichen Kolloquium in Aachen. Beitrag D10-2016.* http://www.reha-recht.de/fachbeitraege/beitrag/artikel/beitrag-d10-2016/ (Zugriff: 26. Mai 2017).
Gitschmann, Peter (2013). *Reform der Eingliederungshilfe jetzt! (Teil 1). Diskussionsforum Rehabilitations- und Teilhaberecht. Forum D: Entwicklungen und Reformvorschläge – Diskussionsbeitrag Nr. 20/2013.* http://www.reha-recht.de/forum-d/beitrag/artikel/diskussionsbeitrag-d20-2013/ (Zugriff: 01. Mai 2016).
Grunwald, Klaus und Hans Thiersch (2004). *Praxis Lebensweltorientierter Sozialer Arbeit: Handlungszugänge und Methoden in unterschiedlichen Arbeitsfeldern.* Weinheim: Juventa.
Kruckenberg, Peter et al. (1999). *Von institutions- zu personenzentrierten Hilfen in der psychiatrischen Versorgung. Bericht zum Forschungsprojekt des Bundesministeriums für Gesundheit »Personalbemessung im komplementären Bereich der psychiatrischen Versorgung«.* Baden-Baden: Nomos.
Rohrmann, Albrecht (2016). Bedarfsfeststellung und Teilhabeplanung. In Markus Schäfers und Gudrun Wansing (Hrsg.). *Teilhabebedarfe von Menschen mit Behinderungen. Zwischen Lebenswelt und Hilfesystem.* Stuttgart: Kohlhammer, 133–150.
Schädler, Johannes (2002). *Paradigmenwechsel in der Behindertenhilfe unter Bedingungen institutioneller Beharrlichkeit: Strukturelle Voraussetzungen der Implementation Offener Hilfen für Menschen mit geistiger Behinderung.* Diss., Universität Siegen. http://dokumentix.ub.uni-siegen.de/opus/volltexte/2005/3/pdf/schaedler.pdf (Zugriff: 26. Mai 2017).
Schäfers, Markus (2014). »Personenzentrierung« als sozialpolitische Programmformel im Zeichen der Inklusion – Zu den Widersprüchlichkeiten einer Neuausrichtung des Hilfesystems für Menschen mit Behinderung. *Soziale Probleme* 25 (2): 317–338.
Schmachtenberg, Rolf (2016). *Diskussionsforum: Teilhabegesetz. Impulsvortrag von Dr. Rolf Schmachtenberg, Leiter der Abteilung V Teilhabe, Belange behinderter Menschen, Soziale Entschädigung, Sozialhilfe im Bundesministerium für Arbeit und Soziales, anlässlich des 25. Reha-Wissenschaftlichen Kolloquiums in Aachen am Montag, den 29. Februar 2016.* http://www.reha-recht.de/infothek/beitrag/artikel/bmas-aeussert-sich-zum-aktuellen-stand-des-teilhabegesetzes/ (Zugriff: 26. Mai 2017).
Schütte, Wolfgang (2013). *Abschied von der »Eingliederungshilfe« – Ein Leistungsgesetz zur sozialen Teilhabe für Menschen mit Behinderungen? diskussionsforum Rehabilitations- und Teilhaberecht. Forum D: Entwicklungen und Reformvorschläge – Diskussionsbeitrag Nr. 13/2013.* http://www.reha-recht.de/forum-d/beitrag/artikel/diskussionsbeitrag-d13-2013/ (Zugriff: 26. Mai 2017).
Statistisches Bundesamt (2015). *Statistik der Sozialhilfe. Eingliederungshilfe für behinderte Menschen. 2013.* Wiesbaden: Statistisches Bundesamt.
Thimm, Walter (2001). Leben in Nachbarschaften. Struktur und Konzeption eines gemeindenahen Systems besonderer pädagogischer Förderung. *Zeitschrift für Heilpädagogik* 52 (9): 354–359.
Wacker, Elisabeth, Gudrun Wansing und Markus Schäfers (2009). *Personenbezogene Unterstützung und Lebensqualität. Teilhabe mit einem Persönlichen Budget.* 2. Aufl. Wiesbaden: VS Verlag.

Welke, Antje und Jenny Axmann (2013). Arbeitsgruppe II Zuordnung von Leistungen. In Fachverbände für Menschen mit Behinderung (Hrsg.). *Fachtag Grundzüge eines Bundesleistungsgesetzes für Menschen mit Behinderung am 24.06.2013 in Berlin*. Berlin: Tagungsdokumentation, 1–18. http://www.diefachverbaende.de/files/veranstaltungen/¬2013-07-05_Tagesdokumentation_Gesamtdokument.pdf (Zugriff: 26. Mai 2017).

Alltag und Lebenswelt als zentrale Bezugspunkte professionellen Handelns im Kontext gemeinwesenorientierter Unterstützung

Albrecht Rohrmann und Hanna Weinbach

1 Einleitung

Die Entwicklung der Unterstützungsangebote für erwachsene Menschen mit Beeinträchtigungen, insbesondere für Menschen mit Lernschwierigkeiten[5], und der Diskurs darüber sind von einer bemerkenswerten Widersprüchlichkeit gekennzeichnet: Einerseits bekennen sich alle Akteure in Leitbildern und Deklarationen zu einer im Laufe der Zeit stetig länger werdenden Aufzählung von Grundprinzipien wie Normalisierung, Selbstbestimmung, Integration, Teilhabe, Empowerment und nun auch Inklusion. Andererseits sind die Unterstützungsformen durch ein beharrliches Festhalten an der Dominanz einer stationären Versorgung gekennzeichnet. Dies gilt sowohl für die quantitative Verfügbarkeit von Unterstützungsangeboten als auch für verbreitete fachliche Orientierungen. Dabei steht bereits der bescheidene, 1961 mit dem Bundessozialhilfegesetz eingeführte gesetzliche Auftrag der »Eingliederungshilfe« in einer nicht zu übersehenden Spannung zu den Sonderwelten, die den Alltag von Menschen mit alltäglichem Unterstützungsbedarf prägen.

In diesem Beitrag soll das Spannungsverhältnis zwischen den in fachöffentlichen Diskursen genannten Zielen und den Folgen der geleisteten Unterstützung nicht durch den zweifellos relevanten Verweis auf strukturelle Rahmenbedingungen erklärt werden, sondern durch eine Auseinandersetzung mit den im Feld der Unterstützung von Menschen mit Beeinträchtigungen vorhandenen disziplinären und professionellen Wissensbeständen. Diesen gegenüber soll das Potenzial des sozialpädagogischen Handlungskonzeptes der Lebensweltorientierung von Hans Thiersch (erstmals 1978, im Überblick 2015a, b) für die fachliche Weiterentwicklung erschlossen werden. Aus lebensweltorientierter Sicht können soziale Dienstleistungen für Menschen mit Beeinträchtigungen »als Unterstützung zum gelin-

---

5 Wir benutzen den Begriff der Beeinträchtigung und Behinderung im Sinne der UN-BRK. Eine Behinderung entsteht demnach in Situationen der Wechselwirkung zwischen Menschen mit Beeinträchtigung und Barrieren, die die gleichberechtigte Teilhabe behindern. Sozialrechtliche Unterstützungsleistungen beziehen sich daher auf eine Behinderung. Die Bezeichnung »Menschen mit Lernschwierigkeiten« nutzen wir, da der im Fachdiskurs und im Sozialrecht verwendete Begriff der »geistigen Behinderung« von Betroffenen als diskriminierend empfunden wird. Gemeint ist die Gruppe der Leistungsberechtigten, die nach § 2 SGB IX als geistig behindert bezeichnet wird und nach § 99 SGB IX Ansprüche auf Eingliederungshilfe geltend machen kann.

genderen Alltag im inklusiven – bzw. inklusiv zu gestaltenden – Gemeinwesen verstanden werden« (Weinbach 2016, 199). Damit eröffnet sich eine Perspektive, die zwischen den normativen Leitlinien der UN-Behindertenrechtskonvention (UN-BRK) und dem praktischen Tun von Fachkräften und anderen Personen, die in der Unterstützung von Menschen mit Beeinträchtigungen tätig sind, vermitteln kann.

2 Die Zuständigkeit für Behinderung

Die Entwicklung der Hilfen für Menschen mit Beeinträchtigungen lässt sich als Abfolge unterschiedlicher Paradigmen verstehen. Der Begriff des »Paradigmas«, der zunächst für das Verständnis des Wandels wissenschaftlicher Erkenntnisse entwickelt wurde, konnte von Jürgen Hohmeier und Hugo Mennemann (1995; Hohmeier 2004) gewinnbringend auf die Entwicklung anwendungsorientierter Wissenschaften und fachlicher Praktiken in sozialen Diensten angewandt werden. Bezogen auf die wissenschaftlichen Diskurse und die professionellen Praktiken im Feld der Unterstützung von Menschen mit Beeinträchtigungen gibt ein Paradigma Aufschluss über den Zusammenhang zwischen Annahmen zu Ursachen sozialer Probleme, Unterstützungsbedarfen, rechtlichen und sozialpolitischen Strukturen und institutionalisierten Unterstützungsformen.

2.1 Paradigmen der Behindertenhilfe

In der Darstellung von Hohmeier und Mennemann (1995) bildet der Ausgangspunkt der Behindertenhilfe im 19. Jahrhundert das kustodiale oder caritative Paradigma, das von der Vorstellung ausgeht,

> »die Gesellschaft müsse vor geistig und psychisch behinderten, und umgekehrt Menschen mit Beeinträchtigungen vor der Gesellschaft, d. h. vor Verelendung und Verwahrlosung geschützt werden« (Hohmeier 2004, 132).

Institutioneller Kern dieses Paradigmas ist die »Anstalt«. Der erste Paradigmenwechsel setzte in den 1950er Jahren ein und führte zu einem von Hohmeier und Mennemann als »therapeutisch-rehabilitativ« bezeichneten Paradigma.

> »Zentrale Handlungskategorien sind Förderung, Training und Therapie; Prototyp der Institutionen ist die nicht allzu große spezialisierte Einrichtung, in der Fachleute mit verschiedenen, jeweils hochqualifizierenden Ausbildungen gemeinsam am ›Werkstück Behinderter‹ arbeiten« (ebd. 1995, 133).

Hinsichtlich eines neuen »inklusiven« Paradigmas kann man (noch) nicht von einem Paradigmenwechsel sprechen, sondern eher von »Anomalien« des alten Paradigmas und vorsichtiger konzeptioneller und struktureller Weiterentwicklung.

2.2 Selbstbestimmung als Hinweis auf Anomalien des herrschenden Paradigmas

Folgt man diesem Ansatz, so lassen sich die Diskurse über »Selbstbestimmung« und »Inklusion« als kritische Einwände, als Hinweise auf Anomalien verstehen, die jedoch noch nicht hinreichend ausgearbeitet sind, um einen umfassenden Paradigmenwechsel zu bewirken. Dies soll am Selbstbestimmungsdiskurs kurz verdeutlicht werden.

Der Selbstbestimmungsdiskurs wird getragen von einer emanzipatorischen Behindertenbewegung, die im Kontext der neuen sozialen Bewegungen in klarer Abgrenzung zu staatlicher Fürsorge und professioneller Bevormundung ihre Grundrechte einfordert. Mit dieser Bewegung hat sich die Selbsthilfe und Selbstvertretung im Feld der Behindertenpolitik neu positioniert. Prägte zuvor die Einflussnahme der Verbände von Menschen mit Beeinträchtigungen vor allem die sozialrechtliche Ausgestaltung der Behindertenpolitik, so kommt nun die gesellschaftspolitische Forderung der Gleichstellung und der gleichberechtigten Teilhabe hinzu. Die Bewegung lässt sich als durchaus erfolgreich bezeichnen. So wurde der Antidiskriminierungsgrundsatz in das Grundgesetz aufgenommen. Auf dieser Basis wurden erste Gleichstellungsgesetze des Bundes und der Länder in Kraft gesetzt. Es ist auch gelungen, die Zielsetzung der Selbstbestimmung und der gleichberechtigten Teilhabe in dem 2001 in Kraft getretenen SGB IX »Rehabilitation und Teilhabe behinderter Menschen« zu verankern.

Die normative Forderung der Selbstbestimmung ist als kritischer Einspruch gegen die erfahrene Fremdbestimmung von Menschen mit Beeinträchtigungen zu verstehen. Selbstbestimmung als behindertenpolitische Leitlinie setzt Eingriffen in die individuelle Lebensführung Grenzen. In ihrer positiven Ausgestaltung bleibt sie jedoch unbestimmt. Vor dem Hintergrund der gesellschaftlichen Tendenzen zur Individualisierung ist der Forderung eine Ambivalenz zwischen Freiheitsrecht und Inpflichtnahme des Individuums (Waldschmidt 1999) eigen. Als Grundlage eines Paradigmenwechsels greift der Ansatz zu kurz, da er sozialstaatliche Leistungen nicht hinreichend begründen kann. Das Leistungsrecht ist diesbezüglich von einer Spannung gekennzeichnet. Unterstützungsleistungen sollen zur Selbstbestimmung beitragen (vgl. § 1 SGB IX) und werden zugleich durch den defizitären bzw. vom Lebensalter typischen abweichenden Zustand der Person (§ 2 Abs. 1 Satz 2 SGB IX) legitimiert.

Im disziplinären und professionellen Diskurs der Behindertenhilfe wurde der Begriff der Selbstbestimmung zwar aufgenommen, bleibt in der Praxis aber äußerlich. In einer empirischen Untersuchung in stationären Einrichtungen für Menschen mit Lernschwierigkeiten zeigt Kerstin Rock (2001), dass die Forderung der Selbstbestimmung die Fachkräfte in »nicht auflösbare Dilemmata« (ebd., 169) führt. Dieter Katzenbach und Gerlinde Uphoff weisen darauf hin, dass der pädagogisch gewendete Diskurs zur Entwicklung von Kompetenzen der Selbstbestimmung mit der Aufforderung »sei selbstbestimmt!« die »grundlegende Paradoxie pädagogischen Handelns« abbildet (ebd. 2008, 69). Selbst Begriffe für neue und innovative Unterstützungsangebote wie der Begriff des »Betreuten Wohnens« machen deutlich, dass auch Kernbereiche selbstbestimmter Lebensführung im Falle einer Beeinträchtigung als Feld betreuenden Handelns angesehen werden (vgl. Schallenkammer 2016, 51 ff.). In der Bezeichnung der Unterstützung und damit zusammenhängend im Selbstverständnis der professionell Tätigen steht die Vorstellung, dass »Wohnen« im Falle einer Beeinträchtigung und neuerdings auch im Falle der Unterstützung älterer Menschen betreut werden muss. Während in anderen Feldern der Sozialen Arbeit die Bezeichnung einer abgrenzbaren Dienstleistung im Vordergrund steht, dominieren im Feld der Unterstützung von Menschen mit Beeinträchtigungen häufig noch Bezeichnungen und Vorstellungen, die einen allumfassenden Betreuungsbedarf implizieren.

2.3 Begründung professioneller Zuständigkeit durch die Annahme einer wesensmäßigen Andersartigkeit

Dies ist nicht zufällig, sondern hängt mit der historischen und bis heute wirkmächtigen Entwicklung der Berufe in diesem Feld zusammen. Vera Moser stellt die These auf,

> »daß sich Sozialpädagogik diskursiv eher um einen Handlungsmodus (›Hilfe‹), Sonderpädagogik hingegen um eine Klientelzuschreibung (›Behinderte‹) etablierte« (ebd. 2000, 176).

Für die Heil- und Sonderpädagogik als Disziplin und Profession ist dabei die Orientierung an der Medizin und Psychologie leitend, die die benötigten Kriterien für eine scheinbar eindeutige Klassifizierung von Menschen als behindert zur Verfügung stellt. Damit einher geht in der Heilpädagogik eine »besondere pädagogische Berufsethik« (ebd., 188), die die Erzieherpersönlichkeit und nicht die Gestaltung der Beziehung in den Vordergrund stellt. Die Entwicklung der heil- und sonderpädagogischen Profession ist stark von der Arbeit mit Menschen mit Lernschwierigkeiten geprägt. Ausgehend von der kognitiven Beeinträchtigung wird eine wesenshafte Andersartigkeit in den Möglichkeiten der Aneignung, in den Bedürfnissen und der Entwicklung angenommen, die zwischen Abwertung und Idealisierung schwankt. Es sei aber ausdrücklich darauf hingewiesen, dass diese Orientierung auch im Bereich der Unterstützung von Menschen mit körperlichen Beeinträchtigungen leitend war und ist. Die für die Begründung der Körperbehindertenpädagogik wichtigen Vertreter Konrad Biesalski und Hans Würtz stützen die Begründung der Notwendigkeiten einer speziellen Krüppelpädagogik auf die Annahme einer besonderen Identität, die durch die Selbstwahrnehmung als körperlich anders und damit einhergehenden Neidkomplexen und Misstrauen bedingt sei (Würtz 1914). Die Annahme einer zwangsläufig sich herausbildenden beschädigten Identität durch eine Beeinträchtigung als Stigma findet sich noch in dem Werk von Erving Goffman (2012).

Vergleicht man die Professionsgeschichte der Sozialen Arbeit und der Heil- und Sonderpädagogik, so lässt sich feststellen, dass sich die Heil- und Sonderpädagogik deutlich erfolgreicher durch institutionalisierte Praktiken profilieren konnte (Weinbach 2016, 92 ff.). Ihre exklusive Zuständigkeit für das Feld der Behinderungen stößt in hohem Maße auf gesellschaftliche Zustimmung und wird auch durch die zunehmend geteilte kritische Sicht auf Ausgrenzung nicht in Frage gestellt. Mit der Integrations- und Inklusionsdebatte wird vielmehr die Besonderung durch Spezialisierung auf weniger ausgrenzende Settings ausgeweitet, ohne Sondereinrichtungen als Kern des Unterstützungsangebotes in Frage zu stellen.

Im Bereich der Alltagshilfen wird dies beispielsweise deutlich an der Annahme eines »stationären Hilfebedarfes«. Der in der Fachpraxis übliche Begriff beinhaltet

> »eine semantische Verknüpfung zwischen der Unterstützung, die ein Mensch benötigt, und den Professionen und Institutionen, die ihre Zuständigkeit dafür reklamieren« (ebd., 94).

Sowohl im Rahmen des kustodialen Paradigmas als auch im Zusammenhang des rehabilitativen Paradigmas ist der »stationäre Hilfebedarf« von Bedeutung. Im Unterschied zum Anstaltskonzept wird im Kontext des letzteren nicht mehr die Unterbringung als Kernelement der Hilfe angesehen, sondern die Förderung in Sondereinrichtungen. Auch gegenüber den Einwänden der »Selbstbestimmt Leben«-Bewegung behauptet sich der »stationäre Hilfebedarf« im fachlichen Wissen. Die Gegenüberstellung »ambulanter« und »stationärer« Hilfen greift die Unterscheidung von gesundheitlichen Problemen, die bei Aufrechterhaltung des Alltags behandelt werden können, und denen, die einer Behandlung im Krankenhaus bedürfen, auf. Übertragen auf das hier in Rede stehende Feld wird dazu häufig sprachlich und organisatorisch die Gruppe der »Fitten« konstruiert, die dank Training und Förderung bereits in einer weniger intensiv betreuten Wohnform leben können.

Die Infragestellung der quasi natürlichen Besonderheit von Menschen mit Beeinträchtigungen durch den Verweis auf die soziale und kulturelle Konstruktion der Kategorie Behinderung und die Kritik der Ausgrenzung, wie sie beispielsweise für die Forschungsarbeiten im Kontext der »Disability Studies« leitend sind (vgl. z. B. die Beiträge in Watson et al. 2012), erfährt in der fachöffentlichen Debatte um die Reform des Unterstützungssystems wenig Aufmerksamkeit. So wird das in diesem Sinne prägende Verständnis von Behinderung der UN-BRK als Wechselwirkung zwischen Menschen mit Beeinträchtigungen und umwelt- sowie einstellungsbedingten Barrieren nicht als Kritik einer auf der Zuschreibung von Behinderung beruhenden besonderen Unterstützung rezipiert. Barrieren der Teilhabe werden vielmehr als Legitimation der Ausweitung von (besonderen) Hilfen in einer tendenziell behindertenfeindlichen Gesellschaft angesehen, wie am Beispiel der Ausweitung der sonderpädagogischen Förderung und der Schulbegleitung, der Hilfen zur Beschäftigung und auch der Unterstützung im Bereich von Alltagshilfen gezeigt werden kann (vgl. Kultusministerkonferenz [KMK] 2016; Statistisches Bundesamt 2015). Nicht die Veränderung der gesellschaftlichen Systeme, sondern die Bildung von Fördersettings und Inklusionsblasen – die z. B. entstehen können, wenn erwachsene Begleitpersonen Schülerinnen und Schüler mit Beeinträchtigung in Situationen inner- und außerhalb des Unterrichts nicht von der Seite weichen, sie somit permanent als »Andere« markiert und Interaktionen mit Peers und Gleichaltrigen erschwert werden (vgl. Malmgren & Causton-Theoharis 2006) – beschreiben die Wirkungen von Unterstützungsleistungen, die an der spezialisierten und exklusiven Unterstützung von Menschen mit Beeinträchtigungen in allen Lebensbereichen festhalten.

Um auf die Forderung nach Selbstbestimmung und gleichberechtigter Teilhabe zu reagieren und im Hilfesystem einen Paradigmenwechsel einzuleiten, erscheint es notwendig, in der Begründung von Unterstützungsleistungen die ausgrenzenden Wirkungen der Zuschreibung einer Behinderung zu überwinden. Anknüpfungspunkte für die Begründung professionellen Handelns jenseits einer »speziellen Pädagogik für spezielle Menschen« (Moser 2000, 33) bieten Diskurse aus der Sozialen Arbeit.

3 Zum Anregungspotential des Konzeptes der Lebensweltorientierung

Der Ansatz der Lebensweltorientierung wurde von Thiersch zunächst unter dem Begriff der Alltagsorientierung seit Ende der 1970er Jahre erarbeitet (Thiersch 1978). In einer Phase, die einerseits von einer Expansion der Sozialen Arbeit und andererseits von einer grundlegenden Gesellschaftskritik geprägt war, versucht Thiersch der Profession ein sozialwissenschaftlich fundiertes Konzept anzubieten, die den vergleichsweise bescheidenen Anspruch eines Beitrages der Sozialen Arbeit zu einem »gelingenderen Alltag« gegen eine technokratische Verengung als Sozialfürsorge und Auflösung in allgemeine Bestrebungen zu revolutionären Umwälzungen einzulösen vermag. Den Topos der Lebenswelt nimmt er dabei aus der phänomenologisch-hermeneutischen Theorietradition auf, der es um einen verstehenden Zugang zur alltäglichen Wirklichkeit geht, und verbindet ihn mit interaktionistischen Ansätzen und einem kritischen Alltagsbegriff. Lebensweltorientierung setzt am Gegebenen des Alltags an, ohne diesen jedoch zu idealisieren, und sucht im Respekt vor und durch einen verstehenden Zugang zu individuellen Sinnkonstruktionen nach dem Möglichen (zur Einführung z. B. Grunwald & Thiersch 2008). Die individuelle Unterstützung ist eingebettet in eine kritische Sicht auf die gesellschaftlichen Lebensbedingungen. Sie sollen zu einem gelingenderen Alltag in gerechten Lebensverhältnissen beitragen.

Hinsichtlich des Anregungspotentials der Lebensweltorientierung für die heil- und sonderpädagogischen Arbeitsfelder ist die reflexive Auseinandersetzung mit der Bedeutung institutionalisierter Hilfe im Rahmen professionellen Handelns besonders hervorzuheben:

> Lebensweltorientierte Soziale Arbeit (ist – d. Verf.) bestimmt durch ein gleichsam prinzipielles Misstrauen gegenüber institutionellen und professionellen Entwicklungen, insofern sie durch Selbstreferenzialität bestimmt sind und sie damit den lebensweltlichen Aufgaben gegenüber eigene, spezifische und damit oft auch abgeschottete Arbeitstraditionen ausbilden« (ebd., 22).

Wirkungen hat der Ansatz vor allem bei der durch das Kinder- und Jugendhilfegesetz von 1990 intendierten Abkehr von einer disziplinierenden, interventionistischen Fürsorgepraxis zu einem auf Unterstützung zielenden Leistungssystem entfaltet. Sowohl der individualisierende Bias des Ansatzes als auch die theoretische Begründung des Zugangs zur Lebenswelt haben grundlegende Kritik erfahren (Weinbach 2016, 58 ff.). Dennoch gilt, dass das Konzept für die Theorie und Praxis der Sozialen Arbeit nach wie vor eine Provokation darstellt und kritische Impulse für die Begründung professionellen Handelns abseits einer Klientifizierung und Pathologisierung von Menschen, die aus den unterschiedlichsten Gründen im Laufe ihrer Lebensgeschichte zu Adressatinnen und Adressaten von Unterstützungsleistungen werden, bietet. Es fällt auf, dass der Ansatz der Lebensweltorientierung im Kontext der Unterstützung von Menschen mit Beeinträchtigung bisher eher unsystematisch erfolgt ist (Röh 2009, 170; Weinbach 2016, 64 ff.). Das emanzipatorische Potential in diesem Feld wird insbesondere dann deutlich, wenn die gesellschaftlichen Bedingungen, unter denen Menschen mit Beeinträchtigungen ihren Alltag gestalten, in Beziehung gesetzt werden zu den Möglichkeiten eines professionellen Beitrags zu einem gelingenderen Alltag. Der verstehende und an der Pragmatik des Alltags ansetzende Zugang kann auf Annahmen einer wesensmäßigen Besonderheit verzichten. Im Mittelpunkt professionellen Handelns steht vielmehr die Gestaltung des Alltags unter erschwerten Bedingungen, welche die individuelle Unterstützung ebenso umfasst wie die Entwicklung einer inklusiven Infrastruktur.

4 Handlungs- und Strukturmaximen der Sozialen Arbeit mit Menschen mit Beeinträchtigungen

Seit der Veröffentlichung des 8. Kinder- und Jugendberichts (Bundesministerium für Jugend, Familie, Frauen und Gesundheit [BMJFFG] 1990) wird der Ansatz der Lebensweltorientierung in Handlungs- bzw. Strukturmaximen konkretisiert. Diese sollen im Folgenden in Anlehnung an Klaus Grunwald und Thiersch (2008, 26 ff.) mit Bezug auf die Herausforderungen im Bereich der Unterstützung von Menschen mit Beeinträchtigungen und der Entwicklung einer inklusiven Infrastruktur erläutert werden.

Die ersten drei Maximen verweisen »auf lebensweltliche Erfahrungen als Bezugspunkte Sozialer Arbeit« (ebd., 26). An erster Stelle steht die *Prävention,* die auf die »Stabilisierung und Inszenierung belastbarer und unterstützender Infrastrukturen« (ebd.) zielt. Anknüpfend an das Verständnis von Behinderung in der UN-BRK lässt sich diese Maxime dahingehend verstehen, das professionelle Unterstützung dazu dient, dass ungünstige Wechselwirkungen zwischen Menschen mit Beeinträchtigungen und Barrieren in ihrer Umwelt sich nicht zu Behinderungen der gleichberechtigten Teilhabe verfestigen. Die sozialräumliche Strukturierungsleistung bestand im Rahmen des kustodialen Paradigmas in der Trennung der Welten der Insassen und der restlichen Bevölkerung. Die Anstalten waren zumeist in ländlichen Räumen angesiedelt. So findet die räumliche Isolierung ihre quasipädagogische Rechtfertigung im Kontext der allgemeinpädagogischen Verklärung des ländlichen Raumes als pädagogischer Provinz (Kuhn 2012, 306). Sie trugen zur Konstruktion von Behinderung als Gegenpol zum modernen urbanisierten Leben bei. Das Scheitern der Eingliederung im Rahmen des »therapeutisch-rehabilitativen Paradigmas« kann auch auf die mangelnde Sensibilität hinsichtlich der sozialräumlichen Wirkung professionellen Handelns zurückgeführt werden. Präventive Soziale Arbeit stellt das Erkennen behindernder Situationen und ihre Überwindung in den Mittelpunkt. Zur individuellen Unterstützung tritt die Tätigkeit im Gemeinwesen und eine reflexive Auseinandersetzung mit den möglichen intendierten und nicht-intendierten Wirkungen von Hilfen.

Die Maxime der *Alltagsnähe* umfasst die niedrigschwellige Zugänglichkeit und eine ganzheitliche Orientierung, »die den ineinander verwobenen Lebenserfahrungen und -deutungen in der Lebenswelt gerecht wird« (Grundwald & Thiersch 2008, 26). Sie wird im 8. Jugendbericht überschrieben mit »Alltagsorientierung in den institutionellen Settings und Methoden« BMJFFG 1990, 87) und verweist damit auf eine für die Unterstützung von Menschen mit Beeinträchtigungen zentrale Herausforderung. In dem Ansatz der Sozialraumorientierung, der in der Tradition der Gemeinwesenarbeit in ähnlicher Weise die Bedeutung des Alltags für die Soziale Arbeit thematisiert und pragmatisch durch eine nahräumige Organisation von Unterstützungsangeboten umsetzt (Freigang 2009), wird die Bedeutung der Alltagsorientierung für die soziale Unterstützung deutlich. Er setzt die Orientierung am Willen der Adressatinnen und Adressaten der Unterstützung an. Nur ein solcher Ansatz kann den individuell motivierenden und antreibenden Willen der Adressatinnen und Adressaten in ihrem eigenen Lebensumfeld verstehen und zur Aktivierung der darin enthaltenen Potentiale ohne Bevormundung beitragen. Damit wird das für die Soziale Arbeit leitende Prinzip der »Hilfe zur Selbsthilfe« aufgegriffen. Alltagsnähe und Orientierung am Willen der Leistungsberechtigten ist daher für die professionelle Orientierung von Fachkräften auch in der Unterstützung von Menschen mit Beeinträchtigungen unverzichtbar (Hinte 2011). Eine solche, den Eigensinn der Adressatinnen und Adressaten respektierende und wertschätzende Beziehungsgestaltung geht von der Gleichheit der Rechte und dem Anspruch auf eine gleichberechtigte Hilfe aus. Eine geschützte Privatsphäre, die im Erwachsenenalter insbesondere durch die eigene Wohnung und die freie Gestaltung sozialer Beziehungen geprägt ist, eröffnet dafür den geeigneten Rahmen. In Sondereinrichtungen hingegen dominiert die funktionale Eigenlogik des Hilfesystems. Sie schwächen die Selbstwahrnehmung der Nutzerinnen und Nutzer als kompetente Individuen und fördern das Erlernen von Hilflosigkeit (Herriger 2010, 54 ff.). Auch die Ausgestaltung der Beziehung durch Professionelle wird durch den institutionellen Rahmen begrenzt und fördert eine Orientierung an vorgegebenen Regeln und Routinen. Aus einem mit einer Beeinträchtigung einhergehenden Problem bei der Bewältigung des Alltags kann auf diese Weise durch Unterstützung die, die gleichberechtigte Teilhabe erschwerende, Behinderung entstehen.

Im Unterschied zu anderen Zielgruppen der Sozialen Arbeit zeichnet sich die soziale Gruppe der Menschen mit Beeinträchtigungen und ihrer Angehörigen durch ein hohes Maß an Selbsthilfe und Selbstorganisation aus. Das innovative Potential der Selbsthilfe und Selbstorganisation (Engelhardt 2015) wurde bereits oben verdeutlicht. Menschen mit Beeinträchtigungen schließen sich häufig in Selbsthilfegruppen zusammen, in denen die gegenseitige Unterstützung und die politische Interessenvertretung im Mittelpunkt stehen (z. B. die Interessenvertretung Selbstbestimmt Leben, Gruppen von Psychiatrieerfahrenen, People First Gruppen oder lokale Arbeitsgemeinschaften der Selbsthilfe). Davon ausgehend werden neue Unterstützungsformen entwickelt, erprobt und politisch eingefordert. Zu nennen ist das Persönliche Budget oder die Unterstützung durch »Peers« (▶ Kap. 12). Dies bietet in diesem Feld ein großes, bislang wenig genutztes Potential für eine alltagsorientierte Unterstützung. Ansätze dazu bieten eine engere Kooperation mit Selbsthilfe- und Selbstvertretungsgruppen beispielsweise im Feld der Beratung. Darüber hinaus kommt dem Ansatz des »Peer Support«, der sich ausgehend von Beratung (Hermes 2006) insbesondere im Bereich der Sozialpsychiatrie zu einem Ansatz neuer Fachlichkeit entwickelt, indem sich Kompetenzen aus eigenen Erfahrungen mit erworbenen Kompetenzen durch Aus- und Fortbildung verknüpfen (Utschakowski et al. 2013), zentrale Bedeutung zu.

Die Maxime der *Dezentralisierung* oder *Regionalisierung*, die auch die Vernetzung von Diensten umfasst, zielt in erster Linie auf die Organisation von Diensten. Im Feld der Behindertenhilfe besteht insbesondere die Herausforderung, die spezialisierten und versäulten nach dem Lebenslauf gegliederten Leistungsangebote zugunsten flexibler dezentraler und vernetzter Strukturen umzubauen (Aselmeier 2012). Auch hiermit ist jedoch eine notwendige Veränderung in der Orientierung von Fachkräften verbunden. Mitarbeiterinnen und Mitarbeiter im Bereich der Unterstützung von Menschen mit Beeinträchtigungen bilden häufig eher Loyalitäten nach innen und zu überregional agierenden Akteuren aus und orientieren die Beziehungsgestaltung in der Arbeit mit den Nutzerinnen und Nutzern an der gemeinsamen Zugehörigkeit zu einer Trägerorganisation. Der exklusiven Versorgung durch Angebote der Trägerorganisation wird der Vorzug gegenüber der Erschließung von Unterstützungs- und Teilhabemöglichkeiten im Lebensumfeld der Nutzerinnen und Nutzer gegeben. So sind Pflegedienste, Dienste aus dem Feld der Sozialpsychiatrie, der Behindertenhilfe und Jugendhilfe in ihrem Versorgungsgebiet weitgehend nebeneinander tätig. Eine Kooperation in einem individuellen Unterstützungsarrangement ist die Ausnahme und nicht die Regel. Die Kooperation oder sogar die Zusammenführung der Hilfen in nahräumigen, zielgruppenübergreifenden Teams kann zu einer Flexibilisierung und Effektivierung von Leistungen beitragen. Auf Seiten der Fachkräfte setzt dies wiederum eine Sichtweise voraus, die nicht die Zugehörigkeit der Adressatinnen und Adressaten zu einer abgrenzbaren Zielgruppe in den Vordergrund stellt, sondern den Willen, die Ressourcen, die Lebenssituation und den damit einhergehenden individuellen Unterstützungsbedarf.

Die beiden letzten Struktur- und Handlungsmaximen »verweisen auf die kritische, sozialethische Dimension, auf die Gestaltung der Arbeit in den Lebensverhältnissen im Zeichen sozialer Gerechtigkeit« (Grundwald & Thiersch 2008, 26). Mit der Maxime der *Integration* bezieht sich Lebensweltorientierung auf eine Dimension, die heute unter dem Leitbegriff der Inklusion diskutiert wird. »Nichtausgrenzung, also auch Gleichheit in den Grundansprüchen und Anerkennung im Recht auf Verschiedenheit« (ebd.), bilden dabei die Perspektiven. Im Kontext des

Ansatzes der Lebensweltorientierung zielt eine inklusive Orientierung auf die Organisation von Hilfen und intendiert »Hilfen mit besonderen Problemen in den Kontext allgemeiner Hilfen zu integrieren« (BMJFFG 1990, 88). Auf dieser Grundlage wird im 8. Jugendbericht bereits die Gesamtzuständigkeit der Jugendhilfe für alle Kinder und Jugendlichen gefördert, die gegenwärtig unter dem Begriff der »inklusiven Lösung« (z. B. Meysen 2014) diskutiert wird. Es stellt sich allerdings auch in allen anderen Bereichen die Frage, wie Unterstützungsleistungen so organisiert werden können, dass sie in den Kontext allgemeiner Hilfen integriert sind. Dies geht über die Regelung sozialrechtlicher Zuständigkeiten hinaus und wirft die grundlegende Frage danach auf, ob und wie auf die besondernde Zuschreibung von Behinderung nicht nur im Kontext der Begründung von professionellem Handeln, sondern auch als Grundlage für die Gewährung von sozialstaatlichen Leistungen verzichtet werden kann. Die Maxime der Integration kann so zur Reflexion der intendierten und nicht-intendierten Wirkungen von Verfahren zur Feststellung von Unterstützungsbedarfen, von Prozessen der Hilfe- oder Teilhabeplanung und zu den Folgen für die Möglichkeiten einer selbstbestimmten Lebensführung genutzt werden. Der Ansatz kann zur Identifizierung von Barrieren der gleichberechtigten Teilhabe durch Verfahren und Hilfen beitragen.

Die Maxime der *Partizipation* zielt auf Beteiligung nicht nur, aber ganz zentral im Unterstützungsprozess. Dabei ist die individuelle Ebene der Beteiligung an der Hilfe- oder Teilhabeplanung und der Erbringung der Hilfen im Alltag von der institutionellen Ebene, der Mitwirkung durch Nutzervertretungen an der Organisation von Diensten und Einrichtungen zu unterscheiden. Die sich damit verbindende professionelle Herausforderung kann an der Hilfeplanung verdeutlicht werden. Der Anspruch der Verhandlung »auf Augenhöhe« steht in einer Spannung zur Umsetzung der Verfahren. Auf der Grundlage von Konversationsanalysen im Bereich der Jugendhilfe haben Heinz Messmer und Sarah Hitzler Praktiken identifiziert, die der »Produktion von Klienten« (ebd. 2011) dienen. Es kann vermutet werden, dass sich diese Wirkung von Verfahren der Hilfeplanung im Kontext der Rehabilitation noch zugespitzter darstellt, da in diesem segmentierten Feld Praktiken der Klassifikation und der Überprüfung der Passung zu vorgegebenen Unterstützungsangeboten stärker ausgeprägt sind (vgl. Schäfers & Wansing 2016). Der Anspruch der Partizipation zur Begrenzung der Selbstbezüglichkeit von institutionellen Verfahren wird auf diese Weise nur unzureichend eingelöst. Gudrun Dobslaw und Werner Pfab (2015) identifizieren in ihrer Untersuchung zu Hilfeplangesprächen mit Menschen mit kognitiven Beeinträchtigungen Strategien der »Pseudobeteiligung«, bei der sich der Sinn und die Möglichkeiten des Gespräches für die beteiligten Menschen mit Beeinträchtigungen nicht erschließt, das »Reframing«,

> »bei der Klient(inn)en ... zunächst in ihrer Sichtweise bestärkt (werden – d. Verf.), obwohl sich auf Seiten der Professionellen bereits eine andere Sichtweise der Dinge abzeichnet oder eine solche von Anfang an klar war« (ebd., 117) und einer korrigierenden »Nachbearbeitung«.

Im Ergebnis wird in dem Beitrag dafür plädiert, die Strukturierungsmacht der Professionellen in der Interaktion offen zu legen und damit reflexiv umzugehen.

In der Auseinandersetzung mit der Bedeutung der anderen Maximen lebensweltorientierter Unterstützung wird ein grundlegendes Problem organisierter sozialer Unterstützung deutlich. Der Anspruch der Leistungsberechtigten auf Partizipation, auf einen selbstbestimmten Alltag, auf eigene Entscheidungen und die Durchsetzung und die Erwartung des institutionalisierten Hilfesystems lassen sich nicht spannungsfrei in Übereinstimmung bringen. Im Feld der Unterstützung von Menschen mit Beeinträchtigungen besteht die Tendenz, diese Spannung durch Annahmen über Behinderungen zu lösen. Der Ansatz der Lebensweltorientierung hingegen löst diese Spannung nicht auf, sondern fordert einen reflexiven Umgang mit dieser, die zu einer immer wieder zu hinterfragenden Balance in einem Arbeitsbündnis führen. Ein solch reflexiver Umgang mit Unterstützung erscheint geeignet, den Paradigmenwechsel auch im Unterstützungssystem zu vollziehen. Die Forderung nach Selbstbestimmung, das Ziel der gleichberechtigten Teilhabe und die Selbstorganisation von Menschen mit Beeinträchtigungen stehen der Unterstützung dann als kritisches Korrektiv gegenüber und müssen nicht länger bekenntnishaft vereinnahmt werden.

Literatur

Aselmeier, Laurenz (2012). Behindertenhilfe auf dem Prüfstand. Auswirkungen für Dienste und Einrichtungen durch die UN-Behindertenrechtskonvention. *Teilhabe 51* (2): 79–84.

BMJFFG (Bundesministerium für Jugend, Familie, Frauen und Gesundheit) (1990). *8. Jugendbericht. Bericht über Bestrebungen und Leistungen der Jugendhilfe*. Bonn: Bonner Universitäts-Druckerei.

Dobslaw, Gudrun und Werner Pfab (2015). Kommunikative Strategien in Teilhabegesprächen. *Teilhabe 54* (3): 114–119.

Engelhardt, Hans D. (2015). Die Rolle der Selbsthilfe in Prozessen der Demokratisierung des Gesundheits- und Sozialbereichs. In Miriam Düber, Albrecht Rohrmann und Marcus Windisch (Hrsg.). *Barrierefreie Partizipation. Entwicklungen, Herausforderungen und Lösungsansätze auf dem Weg zu einer neuen Kultur der Beteiligung*. Weinheim: Juventa, 245–262.

Freigang, Werner (2009). Sozialraum oder Lebenswelt. Sozialraumorientierung am Beispiel der Hilfen zur Erziehung in Deutschland. In Ralf E. Kluschatzka und Sigrid Wieland (Hrsg.). *Sozialraumorientierung im ländlichen Kontext*. Wiesbaden: VS, 143–157.

Goffman, Erving (2012). *Stigma. Über Techniken der Bewältigung beschädigter Identität*. Frankfurt a.M.: Suhrkamp [zuerst in engl. 1963].

Grunwald, Klaus und Hans Thiersch (2008). Das Konzept Lebensweltorientierte Soziale Arbeit – einleitende Bemerkungen. In Klaus Grunwald und Hans Thiersch (Hrsg.). *Praxis lebensweltorientierter sozialer Arbeit: Handlungszugänge und Methoden in unterschiedlichen Arbeitsfeldern*. 2. Aufl. Weinheim: Juventa, 13–39.

Hermes, Gisela (2006). Peer Counseling – Beratung von Behinderten für Behinderte als Empowerment-Instrument. In Heike Schnoor (Hrsg.). *Psychosoziale Beratung in der Sozial- und Rehabilitationspädagogik*. Stuttgart: Kohlhammer, 74–105.

Herriger, Norbert (2010). *Empowerment in der sozialen Arbeit. Eine Einführung*. 4. Aufl. Stuttgart: Kohlhammer.

Hinte, Wolfgang (2011). Sozialräume gestalten statt Sondersysteme befördern. Zur Funktion Sozialer Arbeit bei der Gestaltung einer inklusiven Infrastruktur. *Teilhabe 50* (3): 100–106.

Hohmeier, Jürgen (2004). Die Entwicklung der außerschulischen Behindertenhilfe als Paradigmenwechsel – Von der Verwahrung zur Inklusion. In Rudolf Forster (Hrsg.). *Soziologie im Kontext von Behinderung: Theoriebildung, Theorieansätze und singuläre Phänomene*. Bad Heilbrunn/Obb.: Klinkhardt, 127–141.

Hohmeier, Jürgen und Hugo Mennemann (1995). Paradigmenwechsel als reflexive Modernisierungsstrategie in der sozialen Arbeit. *neue praxis* 25 (4): 372–382.

Katzenbach, Dieter und Gerlind Uphoff (2008). Wer hat hier was zu sagen? Über das Paradox verordneter Autonomie. In Thomas Mesdag und Ursula Pforr (Hrsg.). *Phänomen geistige Behinderung: Ein psychodynamischer Verstehensansatz*. Gießen: Psychosozial-Verlag, 69–85.

KMK (Kultusministerkonferenz) (Hrsg.) (2016). *Sonderpädagogische Förderung an Schulen 2005 bis 2014*. https://www.kmk.org/fileadmin/Dateien/pdf/Statistik/Dokumentationen/¬Dok_210_SoPae_2014.pdf (Zugriff: 26. Mai 2017).

Kuhn, Andreas (2012). Behinderung und Inklusion (im ländlichen Raum). In Stefanie Debiel, Alexandra Engel, Ina Hermann-Stietz, Gerhardt Litges, Swantje Penke und Leonie Wagner (Hrsg.). *Soziale Arbeit in ländlichen Räumen*. Wiesbaden: VS, 301–314.

Malmgren, Kimber W. und Julie N. Causton-Theoharis (2006). Boy in the Bubble: Effects of Paraprofessional Proximity and Other Pedagogical Decisions on the Interactions of a Student with Behavioral Disorders. *Journal of Research in Childhood Education* 20 (4): 301–312.

Messmer, Heinz und Sarah Hitzler (2011). Interaktion und Kommunikation in der Sozialen Arbeit. Fallstudien zum Hilfeplangespräch. In Gertrud Oelerich und Hans-Uwe Otto (Hrsg.). *Empirische Forschung und Soziale Arbeit. Ein Studienbuch*. Wiesbaden: VS, 51–64.

Meysen, Thomas (2014). Gesamtzuständigkeit im SGB VIII. *neue praxis* 44 (3): 220–232.

Moser, Vera (2000). Disziplinäre Verortungen. Zur historischen Ausdifferenzierung von Sonder- und Sozialpädagogik. *Zeitschrift für Pädagogik* 46 (2): 175–192.

Rock, Kerstin (2001). *Sonderpädagogische Professionalität unter der Leitidee der Selbstbestimmung*. Bad Heilbrunn: Klinkhardt.

Röh, Dieter (2009). *Soziale Arbeit in der Behindertenhilfe*. München: Ernst Reinhardt.

Schäfers, Markus und Gudrun Wansing (Hrsg.) (2016). *Teilhabebedarfe behinderter Menschen – Zwischen Lebenswelt und Hilfesystem*. Stuttgart: Kohlhammer.

Schallenkammer, Nadine (2016). *Autonome Lebenspraxis im Kontext Betreutes Wohnen und Geistige Behinderung. Ein Beitrag zum Professionalisierungs- und Selbstbestimmungsdiskurs*. Weinheim: Beltz Juventa.

Statistisches Bundesamt (Hrsg.) (2015). *Statistik der Sozialhilfe. Eingliederungshilfe für behinderte Menschen*. Wiesbaden: Destatis.

Thiersch, Hans (1978). Alltagshandeln und Sozialpädagogik. *neue praxis* 1 (1): 6–25.

Thiersch, Hans (2015a). *Soziale Arbeit und Lebensweltorientierung: Konzepte und Kontexte. Gesammelte Aufsätze*. Band 1. Weinheim: Beltz Juventa.

Thiersch, Hans (2015b). *Soziale Arbeit und Lebensweltorientierung: Handlungskompetenz und Arbeitsfelder. Gesammelte Aufsätze*. Band 2. Weinheim: Beltz Juventa.

Utschakowski, Jörg, Gyöngyvér Sielaff und Thomas Bock (Hrsg.) (2013). *Vom Erfahrenen zum Experten. Wie Peers die Psychiatrie verändern*. 5. Aufl. Bonn: Psychiatrie-Verlag.

Waldschmidt, Anne (1999). *Selbstbestimmung als Konstruktion. Alltagstheorien behinderter Frauen und Männer*. Opladen: Leske + Budrich.

Watson, Nick, Alan Roulstone und Carol Thomas (Hrsg.) (2012). *Routledge handbook of disability studies*. London: Routledge.

Weinbach, Hanna (2016). *Soziale Arbeit mit Menschen mit Behinderungen. Das Konzept der Lebensweltorientierung in der Behindertenhilfe*. Weinheim: Beltz Juventa.

Würtz, Hans (1914). Ein Beitrag zur Begründung der Krüppelpsychologie. *Zeitschrift für Krüppelfürsorge* 7 (1): 16–42.

Leitorientierung und Grenzprobleme der Selbstbestimmung in der ambulanten Unterstützung von Menschen mit Behinderungen und Pflegebedarf

Matthias Windisch

1   Einleitung

Die Entwicklung der Versorgung von Menschen mit Behinderungen, die Hilfe- und Pflegebedarf aufweisen, zeichnet sich seit zwei Jahrzehnten in Deutschland generell sowohl durch einen verstärkten Auf- und Ausbau ambulanter Unterstützungsleistungen als auch durch deren Professionalisierung und Abgrenzung von der Medizin aus. In diesem Kontext haben sich in dem theoretischen Diskurs und der Praxis nicht nur in der Behindertenhilfe, sondern auch im Pflegebereich innovative Perspektiven herausgebildet, die zum einen an einem bio-psycho-sozialen Modell von Gesundheitsproblemen und Behinderung nach der ICF (International Classification of Functioning, Disability and Health) der Weltgesundheitsorganisation (WHO) anknüpfen sowie Unterstützungsleistungen orientiert am Subjekt und an dessen Ressourcen (personenzentrierte und sozialraumorientierte Hilfen) für geboten halten (Deutsches Institut für Medizinische Dokumentation und Information [DIMDI] 2005; Fuchs 2008; Windisch 2014). Zum anderen favorisieren sie das Recht auf Selbstbestimmung der Menschen mit Behinderungen und Pflegebedarf als handlungsleitend für die Konzipierung und Umsetzung ihrer erforderlichen Unterstützung sowie eine durch das Selbstbestimmungsrecht begründete Rolle als Kundinnen und Kunden von sozialen Dienstleistungen gegenüber dem historisch verwurzelten Gedanken der Fürsorge (z. B. Kleinschmidt 2004; Behrens & Zimmermann 2006; Garms-Homolová et al. 2008; Siebert 2009; Kotsch & Hitzler 2011; Windisch 2012). Damit geht einher, dass dem Selbstbestimmungsrecht in der gegenwärtigen Gesellschaft in Deutschland, die u. a. durch Individualisierung und Pluralisierung sowie Ökonomisierung bestimmt ist, eine grundlegende Bedeutung zukommt (Rohrmann 2003; Loeken & Windisch 2013).

Indessen bietet das Selbstbestimmungsrecht und dessen Umsetzung als Handlungsmaßstab in der ambulanten Unterstützung für Menschen mit Behinderungen und Pflegebedarf, in deren Rahmen personenzentrierte Hilfeformen wie Persönliche Assistenz, Pflege und Unterstützung einer eigenständigen Lebensführung im Rahmen des Ambulant Betreuten Wohnens einen wichtigen Stellenwert einnehmen, immer wieder Anlass für Diskussionen, Unsicherheiten und Konflikte. Zugespitzt ist die Frage Gegenstand von Diskussionen: Sind die Kunden bzw. Nutzerinnen und Nutzer ambulanter Hilfen immer König bzw. Königin? Oder anders formuliert: Wie verhalten sich deren Selbstbestimmungsrechte und professionell organisierte ambulante Unterstützungsleistungen zueinander? Die Auseinandersetzung mit diesem Fragekomplex soll in folgenden Schritten erfolgen:

- Zunächst sind in einem ersten Schritt begriffliche Aspekte und Sichtweisen der Selbstbestimmung zu skizzieren.
- Darauf aufbauend ist in einem zweiten Schritt aufzuzeigen, inwieweit die professionell organisierten Hilfen in den ambulanten Bereichen der Persönlichen Assistenz, Pflege und Unterstützung einer eigenständigen Lebensführung durch das Selbstbestimmungsrecht der Kundschaft bestimmt sind bzw. welche Schnittpunkte und Differenzen bestehen.
- In einem dritten Schritt sollen rechtliche Bezüge des Selbstbestimmungsrechts verdeutlicht wie auch deren Grenzen thematisiert werden. Dabei dienen Fallbeispiele zur Reflexion des Spannungsverhältnisses zwischen Recht und Grenzproblemen der Selbstbestimmung von Kundinnen und Kunden ambulanter Unterstützungsleistungen.

2 Begriff und Aspekte der Selbstbestimmung

Mit dem Selbstbestimmungsrecht und -begriff geht zentral die Vorstellung der Selbstkontrolle der Menschen über das eigene Leben einher, die ihre Willensfreiheit und Entscheidungskompetenz bei allen Belangen ihres Lebens gebunden an die individuelle Selbstverantwortung einschließt (Loeken & Windisch 2013, 23 ff.). Insofern ist selbstbestimmtes Handeln der Menschen mit Behinderungen und Pflegebedarf stets an Möglichkeiten der Wahl zwischen Alternativen, der Ablehnung oder Zustimmung bei Angeboten, der Wahl des Wohnortes und der Lebens- bzw. Wohnform, der Gestaltung des Lebens und Tagesablaufs, der Wahl und Gestaltung von pflegerischen und anderen Hilfen wie auch der medizinischen Versorgung, der Regelung von finanziellen Geschäften und behördlichen Angelegenheiten sowie der Beschaffung von Informationen zur Bewältigung von alltäglichen Anforderungen gebunden. Mit der individuellen Entscheidungskompetenz als Kernelement selbstbestimmten Handelns geht die Sichtweise von dem Menschen als autopoietisches (selbstbezügliches) System einher. Demzufolge verläuft menschliches Handeln relativ autonom und selbstregulativ unter den Bedingungen der Interdependenz des Menschen und seines Handelns mit seiner sozialen Umwelt (Kniel & Windisch 2005, 82; Loeken & Windisch 2013, 26). Die Prinzipien der Selbstbestimmung, die individuelle Entscheidungsautonomie und Handlungsfreiheit erfahren insbesondere dort Einschränkungen und Grenzen, wo die Belange und das Selbstbestimmungsrecht anderer Menschen tangiert werden. Ebenso kann die individuelle Entscheidungskompetenz durch finanzielle oder andere Rahmenbedingungen (wie kognitive Beeinträchtigungen, Einkommen, erforderliche Eigenmittel für Hilfen, institutionelle Strukturen usw.) eingeschränkt sein. In einer anthropologisch orientierten Auseinandersetzung wird Selbstbestimmung als »Wesensmerkmal des Menschseins« (Hahn 1999, 14) und somit als menschliches Grundbedürfnis begriffen, welches das menschliche Wohlbefinden nachhaltig prägt. Hiernach ist »von Anbeginn der Menschheit die individuelle Entwicklung des einzelnen Menschen ... durch einen Zuwachs an Autonomie – trotz Abhängigkeit – gekennzeichnet« (ebd., 26), wobei Autonomie synonym zum Begriff der Selbstbestimmung verwendet wird. In dieser Perspektive ist bei Behinderung bzw. Hilfe- und Pflegebedarf »ein Mehr an sozialer Abhängigkeit« und »die erschwerte Realisierung der humanen Autonomiepotentiale« (ebd.) charakteristisch.

Gegenüber der anthropologischen Sichtweise wird die menschliche Selbstbestimmung in ihrer historischen Entwicklung gesehen (Waldschmidt 2003, 2012), die im Zusammenhang mit der Philosophie der Aufklärung (vor allem nach Immanuel Kant) ihre besondere Bedeutung erlangt hat. Demzufolge besitzt der Mensch grundsätzlich die Kompetenz zur Selbstbestimmung, verfügt er doch unter Bezugnahme auf Kant »über praktische Vernunft«, die »ihn zu einem rational handelnden Subjekt« (Waldschmidt 2003, 19) befähigt. Hiermit ist sowohl die Voraussetzung verknüpft, dass die »praktische Vernunft« bzw. ein »vernünftiger Wille« (ebd., 15) vorhanden ist und umgesetzt wird, als auch zugleich die Anerkennung des Menschen als selbstbestimmt handelndes Subjekt. Besonders Menschen, denen »ein vernünftiger Wille nicht zuerkannt wird« (ebd., 15) wie etwa Menschen mit so genannter geistiger Behinderung oder psychischer Erkrankung, sehen sich Einschränkungen von Selbstbestimmungsmöglichkeiten bis heute gegenüber. Die Anerkennung der Menschen mit Behinderungen und gesundheitlichen Einschränkungen als selbstbestimmte Subjekte und somit ihres Recht auf Selbstbestimmung stellt sich nach Anne Waldschmidt (2012, 43) als Ergebnis einer »nachholenden Befreiung« dar.

Allerdings beinhaltet die Anerkennung ihres Selbstbestimmungsrechts ambivalente Aspekte unter den gegenwärtigen gesellschaftlichen Bedingungen (Loeken & Windisch 2013, 25 f.): Einerseits ist damit Befreiung und Selbstermächtigung verbunden. Andererseits generiert Selbstbestimmung zunehmend zu einem »neoliberalen Pflichtprogramm« (Stinkes 2006, 170) und wird in dessen Sinne als individuelle Selbstverantwortung mit zu tragenden Risiken der Lebensführung verstanden, die sich auch für Menschen mit Bedarf an Hilfeleistungen ergeben können (Waldschmidt 2012). Selbstbestimmung als Pflicht nach dem Konzept des vernünftig denkenden und handelnden Subjekts kann zu neuen Ausschlusskriterien führen und es gerade kognitiv beeinträchtigten und schwerstbehinderten Menschen erheblich erschweren, am Modell des selbstbestimmt handelnden Subjekts teilzuhaben.

So unerlässlich die Befreiung aus bevormundenden Strukturen und das Selbstbestimmungsrecht sind, so wichtig sind die Berücksichtigung und Anerkennung der sozialen Einbindung der Menschen und ihre Angewiesenheit auf andere Menschen. Insofern ist der »dialektischen Verschränkung von Autonomie und Sozialstruktur« (Thimm 1997, 231) Rechnung zu tragen. Selbstbestimmung heißt »nicht Freisetzung von sozialen Bindungen« (Theunissen 2009, 45), »sondern eigenverantwortliches Entscheiden und autonomes Handeln in der Beziehung zum Du« (ebd.) bzw. eingebettet in den Kontext der sozialen und materiellen Umwelt (▶ Kap. 1).

Ungeachtet ihrer Ambivalenzen hat Selbstbestimmung als normatives und handlungsleitendes Prinzip die Entwicklung von personenzentrierten Hilfe- und Unterstützungsformen für Menschen mit Behinderung und Pflegebedarf nachhaltig geprägt, wenn auch in unterschiedlichem Maße und mit variierender Akzentsetzung, wie ein Blick auf die Formate der Persönlichen Assistenz, Pflege und Unterstützung der eigenständigen Lebensführung im Rahmen des Ambulant Betreuten Wohnens bei Behinderung verdeutlicht.

3 Selbstbestimmung und Persönliche Assistenz

Als Gegenentwurf zu medizinischen und defizitorientierten Perspektiven auf Menschen mit Behinderung, zur »herkömmlichen« Organisation der ambulanten Pflege und Betreuung mit einschränkenden Auswirkungen auf das selbstbestimmte Handeln sowie zu fremdbestimmten und pädagogisierenden Hilfen von Expertinnen und Experten hat die Persönliche Assistenz sich mit einem Maximum an Selbstbestimmungsrecht und -kompetenz seit den vergangenen rund 30 Jahren auch in Deutschland etabliert und in einem beträchtlichen Maße ausgeweitet, initiiert durch die Vorstellungen und Forderungen der Selbstbestimmt-Leben-Bewegung mit vornehmlich körperlich behinderten und sehgeschädigten, kognitiv nicht oder kaum beeinträchtigen Menschen. Von ihnen wird die Expertenschaft in eigener Sache reklamiert (Kniel & Windisch 2005, 19 ff.; Kotsch & Hitzler 2011; Loeken & Windisch 2013, 23).

Zentraler Bestandteil der Persönlichen Assistenz ist die größtmögliche Kontrolle über das eigene Leben, die sich in der individuellen Wahl- und Entscheidungsautonomie konkretisiert. Ausgangspunkt ist die Forderung,

> »dass notwendige Hilfe weitestgehend unabhängig von Institutionen und deren fremdbestimmenden Zwängen und von fremdbestimmender, entmündigender Hilfe durch die so genannte Fachlichkeit von Helferinnen organisiert wird« (Steiner 2001, 25 f.).

Machtverhältnisse in Hilfestrukturen sollen zugunsten der Übergabe von Macht bzw. Entscheidungskompetenz in die Hände der Menschen mit Behinderung und Pflegebedarf umgestaltet werden. Damit verbindet sich die Vorstellung von einer neuen Fachlichkeit, welche die Kompetenz der Menschen mit Behinderung und Pflegebedarf respektiert, selbst die Expertenschaft für die eigene Lage zu haben, und die Fähigkeit zur Kooperation (ebd.). Eine in diesem Sinne konzipierte Assistenz, die sich als ein Modell personenzentrierter Hilfeleistungen mit dem höchsten Maß an Selbstbestimmtheit einstufen lässt, soll als Ausgleich für die Aktivitäten im Alltag dienen, die Menschen mit Behinderungen und Pflegebedarf selbst nicht durchführen können. Persönliche Assistenz kann z. B. Hilfestellungen bei der Grundpflege oder im Haushalt und zur Teilhabe am sozialen Leben (bei der Kommunikation und Mobilität usw.) umfassen. Ihr kommt im Kern eine kompensatorische Funktion der Art zu, dass Assistenz fehlende Arme und Beine ersetzen soll. Sie lässt sich nach dem Grad von Kontrolle, Macht und Einfluss der Adressaten bei der Organisation und Gestaltung der alltagsbezogenen Hilfen im Alltag vor allen Dingen in folgende zwei Formen mit der stärksten Verbreitung differenzieren (Drolshagen & Rothenberg 2001, 17 ff.; Rock 2001, 53 ff.; Loeken & Windisch 2013, 38 ff.):

- Direkte Persönliche Assistenz
  In diesem Rahmen erfolgt die Persönliche Assistenz nach dem Modell behinderter Arbeitgeber und -geberinnen, etwa auf der Basis eines Persönlichen Budgets. Kennzeichnend ist, dass die erforderlichen Hilfeleistungen von den Assistenznehmenden – meist ohne besondere Qualifikationen im Organisations- und Personalmanagement – selbst organisiert und entsprechend des jeweiligen Bedarfs gesteuert werden. Insofern verfügen diese über die Personal-, Anleitungs-, Organisations- und Finanzkompetenz, womit eine umfassende Kontroll- und Entscheidungskompetenz in allen Fragen der Sicherstellung von Hilfe und Pflege einhergeht. Die Assistenzleistungen erfolgen in der Regel durch bezahlte Assistenzkräfte, bei denen es sich weitgehend um Laien ohne einschlägige berufliche Qualifikationen in der Pflege und sozialen Unterstützung handelt. Da sie im privaten Raum der Assistenznehmenden und unter ihrer Regie im Kontext eines engen persönlichen Kontakts stattfinden, bestehen hohe Anforderungen an die Kooperation und Kommunikation aller beteiligten Akteure. Konflikte bzw. Probleme, die zwischen den Ansprüchen auf Selbstbestimmtheit der Assistenznehmenden und den Interessen bzw. Bedürfnissen der von ihnen abhängig tätigen Assistenzkräfte entstehen können, sind unter der Regie der behinderten Arbeitgeber und -geberinnen zu bewältigen.
- Indirekte Persönliche Assistenz
  Von der Persönlichen Assistenz nach dem Arbeitgebermodell ist eine zunehmend verbreitete indirekte Organisationsform von Persönlicher Assistenz zu unterscheiden, in deren Rahmen die vorhergehend angeführten Kontroll- und Entscheidungskompetenzen an ambulante Dienste formal übertragen sind und erforderliche Assistenzleistungen durch deren Mitarbeiter und Mitarbeiterinnen, ebenfalls meist Laienkräfte ohne besondere berufliche Qualifikation in der Pflege und sozialen Betreuung, erbracht werden. Allerdings wird durch die Orientierung von ambulanten Diensten an dem direkten Modell der Persönlichen Assistenz bzw. den Selbstbestimmungskompetenzen behinderter Arbeitgeber und -geberinnen es ihren Nutzerinnen und Nutzern bzw. Kundinnen und Kunden ermöglicht, ganz oder teilweise die Anleitungs-, Organisations- und Personalkompetenz wahrzunehmen. Die Finanzkompetenz obliegt ausschließlich dem ambulanten Dienst.

Festzuhalten ist, dass es sich bei diesen Formen der Persönlichen Assistenz ausdrücklich nicht um eine (sozial-)pädagogische Hilfeleistung handelt. Die Übernahme des Assistenzbegriffs im Behindertenhilfesystem wird von den Vertreterinnen und Vertretern der Selbstbestimmt-Leben-Bewegung abgelehnt. Der Assistenzbegriff ist ihnen zufolge für Formen pädagogischer Hilfen unangemessen und nicht zulässig. Gusti Steiner (2001, 37) befürchtet eine »sinnentleerte Inflationierung« und die »Unterwerfung des Selbstbestimmungs- und Assistenzgedankens unter die Macht der Pädagogisierung der Assistenznehmerinnen«. Und er stellt nachdrücklich fest, dass

> »man ... in diesem Sinne Pädagoginnen, Sonderpädagoginnen und alle Fachleute des überkommenen Behindertenhilfesystems nur davor warnen (kann – d. Verf.), die Kampfbegriffe der politischen Behindertenbewegung zu inflationieren oder zu pädagogisieren, Behinderte also unter der Wahrung alter Machtverhältnisse Fähigkeiten zur Selbstbestimmung und zur Persönlichen Assistenz vermitteln zu wollen« (ebd., 45).

4 Selbstbestimmung und ambulante Pflege

Parallel zur Selbstbestimmt-Leben-Bewegung in Deutschland und zu ihrem favorisierten Auf- und Ausbau der Persönlichen Assistenz für Menschen mit Behinderung und Hilfebedarf ist auch im Bereich der Pflege ein Paradigmenwechsel von der Objekt- und Defizitorientierung hin zur Subjekt- und Ressourcenorientierung sowie zu einer Orientierung an der Lebensqualität zu verzeichnen. Er basiert einmal auf pflegetheoretischen Diskussionen mit kritischer Abgrenzung gegenüber defizitorientierten Ansätzen (z. B. Klie & Schmidt 1999; Bartmann & Hübner 2002; Bobbert 2002; Behrens & Zimmermann 2006; Siebert 2009; Bundesministerium für Gesundheit [BMG] 2013) und zum anderen auf der »Charta der Rechte hilfe- und pflegebedürftiger Menschen« (Bundesministerium für Familien, Senioren, Frauen und Jugend [BMFSFJ] & BMG 2014). Diese Charta ist das Ergebnis von Arbeiten eines »Runden Tisches Pflege«, initiiert durch das Bundesministerium für Familie, Senioren, Frauen und Jugend sowie das damalige Bundesministerium für Gesundheit und Soziale Sicherung im Jahre 2003. Daran beteiligt waren rund 200 Vertreter und Vertreterinnen aus dem gesamten Bereich der Altenpflege (Länder, Kommunen, Einrichtungsträger, Wohlfahrtsverbände, private Trägerverbände, Heimaufsicht, Pflegekassen, Interessenvertretungen der älteren Menschen, Wissenschaftlerinnen und Wissenschaftler, Stiftungen). In der Charta wurden folgende Menschenrechte und Merkmale von Lebensqualität der Nutzenden von Hilfen zur Pflege und Versorgung als Leitprinzipien und Handlungsmaximen festgelegt (BMFSFJ & BMG 2014, 9 ff.): »Selbstbestimmung und Hilfe zur Selbsthilfe«, »körperliche und seelische Unversehrtheit, Freiheit und Sicherheit«, »Privatheit«, bedarfs- bzw. bedürfnisorientierte »Pflege, Betreuung und Behandlung«, »Information, Beratung und Aufklärung«, »Kommunikation, Wertschätzung und Teilhabe an der Gesellschaft«, Leben entsprechend der »Religion, Kultur und Weltanschauung«.

Als zentral für den Umgang mit den hilfe- und pflegebedürftigen Menschen im Rahmen einer personenzentrierten ambulanten Pflege lässt sich aus den Handlungsmaximen der Charta das Recht auf eine selbstbestimmte und selbstverantwortliche Lebensgestaltung ableiten, das mit den verschiedenen vorgenannten Aspekten und Ebenen verknüpft ist (Bobbert 2002; Kleinschmidt 2004; Behrens & Zimmermann 2006).

Damit korrespondieren Ziele der selbstbestimmungs- und ressourcenorientierten pflegetheoretischen Diskussion folgendermaßen (Klie & Schmidt 1999; Moers & Schaeffer 2000; Behrens & Zimmermann 2006; Garms-Homolová et al. 2008):

- Partizipation und Entscheidungskompetenz der Betroffenen bei der Art und Umsetzung der Hilfen,
- umfassende Information der Betroffenen über Möglichkeiten und Grenzen von Hilfen,
- Selbstverantwortung und Entscheidungskompetenz bei der Gestaltung des Lebens,
- Erhalt und Erhöhung der Selbstständigkeit in der alltäglichen Lebensführung,

- Verringerung der Abhängigkeit von Pflege- und Hilfeleistungen,
- Ermöglichung, Erhaltung und Verbesserung der Teilhabe an der Gesellschaft,
- Stabilisierung, Entwicklung und Verbesserung von Alltagskompetenzen,
- Erhaltung und Verbesserung der Gesundheit,
- Aktivierung von Selbsthilferessourcen,
- Verbesserung der Zufriedenheit mit den Lebensbedingungen,
- Verkürzen und Vermeidung eines Krankenhausaufenthaltes,
- Verhinderung einer Heimunterbringung.

Eine an diesen normativen Vorgaben ausgerichtete ambulante Pflege erfordert, zwischen den Vorstellungen und Deutungen sowie den alltäglichen Bedingungen der Lebenssituation ihrer Nutzenden mit den fachlich erforderlichen Pflegeleistungen und deren organisatorischen Rahmenbedingungen auszubalancieren und eine Übereinstimmung herzustellen (Klie & Schmidt 1999; Behrens & Zimmermann 2006; Siebert 2009). Gegenüber dem Format der Persönlichen Assistenz ist indessen mit Lakshmi Kotsch und Ronald Hitzler (2011, 72) davon auszugehen, »dass dem Selbstbestimmungsanspruch in der herkömmlichen Pflege eine (derzeit noch) weniger bedeutsame Rolle zukommt«.

5 Selbstbestimmung und Unterstützung der eigenständigen Lebensführung im Rahmen des Ambulant Betreuten Wohnens

Beeinflusst durch die Selbstbestimmt-Leben-Bewegung in Deutschland, das Konzept der Persönlichen Assistenz und die normative Orientierung auf das menschliche Selbstbestimmungsrecht hat im wissenschaftlichen Diskurs und in der Praxis der professionellen sozialen bzw. pädagogischen Unterstützung von Menschen mit Behinderung ebenso wie im Pflegebereich in den vergangenen rund zwei Jahrzehnten ein Paradigmenwechsel stattgefunden, der sich kritisch von einer Objekt- und Defizitorientierung distanziert und stattdessen eine Subjekt- und Ressourcenorientierung bei Menschen mit Behinderung und Hilfebedarf proklamiert (Loeken & Windisch 2013). Er beinhaltet zugleich eine Umorientierung von institutionenbezogenen auf personenzentrierte wie auch sozialraumorientierte Hilfen, in deren Rahmen das Selbstbestimmungsrecht und die soziale Teilhabe der Adressaten von Hilfeleistungen als handlungsleitende Maßstäbe für deren professionelle Organisation und Durchführung gelten. Mit ihr gehen Vorstellungen der Entpädagogisierung der Hilfeleistungen für erwachsene Menschen mit Behinderung durch professionelle Fachkräfte einher. Im Einklang mit dem Fokus auf individuelle Selbstbestimmung zielen sie darauf ab, auf die Bevormundung und Infantilisierung der Hilfeempfängerinnen und -empfänger und auf damit verbundene Erziehungsansprüche ebenso zu verzichten wie auf Bestrebungen, jegliche Hilfeleistungen unter das Primat von Förderung zu subsumieren (ebd., 24 f.). Ist diese Perspektive für personenzentrierte Unterstützungsleistungen zur Ermöglichung einer eigenständigen Lebensführung im Gemeinwesen unerlässlich und gegenwärtig im Rahmen des Ambulant Betreuten Wohnens bei Behinderung konzeptuell angemessen, so ist sie dennoch nicht mit dem Konzept der Persönlichen Assistenz gleichzusetzen.

Im Unterschied zum Modell der Persönlichen Assistenz ist für personenzentrierte Hilfen im Rahmen des Ambulant Betreuten Wohnens durch professionelle (sozialpädagogische) Fachkräfte charakteristisch, dass diese nicht ausschließlich im Auftrag ihrer Adressaten erbracht werden, sondern im Spannungsfeld zwischen ihren Interessen, Zielen und Kompetenzen einerseits sowie (sozial-)pädagogischen Ansprüchen bzw. Zielsetzungen (Bildung, Förderung) und Formen von Interventionen mit begrenzendem und beschützendem Charakter andererseits lokalisiert sind. Zu den zentralen Aufgaben professioneller Fachkräfte gehört es, jeweils zu entscheiden, wann und welche Intervention mit wessen Mandat erforderlich ist. Gemessen an dem Selbstbestimmungsrecht von Hilfeempfängerinnen und -empfängern ist hierbei die Frage nach der Machtverteilung in der Interaktion mit Professionellen besonders problematisch; denn die Machtverteilung lässt sich in den pädagogisch angelegten Unterstützungsprozessen zur eigenständigen Lebensführung im Rahmen des Ambulant Betreuten Wohnens bei Behinderung nicht einseitig auf die Seite der Hilfeempfänger und -empfängerinnen verschieben. Es verdeutlicht sich eine für professionelle soziale bzw. pädagogische Hilfeformen im Allgemeinen typische paradoxe Struktur: Einerseits geht es um die Respektierung und Erhöhung der Autonomie der Adressaten von Hilfeleistungen. Andererseits kann professionelles Handeln, das qua Auftrag – gesellschaftlich lizenziert und institutionell abgesichert – in die Lebenswelt seiner Adressaten eingreift, dadurch Autonomie begrenzen oder verhindern (ebd., 46 f.).

Dieser Widerspruch ist von Professionellen stets neu zu reflektieren und auszuloten. Als ein nützlicher Weg bietet sich dafür an, die professionelle Interaktionsbeziehung als Unterstützungsbündnis – analog dem propagierten Arbeitsbündnis in der Sozialen Arbeit – mit Orientierung an dem Selbstbestimmungsrecht erwachsener Hilfeempfängerinnen und -empfänger zu konzipieren. Ausgehend von der Motivation der Adressaten zur Nutzung von professioneller Unterstützung zur eigenständigen Lebensführung im Rahmen des Ambulant Betreuten Wohnens sowie von den Aufgaben der professionellen Hilfe, ihren Anforderungen, Möglichkeiten und Grenzen ist eine Auftragsklärung vorzunehmen, um eine Transparenz des Hilfeprozesses herzustellen. Das erfordert einen Aushandlungsprozess, der an den jeweiligen Kompetenzen der Adressaten von Hilfen anzusetzen hat (ebd., 47). Um ihnen Chancen auf Wahlmöglichkeiten und eigene Entscheidungen zu geben, ist nach Burkhard Müller (2002) professionelle Abstinenz nötig, die professionelle Fachkräfte dazu verpflichtet, weder als Retter aufzutreten noch die Adressaten zu bevormunden, sondern die Möglichkeiten und Grenzen ihrer Hilfeangebote zu verdeutlichen.

Daher ist ein Unterstützungsvertrag zur transparenten Gestaltung des pädagogischen Unterstützungsprozesses bzw. eines Unterstützungsbündnisses im Rahmen des Ambulant Betreuten Wohnens als sinnvoll anzusehen und zu vereinbaren. Mit ihm verbinden sich die Ziele, Aufgaben, Rechte und Pflichten der beteiligten Akteure klar zu definieren, wie auch prozessbedingte Veränderungs- bzw. Anpassungsmöglichkeiten einzubeziehen. Außerdem ist eine Selbstverpflichtung der professionellen Fachkräfte zu berücksichtigen, die Autonomie der Leistungsnutzenden zu respektieren und ihnen eine selbstbestimmte Lebensführung auf der Basis eigener Entscheidungen und Verantwortung zu ermöglichen (Loeken & Windisch 2013, 47).

6 Rechtliche Aspekte und Grenzprobleme von Selbstbestimmung

Mit dem anthropologisch und historisch begründeten individuellen Selbstbestimmungsprinzip (▶ Kap. 2), dem eine normativ-strukturierende Funktion für die professionell organisierte Unterstützung von Menschen mit Behinderung und Hilfebedarf zukommen soll (▶ Kap. 3 ff.), gehen gesetzliche Regelungen des Rechts auf individuelle Selbstbestimmung bzw. auf eine selbstbestimmte Lebensführung auch für Menschen mit Behinderung und Hilfebedarf einher. Für ihre professionell organisierte Unterstützung durch Persönliche Assistenz, Pflege und Ambulant Betreutes Wohnen zur Ermöglichung einer selbstbestimmten Lebensführung bilden diese gesetzlichen Regelungen einen basalen rechtlich-normativen Bezugsrahmen, in denen neben dem Recht auf individuelle Selbstbestimmung ebenfalls dessen Grenzen bzw. Einschränkungen zum Tragen kommen. Von daher gilt es abschließend, wesentliche gesetzliche Regelungen des Selbstbestimmungsrechts von Menschen mit Behinderung und Hilfebedarf im Rahmen ihrer professionellen Unterstützung sich zu vergegenwärtigen und beispielhaft potenzielle praxisbezogene Grenzprobleme zu verdeutlichen (▶ Kap. 5).

6.1 Gesetzliche Regelungen zu Recht und Grenzen der Selbstbestimmung

In diesem Kontext sind folgende gesetzliche Regelungen relevant und anzuführen:

Grundgesetz

Das Selbstbestimmungsprinzip erfährt allgemein eine rechtliche Fundierung wie auch Begrenzung im Grundgesetz (GG) der Bundesrepublik Deutschland. Dort heißt es im Artikel 2, dass »jeder ... das Recht auf die freie Entfaltung seiner Persönlichkeit (hat – der Verf.)«. Dieses für alle Bürgerinnen und Bürger der Bundesrepublik geltende Grundrecht ist allerdings nicht grenzenlos. So enthält der Artikel 2 GG zugleich insofern eine Einschränkung, als er das Recht auf freie Entfaltung der

Persönlichkeit davon abhängig macht, dass der Einzelne »nicht die Rechte anderer verletzt und nicht gegen die verfassungsmäßige Ordnung oder das Sittengesetz verstößt«. Vor dem Hintergrund dieser normativen Rahmung ist die »Selbstbestimmung« von allen Bürgerinnen und Bürgern in der Bundesrepublik grundsätzlich zu begreifen.

UN-Behindertenrechtskonvention

Für ein Selbstbestimmungsrecht von Menschen mit Behinderung und Hilfebedarf liefert die UN-BRK, die mit ihrem bürger- und menschenrechtlichen Ansatz auch seit 2009 in Deutschland rechtskräftig ist, einen normativen Rahmen. So ist in Artikel 3 als allgemeiner Grundsatz der UN-BRK »die Achtung der dem Menschen innewohnenden Würde, seiner individuellen Autonomie, einschließlich der Freiheit, eigene Entscheidungen zu treffen, sowie seiner Unabhängigkeit« verankert. Eine Konkretisierung des Selbstbestimmungsrechts in Verbindung mit einer umfassenden Teilhabe am sozialen Alltagsleben und dem Zugang zu Unterstützungsmöglichkeiten im Gemeinwesen findet im Artikel 19 der UN-BRK statt, wenn dort angeführt wird:

> »Die Vertragsstaaten ... anerkennen das gleiche Recht aller Menschen mit Behinderungen, mit gleichen Wahlmöglichkeiten wie andere Menschen in der Gemeinschaft zu leben, und treffen wirksame und geeignete Maßnahmen, um Menschen mit Behinderungen den vollen Genuss dieses Rechts und ihre volle Einbeziehung in die Gemeinschaft und Teilhabe an der Gemeinschaft zu erleichtern, indem
>
> a) Menschen mit Behinderungen gleichberechtigt die Möglichkeit haben, ihren Aufenthaltsort zu wählen und zu entscheiden, wo und mit wem sie leben, und nicht verpflichtet sind, in besonderen Wohnformen zu leben;
> b) Menschen mit Behinderungen Zugang zu einer Reihe von gemeindenahen Unterstützungsdiensten zu Hause und in Einrichtungen sowie zu sonstigen gemeindenahen Unterstützungsdiensten haben, einschließlich der persönlichen Assistenz, die zur Unterstützung des Lebens in der Gemeinschaft und der Einbeziehung in die Gemeinschaft sowie zur Verhinderung von Isolation und Absonderung von der Gemeinschaft notwendig ist;
> c) gemeindenahe Dienstleistungen und Einrichtungen für die Allgemeinheit Menschen mit Behinderungen auf der Grundlage der Gleichberechtigung zur Verfügung stehen und ihren Bedürfnissen Rechnung tragen.«

Korrespondierend mit dem Grundgesetz und der UN-BRK ist auch in den Sozialleistungsgesetzen die Selbstbestimmung ihrer Adressaten vorgesehen.

Bundesteilhabegesetz/Sozialgesetzbuch IX

Durch das im Dezember 2016 verabschiedete Bundesteilhabegesetz (BTHG) (Bundesrat Drucksache 711/16) ist das Sozialgesetzbuch (SGB) IX neu gefasst worden (Bundesgesetzblatt 2016a), dessen Reform in vier Stufen in Kraft tritt (BMAS 2016). Mit dem BTHG intendiert der Gesetzgeber, einmal der Umsetzung der UN-BRK und dem Behinderungsverständnis der ICF der Weltgesundheitsorganisation (DIMDI 2005; ▶ Kap. 1) Rechnung zu tragen. Zum anderen soll das

BTHG dazu beitragen, die Lebensqualität der Menschen mit Behinderungen, insbesondere ihre Selbstbestimmung und Teilhabemöglichkeiten, zu verbessern. Außerdem verbindet sich mit ihm das Bestreben, ein modernes Teilhaberecht mit dem Fokus auf den Menschen mit behinderungsspezifischen Bedarfen zu schaffen sowie die Eingliederungshilfe weiterzuentwickeln und diese aus dem Fürsorgesystem (Sozialhilferecht, SGB XII) herauszulösen. Nicht zuletzt hat das BTHG auch die Steuerung und Begrenzung der Ausgabenentwicklung der Eingliederungshilfe im Visier.

Der Anspruch des BTHG, dem Selbstbestimmungsrecht von Menschen mit Behinderungen programmatisch nachzukommen, wird allgemein zu Beginn des neu gefassten SGB IX (Bundesgesetzblatt 2016a) analog zu dessen vorhergehender Fassung unverändert zugrunde gelegt. So heißt es auch im § 1 des neuen SGB IX (ebd.,), dass Menschen mit Behinderung oder von Behinderung bedrohte Menschen Leistungen erhalten, »um ihre Selbstbestimmung und die gleichberechtigte Teilhabe am Leben in der Gesellschaft zu fördern, Benachteiligungen zu vermeiden oder ihnen entgegenzuwirken«.

Eine Konkretisierung des Selbstbestimmungsrechts erfolgt im § 8 des neuen SGB IX (ebd., ab 1. Januar 2018), indem dort explizit ein Wunsch- und Wahlrecht der Leistungsberechtigten bei Hilfeleistungen eingeräumt wird. Allerdings wird ihr Selbstbestimmungsrecht bzw. das Wunsch- und Wahlrecht bei erforderlichen Hilfeleistungen durch die Fassung des § 104 SGB IX (ab 1. Januar 2020), in der sich der Mehrkostenvorbehalt der §§ 9 und 13 SGB XII im Kern spiegelt, nach wie vor potenziell eingeschränkt. So sieht der § 104 Absatz 2 SGB IX (ab 1. Januar 2020) im Wortlaut normativ vor:

> »Wünschen der Leistungsberechtigten, die sich auf die Gestaltung der Leistung richten, ist zu entsprechen, soweit sie angemessen sind. Die Wünsche der Leistungsberechtigten gelten nicht als angemessen, 1. wenn und soweit die Höhe der Kosten der gewünschten Leistung die Höhe der Kosten für eine vergleichbare Leistung von Leistungserbringern, mit denen eine Vereinbarung nach Kapitel 8 besteht, unverhältnismäßig übersteigt und 2. der Bedarf nach der Besonderheit des Einzelfalles durch die vergleichbare Leistung gedeckt werden kann.«

Kritisch und stark interpretationsabhängig von Perspektiven bzw. Interessen stellt sich das Verfahren im Umgang mit dem Absatz 2 des § 104 SGB IX dar, das nach Absatz 3 des § 104 SGB IX zwar der besonderen Berücksichtigung des Wohnwunsches eines Leistungsberechtigten verpflichtet sein soll, aber relativ weich und normativ nicht klar genug definiert ist, wenn es dort folgendermaßen heißt:

> »Bei der Entscheidung nach Absatz 2 ist zunächst die Zumutbarkeit einer von den Wünschen des Leistungsberechtigten abweichenden Leistung zu prüfen. Dabei sind die persönlichen, familiären und örtlichen Umstände einschließlich der gewünschten Wohnform angemessen zu berücksichtigen. Kommt danach ein Wohnen außerhalb von besonderen Wohnformen in Betracht, ist dieser Wohnform der Vorzug zu geben, wenn dies von der leistungsberechtigten Person gewünscht wird...«.

Inwieweit die angelegte Beschränkung des Wunsch- und Wahlrechts nach § 104 SGB IX ebenso wie die damit korrespondierende potenzielle Einschränkung des Selbstbestimmungsrechts durch die vorgesehene Möglichkeit im § 116 SGB IX (ab 1. Januar 2020), Hilfeleistungen gemeinsam in Anspruch zu nehmen (»Poolen«

von Hilfeleistungen), aus Kostengründen in der Praxis wirksam werden, bleibt abzuwarten.

Sozialgesetzbuch XI und XII

Analog zu § 1 im SGB IX reklamiert das SGB XI (Pflegeversicherungsgesetz) im § 2 ein Selbstbestimmungsrecht der Nutzerinnen und Nutzer von Pflegeversicherungsleistungen. Dort beinhaltet der Absatz 1, dass hilfe- und pflegebedürftige Menschen »trotz ihres Hilfebedarfs ein möglichst selbständiges und selbstbestimmtes Leben ... (führen können – der Verf.), das der Würde des Menschen entspricht«. Und der Absatz 2 im § 2 des SGB XI verdeutlicht:

> »Die Pflegebedürftigen können zwischen Einrichtungen und Diensten verschiedener Träger wählen. Ihren Wünschen zur Gestaltung der Hilfe soll, soweit sie angemessen sind, im Rahmen des Leistungsrechts entsprochen werden.«

Eine gewisse Erweiterung dieses angelegten Selbstbestimmungsrechtes sieht das Pflege-Weiterentwicklungsgesetz vor, demzufolge die Wünsche der pflegebedürftigen Menschen nach »gleichgeschlechtlicher Pflege« und Bedürfnissen nach einer »kultursensiblen Pflege« Berücksichtigung finden sollen. Unberührt bleiben die bisherigen Regelungen zum Selbstbestimmungsrecht im SGB XI von den ab 1. Januar 2017 geltenden Neuerungen des zweiten und dritten Pflegestärkungsgesetzes (PSG II und PSG III) (Bundesgesetzblatt 2016b).

Die bisherige Einschränkung des individuellen Selbstbestimmungsrechts bei der Nutzung der Pflegesachleistungen als Persönliches Budget bzw. im Rahmen Trägerübergreifender Persönlicher Budgets durch die gegebene Gutscheinregelung im § 35a SGB XI wird durch das PSG II oder PSG III nicht verändert und somit fortgeschrieben (ebd.), währenddessen ist das Recht auf ein Persönliches Budget in Form von Geldleistungen für Leistungsberechtigte in den §§ 29 und 105 des neuen SGB IX verankert. In diesem Zusammenhang besteht für Leistungsberechtigte, die ihre Pflege nach dem Arbeitgebermodell selbst organisieren und nicht die Pflegeversicherungssachleistungen nach der Gutscheinregelung in Anspruch nehmen (wollen), nach wie vor die gravierende Einschränkung, sich weiterhin mit dem Pflegegeld begnügen zu müssen (§§ 35a und 37 SGB XI).

Inwieweit Probleme oder Einschränkungen für die individuellen Selbstbestimmungsrechte durch die Schnittpunkte und der damit einhergehenden Konkurrenz bzw. Abgrenzungsprobleme zwischen Eingliederungshilfe- und Pflegeversicherungsleistungen trotz der reklamierten Gleichrangigkeit von Pflegeversicherungs- und Eingliederungshilfeleistungen (§ 13 Absatz 3 und 4 SGB XI sowie § 91 Absatz 3 im neuen SGB IX) einzukalkulieren sind, bleibt abzuwarten. Probleme bzw. Einschränkungen könnten etwa auftreten, wenn unterschiedliche Sichtweisen der Pflegekassen und Träger der Sozialhilfe es verhindern, zu einer Vereinbarung im Sinne der Leistungsberechtigten zu kommen, die in § 13 Absatz 4 des seit 2017 gültigen SGB XI (Bundesgesetzblatt 2016b) wie folgt vorgesehen ist:

> »Treffen Pflegeleistungen mit Leistungen der Eingliederungshilfe oder mit weitergehenden Pflegeleistungen nach dem SGB XII zusammen, sollen die Pflegekassen und der Träger der

Sozialhilfe vereinbaren, dass im Verhältnis zum Pflegebedürftigen nur eine Stelle die Leistungen übernimmt und die andere Stelle die Kosten der von ihr zu tragenden Leistungen erstattet.«

Trotz bestehender Einschränkungen des individuellen Selbstbestimmungsrechts im SGB XI ist generell positiv zu bewerten, dass mit den neuen Regelungen des PSG II und III im SGB XI neben einer Verbesserung der Beratungsstrukturen (insbesondere Ausbau und Stärkung von Pflegestützpunkten) ein veränderter und erweiterter Pflegebedürftigkeitsbegriff als neue wegweisende Basis für die Bedarfsbemessung (Neues Begutachtungsverfahren [NBA]) und Leistungsgewährung verknüpft ist, der sich von der Defizitorientierung verabschiedet hat und sich nunmehr an den Ressourcen zur Bewältigung von Anforderungen zentraler Lebens- bzw. Teilhabebereiche orientiert.

Indes dürften sich keine Probleme oder Einschränkungen für die individuellen Selbstbestimmungsrechte bzw. selbstbestimmte Lebensführung hinsichtlich der Gewährung von Leistungen zur Persönlichen Assistenz durch Sozialhilfeträger aus der Anpassung der »Hilfe zur Pflege« im siebten Kapitel des SGB XII an die Neuerungen des PSG II und PSG III in Form der §§ 61 ff. SGB XII (Bundesgesetzblatt 2016b) und der in diesem Zusammenhang erfolgten Streichung »Hilfe für andere Verrichtungen« ergeben. Auf der Basis »Hilfe bei anderen Verrichtungen« in dem bis Ende 2016 gültigen § 61 SGB XII ist ein erheblicher Teil der Leistungen für die Persönliche Assistenz (insbesondere die Anwesenheit einer Assistenzkraft für zeitlich nicht festlegbare, unvorhersehbare Bedarfe wie Nase putzen, Dinge anreichen, Brille reinigen etc.), die über den Leistungskatalog des bis Ende 2016 geltenden SGB XI hinausgingen, durch Sozialhilfeträger gewährt und finanziert worden. Der Verzicht auf das Format »Hilfe bei anderen Verrichtungen« in den neuen Regelungen der §§ 61 und 61a SGB XII nach den Änderungen durch das PSG III (Bundesgesetzblatt 2016b) ist der Konsequenz aus dem neuen Pflegebedürftigkeitsbegriff in dem seit 1. Januar 2017 geltenden SGB XI geschuldet, nach dem der Bezug auf (alltägliche) Verrichtungen für die Leistungsgewährung bei pflegerischen Hilfebedarf grundsätzlich aufgegeben worden ist. Stattdessen dient nunmehr der Bezug auf die Selbstständigkeit oder Fähigkeitseinschränkungen in den Lebensbereichen nach § 14 SGB XI als Basis für die Gewährung von Pflegeversicherungsleistungen, worauf auch in dem neuen § 61a SGB XII (Bundesgesetzblatt 2016b) als Basis für die Berechtigung von Leistungen der »Hilfe zur Pflege« Bezug genommen wird. Mit dieser analogen Bezugsbasis dürften in dem neuen § 61a SGB XII weit umfassendere und klarere Perspektiven für Leistungen der »Hilfe zur Pflege« als mit dem alten Format »Hilfe bei anderen Verrichtungen« verknüpft sein. Somit sind Leistungen zur Persönlichen Assistenz durch Sozialhilfeträger, die über die SGB XI-Leistungen hinausgehen, künftig nicht gegenstandslos, sondern auch nach dem durch das PSG III angepassten SGB XII (Bundesgesetzblatt 2016b) zu gewähren, um eine selbstbestimmte Lebensführung auch bei umfänglichem Hilfebedarf zu ermöglichen.

Unterstützung erfährt eine selbstbestimmte Lebensführung und das individuelle Selbstbestimmungsrecht von Menschen mit Behinderung und Pflegebedarf einmal durch die Regelung in dem SGB XII, nach der Leistungsberechtigte nicht Pflegesachleistungen nach dem SGB XI (§ 36) wahrnehmen müssen, wenn sie sich dafür entschieden haben bzw. entscheiden, ihre Persönliche Assistenz bzw. Pflege selbst organisieren bzw. im Rahmen des Arbeitgebermodells (▶ Kap. 3) sicherstellen. Auf die Leistungen der Hilfe zur Pflege ist nur das Pflegegeld anzurechnen, das in diesen Fällen nach § 37 SGB XI geleistet wird (§ 63b Absatz 6 SGB XII, Bundesgesetzblatt 2016b). Zum anderen sieht das SGB XII (Bundesgesetzblatt 2016b) im Gegensatz zum SGB XI vor, dass statt der Sachleistungen im Rahmen der Hilfe zur Pflege optional Geldleistungen in Form eines Persönlichen Budgets beantragt und genutzt werden können (§ 63 Absatz 3 SGB XII, Bundesgesetzblatt 2016b).

Währenddessen ist mit Problemen und Einschränkungen für Menschen, die nicht pflegebedürftig im Sinne des SGB XI sind, aber dennoch einen gewissen Hilfebedarf aufweisen, durch Lücken beim Zugang zu Leistungen der Hilfe zur Pflege nach dem neuen, durch das PSG III reformierte SGB XII zu rechnen. Ihnen steht keine weitere Unterstützung nach § 61 des neuen SGB XII (Bundesgesetzblatt 2016b) zu, da dort die Regelung in dem bis Ende 2016 geltenden § 61 SGB XII nicht vorhanden ist, wonach Leistungen der »Hilfe zur Pflege« auch kranken und behinderten Menschen zustehen, »die voraussichtlich für weniger als sechs Monate der Pflege bedürfen oder einen geringeren Bedarf« als nach der Regelung im neuen § 61 SGB XII (Bundesgesetzblatt 2016b) haben oder davon abweichende andere Hilfebedarfe besitzen und Hilfen benötigen.

Betreuungsgesetz

Schließlich ist noch das seit 1992 geltende Betreuungsgesetz (BtG) anzuführen, das auf die rechtliche Betreuung für volljährige Personen orientiert an der Wahrung und Förderung ihres Selbstbestimmungsrechts gerichtet ist, die ihre rechtlichen Angelegenheiten teilweise oder vollständig nicht selbst bzw. selbstverantwortlich regeln können und deren Status vor dem BtG durch Entmündigung infolge von Vormundschaft und Gebrechlichkeitspflegschaft gekennzeichnet war. Ihrem Wunsch und Willen kommt im BtG grundsätzlich Vorrang vor den Wünschen der gesetzlichen Betreuung zu. So heißt es im § 1896 Abs. 3 BGB: »Der Betreuer hat Wünschen des Betreuten zu entsprechen, soweit dies dessen Wohl nicht zuwiderläuft und dem Betreuer zuzumuten ist.« Und § 1896 Abs. 2 BGB stellt weiterhin klar:

> »Der Betreuer hat die Angelegenheiten des Betreuten so zu besorgen, wie es dessen Wohl entspricht. Zum Wohl des Betreuten gehört auch die Möglichkeit, im Rahmen seiner Fähigkeiten sein Leben nach seinen eigenen Wünschen und Vorstellungen zu gestalten.«

Damit wird auch betroffenen Erwachsenen mit körperlichen, kognitiven und psychischen Beeinträchtigungen sowie alten Menschen mit Beeinträchtigungen das Recht auf ein selbstbestimmtes Leben zuerkannt. Obgleich das Betreuungsrecht vom Grundsatz her keinen einschränkenden Einfluss auf deren Selbstbestimmungsrechte bzw. Geschäftsfähigkeit hat, kann jedoch auch nach dem BtG das individuelle Selbstbestimmungsrecht mehr oder weniger eingeschränkt werden. Durch Betreuungsgerichtsbeschluss können nach § 1903 BGB Ausnahmeregelungen in Form von Einwilligungsvorbehalten der gesetzlichen Betreuerinnen und Betreuern erfolgen, mit denen das Selbstbestimmungsrecht bzw. die Geschäftsfähigkeit von Betreuten teilweise oder sogar fast gänzlich beschränkt wird. So bestimmt § 1903 BGB Abs. 1:

»Soweit dies zur Abwendung einer erheblichen Gefahr für die Person oder das Vermögen des Betreuten erforderlich ist, ordnet das Betreuungsgericht an, dass der Betreute zu einer Willenserklärung, die den Aufgabenkreis des Betreuers betrifft, dessen Einwilligung bedarf (Einwilligungsvorbehalt) ...«.

Ausgenommen ist dort nach Abs. 2 zunächst einmal, dass sich

»ein Einwilligungsvorbehalt ... nicht ... auf Willenserklärungen (erstrecken kann – d. Verf.), die auf Eingehung einer Ehe oder Begründung einer Lebenspartnerschaft gerichtet sind, auf Verfügungen von Todes wegen und auf Willenserklärungen, zu denen ein beschränkt Geschäftsfähiger nach den Vorschriften des Buches vier und fünf (BGB – d. Verf.) nicht der Zustimmung seines gesetzlichen Vertreters bedarf.«

6.2 Grenzprobleme der Selbstbestimmung am Beispiel Persönlicher Assistenz

Will eine Person mit Behinderung und Pflege- bzw. Hilfebedarf nicht in einer stationären Einrichtung leben, sondern ein eigenständiges und ein weitgehend selbstbestimmtes Leben im Gemeinwesen führen, benötigt sie dafür passgenaue ambulante Unterstützungsleistungen, wie etwa Persönliche Assistenz (PA), abhängig vom Umfang des Hilfebedarfs möglicherweise bis zu 24 Stunden am Tag.

Im Rahmen der PA besteht die Hauptaufgabe der Assistenzkräfte darin, den Hilfebedarf der Assistenznehmenden durch die erforderlichen Assistenzleistungen soweit wie möglich auszugleichen und auf diese Weise ihnen ein eigenständiges und selbstbestimmtes Leben zu ermöglichen. Assistenz ist somit eine Dienstleistung, die sich passgenau an den Bedürfnissen der Assistenznehmer und -nehmerinnen und deren Selbstbestimmungsrecht orientiert.

Aber auch die Assistenten und Assistentinnen sind Menschen mit verfassungsmäßigen Rechten, wie Würde und Selbstbestimmung. Im Einzelfall kann es somit vorkommen, dass die Rechte der Assistenznehmenden und der Assistenzkräfte miteinander kollidieren, woraus Einschränkungen ihrer Selbstbestimmungsrechte entstehen können.

Welche Grenzen des Selbstbestimmungsrechts sich für Assistenznehmer und -nehmerinnen im Rahmen der PA ergeben können, soll beispielhaft eine kleine Auswahl folgender praxisrelevanter und erfahrungsbasierter Problemsituationen dokumentieren.

Beispiel 1

24-Stunden-Assistenz bedeutet eine sehr große Nähe zwischen Assistenznehmer oder -nehmerin und Assistenzkraft. Die Assistenzkraft erbringt in diesem Kontext Dienstleistungen im Sinne des bzw. der Assistenznehmenden und ist gegenüber diesem bzw. dieser insoweit weisungsgebunden. Eine Grenze ist aber dort, wo von den Assistenzkräften rechtswidrige Handlungen verlangt werden oder Handlungen, die der Assistenzkraft nicht zumutbar sind.

Dazu gehören sicherlich alle Formen sexueller Dienstleistungen oder das Verlangen, die Assistenzkraft möge während ihrer Dienstzeit Alkohol oder andere Drogen mit dem Assistenznehmer bzw. der -nehmerin konsumieren.

Beispiel 2

Jeder Mensch hat das Recht, sich in einen Rauschzustand zu versetzen. Der Konsum von Rauschmitteln ist in Deutschland ausnahmslos straffrei, nicht jedoch deren Besitz bzw. die Beschaffung solcher Mittel (Betäubungsmittelgesetz [BtMG]).

Wenn nun etwa ein schwerstbehinderter Mensch die Erfahrung gesammelt hat, dass ihm der Konsum von Cannabis gesundheitlich guttut (z. B. zur Entspannung verkrampfter Muskulatur führt) und er deshalb von einer Assistenzkraft verlangt, ihm Cannabis zu besorgen, dann fordert er diese zu einem offensichtlichen Gesetzesverstoß auf. Dazu sind Assistenzkräfte natürlich nicht verpflichtet, auch wenn der schwerstbehinderte Mensch aufgrund seiner Immobilität keine andere Möglichkeit hat, an den gewünschten Stoff zu gelangen.

Beispiel 3

Missachtung der Würde einer Assistenzkraft z. B. durch Beschimpfungen durch Assistenznehmende ist eine klare Grenzüberschreitung, die nicht hingenommen werden muss. Indessen ist »schlechte Laune« eines Assistenznehmers bzw. einer Assistenznehmerin durch die Assistenzkraft aber durchaus zu tolerieren.

Beispiel 4

Assistenzkräfte dürfen Weisungen eines Assistenznehmers bzw. einer -nehmerin nicht befolgen, die entweder sie selbst oder den bzw. die Assistenznehmende akut gefährden. Wünscht die Assistenznehmerin bzw. der Assistenznehmer, dass etwa eine behandlungspflegerische Maßnahme, wie z. B. Wundversorgung, durch eine nur angelernte Assistenzkraft durchgeführt wird, dann muss diese, nicht zuletzt auch im eigenen Interesse, diesen Wunsch zurückweisen.

Beispiel 5

Die PA wird in der Wohnung eines Assistenznehmers oder einer Assistenznehmerin geleistet. Die Wohnung eines Menschen ist dessen bzw. deren höchstpersönlicher Bereich, der auch vom Grundgesetz geschützt wird (Art. 13 Abs. 1 GG: Unverletzlichkeit der Wohnung). Daraus wird nach herrschender Meinung auch ein Recht auf Verwahrlosung abgeleitet, welches explizit in keinem Gesetz geregelt, aber rechtlich anerkannt ist. Weist eine Wohnung jedoch einen solchen Grad an Verwahrlosung auf, dass sie einer Assistenzkraft nicht zumutbar ist, dann kann diese den Arbeitseinsatz verweigern. Die Rahmenbedingungen für die Tätigkeit als Assistenzkraft in der PA müssen ihr zumutbar sein. Da die Vorstellungen von

Verwahrlosung indes subjektiv sehr unterschiedlich sind, wird hier immer nach Lage des Einzelfalls zu entscheiden sein.

Beispiel 6

Nutzen Assistenznehmende die PA durch einen ambulanten Dienst, der die Assistenzkräfte beschäftigt, sind bestimmte Rahmenbedingungen zu akzeptieren.

Der Dienst ist sowohl in der Rolle des Dienstleisters als auch in der Rolle des Arbeitgebers an bestimmte gesetzliche Vorgaben gebunden, die nicht zur Disposition stehen.

Es ist einerseits sicherlich nachvollziehbar, wenn Assistenznehmende nicht wünschen, dass ihr Alltag umfassend dokumentiert wird und Kostenträger so möglicherweise umfangreiche Informationen über deren höchstpersönliche Lebenssituation erhalten.

Aber andererseits ist ein ambulanter Dienst haftungsrechtlich für die von seinen beschäftigten Assistenzkräften erbrachten Dienstleistungen verantwortlich. Das bedeutet, dass Nachweise über Planung, Durchführung und Ergebnis ihrer Leistungen in einem gewissen Rahmen schriftlich zu fixieren sind. Im Hinblick auf die Finanzierung von Leistungen etwa nach SGB V oder SGB XI muss der Dienst den Leistungsträgern Nachweise über erbrachte Leistungen vorlegen.

Beispiel 7

Im Verhältnis zu den beschäftigten Assistenzkräften muss ein ambulanter Dienst die Pflichten eines Arbeitgebers einhalten. Das gilt insbesondere hinsichtlich der Arbeitszeiten und Urlaubsgewährung. So kann es im Einzelfall immer wieder einmal dazu führen, dass nicht immer die »Wunsch-Assistenzkraft« zur Verfügung steht.

Die exemplarisch aufgezeigten Grenzprobleme des Selbstbestimmungsprinzips im Rahmen der PA lassen sich im Kern durchaus auch auf andere Dienstleistungsbereiche für Menschen mit Behinderung und Hilfebedarf wie »Pflege« und »Ambulant Betreutes Wohnen« mehr oder weniger übertragen.

Literatur

Bartmann, Peter und Ingolf Hübner (2002). *Patienten Selbstbestimmung. Paradigmenwechsel und Herausforderung im Gesundheitswesen.* Neukirchen-Vluyn: Neukirchner Verlagshaus.

Behrens, Johann und Markus Zimmermann (2006). Das Bedürfnis nach Selbstbestimmung bei Pflegebedürftigkeit. *Zeitschrift für Gerontologie und Geriatrie 39* (3): 165–172.

BMAUS (Bundesministerium für Arbeit und Soziales) (2016). *Pressemeldung – Bundesteilhabegesetz verabschiedet. Die Reformstufen des Bundesteilhabegesetzes.* http://www.bmas.de/DE/Presse/Meldungen/2016/bthg-verabschiedet.html (Zugriff: 26. Mai 2017)

BMFSFJ (Bundesministerium für Familien, Senioren, Frauen und Jugend) und BMG (Bundesministerium für Gesundheit) (Hrsg.) (2014*). Charta der Rechte hilfe- und pflegebedürftiger Menschen.* http://www.bmfsfj.de/BMFSFJ/Service/publikationen,did=92830.html (Zugriff: 26. Mai 2017).
BMG (Bundesministerium für Gesundheit) (Hrsg.) (2013). *Bericht des Expertenbeirats zur konkreten Ausgestaltung des neuen Pflegebedürftigkeitsbegriffs.* http://www.bmg.bund.de/presse/pressemitteilungen/2013-02/bericht-zum-pflegebeduerftigkeitsbegriff.html (Zugriff: 17. Oktober 2016).
Bobbert, Monika (2002). *Patientenautonomie und berufliche Pflege.* Frankfurt a.M.: Campus.
Bundesgesetzblatt (2016a). *Gesetz zur Stärkung der Teilhabe und Selbstbestimmung von Menschen mit Behinderung (Bundesteilhabegesetz – BTHG). Bundesgesetzblatt 2016 Teil 1 Nr. 66 ausgegeben zu Bonn am 29.12.2016.* https://www.bgbl.de/xaver/bgbl/start.xav?startbk=Bundesanzeiger_BGBl&start=%2F%2F*%5B%40attr_id=%27bgbl116s3224.pdf%27%5D#__bgbl__%2F%2F*%5B%40attr_id%3D%27I_2016_65_inhaltsverz%27%5D__1483359017594 (Zugriff: 02. Januar 2017).
Bundesgesetzblatt (2016b). *Drittes Gesetz zur Stärkung der pflegerischen Versorgung und zur Änderung weiterer Vorschriften (Drittes Pflegestärkungsgesetz – PSG III). Bundesgesetzblatt 2016 Teil 1 Nr. 65 ausgegeben zu Bonn am 28.12.2016.* https://www.bgbl.de/xaver/bgbl/start.xav?startbk=Bundesanzeiger_BGBl&start=%2F%2F*%5B%40attr_id=%27bgbl116s3224.pdf%27%5D#__bgbl__%2F%2F*%5B%40attr_id%3D%27I_2016_65_inhaltsverz%27%5D__1483359017594 (Zugriff: 02. Januar 2017).
Bundesrat Drucksache (2016). *Gesetzentwurf der Bundesregierung Entwurf eines Gesetzes zur Stärkung der Teilhabe und Selbstbestimmung von Menschen mit Behinderungen (Bundesteilhabegesetz – BTHG).* Drucksache 428/16 (12. August 2016).
DIMDI (Deutsches Institut für Medizinische Dokumentation und Information) (2005). *ICF – Internationale Klassifikation der Funktionsfähigkeit, Behinderung und Gesundheit bei Kindern und Jugendlichen.* http://www.dimdi.de/dynamic/de/klassi/downloadcenter/icf/stand2005/ (Zugriff: 10. Oktober 2016).
Drolshagen, Birgit und Birgit Rothenberg (2001). Definitionen und Begrifflichkeiten ausgehend vom Modell »Selbstbestimmt Leben mit Persönlicher Assistenz«. In MOBILE – Selbstbestimmtes Leben Behinderter e.V. und Zentrum für selbstbestimmtes Leben Köln (Hrsg.). *Handbuch selbstbestimmtes Leben mit Persönlicher Assistenz.* Teil B. Neu-Ulm: AG SPAK, 17–21.
Fuchs, Harry (2008). Zur Reichweite der sozialrechtlichen Rahmenbedingungen für Selbstbestimmung und Teilhabe. In Vjenka Garms-Homolova, Ernst v. Kardorff, Katrin Theis, Alexander Meschnig und Harry Fuchs. *Teilhabe und Selbstbestimmung von Menschen mit Pflegebedarf.* Frankfurt a.M.: Mabuse-Verlag, 19–34.
Garms-Homolova, Vjenka, Ernst v. Kardorff, Katrin Theis, Alexander Meschnig und Harry Fuchs (2008). *Teilhabe und Selbstbestimmung von Menschen mit Pflegebedarf. Konzepte und Methoden: Konzeptionelle und methodische Überlegungen zu den Voraussetzungen.* Frankfurt a.M.: Mabuse-Verlag.
Hahn, Martin Thomas (1999). Anthropologische Aspekte der Selbstbestimmung. In Etta Wilken und Friedhelm Vahsen (Hrsg.). *Sonderpädagogik und Soziale Arbeit.* Neuwied, Kriftel u. Berlin: Luchterhand, 14–30.
Kleinschmidt, Hiltrud (2004). Pflege und Selbstbestimmung. *Pflegerische Interaktion und ihre aktive Mitgestaltung durch den Patienten.* Bern: Huber.
Klie, Thomas und Roland Schmidt (1999). *Die neue Pflege alter Menschen.* Bern: Huber.
Kniel, Adrian und Matthias Windisch (2005). *People First. Selbsthilfegruppen von und für Menschen mit geistiger Behinderung.* München: Reinhardt.
Kotsch, Lakshmi und Ronald Hitzler (2011). »Selbstbestimmung« im Kontext von Hilfe- und Pflegebedürftigkeit. Zum Begriff einer Fiktion. *Pflegewissenschaft 2011* (2): 69–78.
Loeken, Hiltrud und Matthias Windisch (2013). *Behinderung und Soziale Arbeit.* Stuttgart: Kohlhammer.
Moers, Martin und Doris Schaeffer (2000). Pflegetheorien. In Beate Rennen-Allhof und Doris Schaeffer (Hrsg.). *Handbuch Pflegewissenschaft.* Weinheim u. München: Juventa, 35–66.

Müller, Burkhard (2002). Sozialpädagogische Interaktions- und Klientenarbeit. In Hans-Uwe Otto, Thomas Rauschenbach und Peter Vogel (Hrsg.). *Erziehungswissenschaft: Professionalität und Kompetenz.* Opladen: Leske & Budrich, 79–90.

Rock, Kerstin (2001). *Sonderpädagogische Professionalität unter der Leitidee der Selbstbestimmung.* Bad Heilbrunn: Klinkhardt.

Rohrmann, Albrecht (2003). *Individualisierung und Behinderung. Universität Siegen (Diss.).* http://www.fachportal-paedagogik.de/fis_bildung/suche/fis_set.html?FId=773593 (Zugriff: 31. Mai 2017).

Siebert, Annerose (2009). *Behindernde Pflege Selbstbestimmung und Persönliche Budgets – eine Analyse im Feld. Universität Klagenfurt (Diss.).* https://ubdocs.uni-klu.ac.at/open/¬hssvoll/AC07807623.pdf/ (Zugriff: 17. Oktober 2016).

Steiner, Gusti (2001). Einführung: Selbstbestimmung und Persönliche Assistenz. In MOBILE – Selbstbestimmtes Leben Behinderter e.V. und Zentrum für selbstbestimmtes Leben Köln (Hrsg.). *Handbuch selbstbestimmtes Leben mit Persönlicher Assistenz. Teil B.* Neu-Ulm: AG SPAK, 25–45.

Stinkes, Ursula (2006). Skizzen zum Auseinanderdriften von ökonomischer Entwicklung und sozialer Integration – mit solidarisch-kritischen Anfragen an eine (Inklusions)Pädagogik. In Markus Dederich, Heinrich Greving, Christian Mürner und Peter Rödler (Hrsg.). *Inklusion statt Integration? Heilpädagogik als Kulturtechnik.* Gießen: Psychosozial-Verlag, 157–179.

Theunissen, Georg (2009). *Empowerment und Inklusion behinderter Menschen.* 2. Aufl. Freiburg i.Br.: Lambertus.

Thimm, Walter (1997). Kritische Anmerkungen zur Selbstbestimmungsdiskussion in der Behindertenpädagogik. *Zeitschrift für Heilpädagogik* 48 (6): 222–232.

Waldschmidt, Anne (2003). Selbstbestimmung als behindertenpolitisches Paradigma – Perspektiven der Disability Studies. *Aus Politik und Zeitgeschichte* 2003 (B 8): 13–20.

Waldschmidt, Anne (2012). *Selbstbestimmung als Konstruktion.* 2. Aufl. Wiesbaden: VS.

Windisch, Matthias (2012). Ambulante Hilfen. In Hermann Wolfgang Heiß (Hrsg.). *Altersmedizin aktuell. Interdisziplinäre geriatrische Versorgung.* 25. Erg. Lfg. 9/12. Landsberg: ecomed Medizin, 1–18 (Kap. 3.3.4.2).

Windisch, Matthias (2014). Behinderungen. In Hermann Wolfgang Heiß (Hrsg.). *Altersmedizin aktuell. Interdisziplinäre geriatrische Versorgung.* 31. Erg. Lfg. 3/14. Landsberg: ecomed Medizin, 1–22 (Kap. 5.3).

Ambulante Unterstützung im Spiegel von Leistungsgesetzen[6]

Felix Welti

1 Einleitung

Menschen mit Behinderung und mit langfristigem Pflegebedarf haben – je nach Ursache der Pflegebedürftigkeit, sozialem und familiärem Kontext – unterschiedliche Bedarfe und Präferenzen, die oft weder ein einfaches Fortschreiben der bisherigen Wohnsituation noch der Umzug zu pflegenden Angehörigen oder in ein Heim sind. Es werden unterschiedliche Unterstützungsleistungen und Wohnarrangements nachgefragt oder gewünscht. Für deren Entwicklung bestehen jedoch auch rechtliche Barrieren, die im gegliederten Sozialleistungssystem und durch Dichotomien vor allem zwischen stationär und ambulant entstehen können (vgl. Kuhn-Zuber 2012). Für die Pflegeversicherung, für das Heimordnungs- und Heimvertragsrecht ist eine Wohnsituation grundsätzlich nur als »Heim« oder »Nicht-Heim« einzustufen. Dies gilt bislang auch für das System der Eingliederungshilfe für behinderte Menschen nach dem Sozialgesetzbuch (SGB) XII, soll aber mit dem Bundeteilhabegesetz (BTHG) aufgebrochen werden. Finanzielle Barrieren folgen häufig den rechtlichen Barrieren, wenn die Finanzströme den rechtlichen Zuordnungen folgen oder wenn Rechtsvorschriften den Zugang zu bestimmten Angeboten erleichtern, zu anderen erschweren.

Die Diskussion über die notwendige Diversifizierung des Angebots hat neue Dynamik gewonnen durch die Behindertenrechtskonvention der Vereinten Nationen (UN-BRK), die die Bundesrepublik Deutschland ratifiziert hat und die seit 2009 verbindlich ist. Nicht alle behinderten Menschen sind pflegebedürftig, aber pflegebedürftige Menschen im Sinne der Pflegeversicherung sind immer auch behindert. Das langfristige Element der Beeinträchtigung von Funktionsfähigkeit und Aktivitäten ist in § 2 Abs. 1 SGB IX und § 14 SGB XI übereinstimmend mit sechs Monaten bestimmt, auch nach der Neufassung beider Normen durch das Pflegestärkungsgesetz (PSG) II und das BTHG. Die Leistungen bei Pflegebedürftigkeit sind für viele, auch jüngere, behinderte Menschen ein wesentlicher Teil der ihre Selbstbestimmung und Teilhabe sichernden Leistungen. Sie sind daher den Anforderungen der UN-BRK entsprechend auszugestalten. Auch aus diesem Grund sollten die notwendigen Reformen von Pflegeversicherung, Sozialhilfe und Teil-

---

6 Dieser Beitrag ist eine weiterentwickelte und aktualisierte Fassung von: Welti, Felix (2015). Pflege zwischen Heim und Häuslichkeit – Rechtliche Barrieren für eine Diversifizierung des Angebots. In Klaus Jacobs, Adelheid Kuhlmey, Stefan Greß und Antje Schwinger (Hrsg.). *Pflege-Report 2015*. Stuttgart: Schattauer, 147–157.

haberecht im Zusammenhang betrachtet werden (Welti 2010, 2014a). Dies ist aber auch in den parallel verlaufenden Gesetzgebungsverfahren zum BTHG und zum Pflegestärkungsgesetz (PSG) III im Jahr 2016 nur sehr bedingt der Fall gewesen.

Nach Art. 19 UN-BRK müssen die Vertragsstaaten gewährleisten, dass Menschen mit Behinderungen gleichberechtigt die Möglichkeit haben, ihren Aufenthaltsort zu wählen und zu entscheiden, wo und mit wem sie leben und dass sie nicht verpflichtet sind, in besonderen Wohnformen zu leben. Weiter müssen sie gewährleisten, dass Menschen mit Behinderungen Zugang zu gemeindenahen Unterstützungsdiensten zu Hause und in Einrichtungen haben, einschließlich der persönlichen Assistenz. Das Pflegeversicherungsrecht steht noch nicht im Kern der Diskussionen um die Umsetzung der UN-BRK, obwohl es sich für viele behinderte Menschen als Barriere der Selbstbestimmung erweist (vgl. Kesselheim 2013; Wansing 2013; Banafsche 2012; Lachwitz & Trenk-Hinterberger 2010). Nötig wäre dazu ein neues Verständnis, das Pflege nicht als isolierten Leistungs- und Regelungssektor betrachtet, sondern als Teil eines komplexen Leistungs- und Ordnungsrechts für behinderte Menschen (Welti 2010; vgl. auch Wilcken 2011).

2 Rechtliche Barrieren

2.1 Numerus Clausus der Leistungsformen und Leistungserbringer bei Sachleistungen der Pflegeversicherung

Für die Sach- und Dienstleistungen der Pflegeversicherung ist kein offenes, am Bedarf orientiertes Leistungsprogramm vorgesehen, wie es grundsätzlich in der Krankenbehandlung oder bei Teilhabe- und Rehabilitationsleistungen besteht (Igl 1999). Die möglichen Leistungen werden im Leistungsrecht definiert und insbesondere dem Wert nach bestimmt (§§ 36, 41–43a SGB XI) und ihr Inhalt wird im Leistungserbringungsrecht durch Verträge genauer festgelegt (§§ 71–75 SGB XI). Die möglichen Leistungserbringer werden nach §§ 71, 72 SGB XI festgelegt. Es darf sich nur um ambulante oder um stationäre Pflegeeinrichtungen unter ständiger Verantwortung einer ausgebildeten Pflegefachkraft handeln. Damit werden Dienste und Einrichtungen der Krankenbehandlung, Rehabilitation oder Teilhabe, die unter ärztlicher, psychologischer oder pädagogischer Leitung stehen oder rein hauswirtschaftlich ausgerichtete Leistungserbringer ausgeschlossen. Dieser Ausschluss ist unabhängig davon, ob diese Leistungserbringer in der Lage wären, die von den Pflegebedürftigen gewünschte oder sogar die definierte Leistung zu erbringen. Die Beschränkungen in §§ 71, 72 SGB XI sollen der Qualitätssicherung dienen (Igl & Welti 1999) – ähnlich wie der Arztvorbehalt in der Krankenversicherung – können aber eine Diversifizierung des Angebots behindern. Dies gilt umso mehr als der pflegerische Qualitätsstandard weit weniger standardisiert und objektiviert ist als der medizinische Standard.

2.2 Begrenztes Volumen beim Pflegegeld

Freier sind die Leistungsberechtigten in ihrer Bedarfsdeckung, wenn sie anstelle der Sach- und Dienstleistung das Pflegegeld (§ 37 SGB XI) in Anspruch nehmen. In diesem Fall beträgt die Leistung jedoch in allen Pflegegraden weniger als die Hälfte des Leistungsvolumens für die Sach- und Dienstleistung (kritisch: Schütte 2007). Das Bundesverfassungsgericht hält diese Ungleichbehandlung für gerechtfertigt, nicht zuletzt wegen der familiären Beistandspflichten, auf die der Gesetzgeber verweisen darf und hat eine Verfassungsbeschwerde nicht zur Entscheidung angenommen (Bundesverfassungsgericht-Kammerentscheidung vom 26. März 2004, 1 BvR 1133/12, Neue Zeitschrift für Sozialrecht [NZS] 2014, 414).

Ein gewisses Korrektiv ist die Möglichkeit, die Kombinationsleistung (§ 38 SGB XI) in Anspruch zu nehmen. Damit können Leistungsberechtigte jedenfalls kleinere Beträge für eine Diversifizierung des Angebots in Anspruch nehmen, ohne andererseits ganz auf qualitätsgesicherte Sach- und Dienstleistungen verzichten zu müssen.

2.3 Restriktionen beim Persönlichen Budget im Pflege- und Teilhaberecht

Die Möglichkeit der Umwandlung eines Sach- und Dienstleistungsanspruchs in ein Persönliches Budget (§ 17 Abs. 2 SGB IX; ab 1. Januar 2018 § 29 SGB IX) soll für behinderte Menschen mehr Wahlfreiheit schaffen, indem sie ihre Ansprüche trägerübergreifend in ein nach dem individuellen Bedarf bemessenes Budget einbringen können, einen Geldbetrag, der monatlich ausgezahlt wird und nach Maßgabe einer Zielvereinbarung frei für die Bedarfsdeckung eingesetzt werden kann (Welti 2014b; Klie 2009a; Schäfers et al. 2009; Hajen 2001).

Das Persönliche Budget soll die Kosten aller bisher individuell festgestellten, ohne das Budget zu erbringenden Leistungen nicht überschreiten (§ 17 Abs. 3 Satz 4 SGB IX; ab 1. Januar 2018 § 29 Abs. 2 Satz 6 SGB IX). Diese Regelung kann dazu führen, dass eine Veränderung von Lebenssituation und Bedarf, z. B. beim Verlassen einer stationären Einrichtung oder des Elternhauses, bei der Bemessung des Budgets nicht hinreichend berücksichtigt wird. Dies ist auch in der Rechtsprechung des Bundessozialgerichts (BSG) bislang nicht anders interpretiert worden (vgl. BSG v. 31. Januar 2012, B 2 U 1/11 R, BSGE 110, 83).

In das Persönliche Budget können Leistungen zur Teilhabe, Rehabilitation, Krankenbehandlung und Pflege eingebracht werden. Die Möglichkeit ist aber bei der Pflegeversicherung stark eingeschränkt. Nach § 35a SGB XI können die Ansprüche auf Sach- und Dienstleistungen der Pflegeversicherung nur in Form von Gutscheinen für zugelassene Pflegeeinrichtungen und nicht in Geld in ein Budget eingebracht werden. Damit erhalten die Leistungsberechtigten immerhin die Möglichkeit, von zugelassenen Leistungserbringern andere Leistungen in Anspruch zu nehmen, als es die untergesetzlichen Normen der Leistungserbringung zulassen. Alternative Wege der Bedarfsdeckung mit anderen Leistungserbringern sind also verbaut. Das betrifft gerade behinderte Menschen, die ihre Unterstützung und Pflege als Arbeitgeberinnen bzw. -geber ihrer Assistenzkräfte selbst organisieren möchten. Die Forderung des Bundesrats, § 35a SGB XI durch eine Öffnung der Pflegeversicherung für das Persönliche Budget zu ändern (BR-Drs. 428/16 – Beschluss –, 77), ist nicht erfüllt worden.

Die mögliche Öffnung des Pflegeversicherungsrechts für das Arbeitgebermodell durch die Möglichkeit, häusliche Pflege durch geeignete Einzelpersonen sicherzustellen (§ 77 SGB XI), ist vom Gesetzgeber verbaut worden, indem eine solche Gestaltung nur noch im Bestandsschutz möglich war, ansonsten durch das SGB XI verboten worden ist (§ 77 Abs. 1 Satz 4–6 SGB XI). Die Pflegeversicherung ist hier eine Barriere der Selbstbestimmung und bedarfsgerechten Diversifikation des Angebots (vgl. Welti 2000; Hessisches Landessozialgericht [LSG] v. 26. August 1999, L 14 P 1113/97; BSG v. 18. März 1999, B 3 P 8/98 R, Neue Juristische Wochenschrift 2000, 1813).

Weiterhin verbietet § 35a SGB XI insgesamt die Inanspruchnahme von Leistungen der stationären Pflege nach § 43 SGB XI in Form eines Persönlichen Budgets. Damit wird mehr Selbstbestimmung und Wahlfreiheit innerhalb stationärer Wohnformen erschwert.

Modellvorhaben nach § 8 Abs. 3 SGB XI mit einem allein pflegebezogenen Budget und insbesondere mit einem auch andere Leistungen einbeziehenden Integrierten Budget waren durchaus erfolgreich (Siebert & Klie 2008), sind aber weder von den Pflegekassen noch vom Bundesministerium für Gesundheit und vom Gesetzgeber positiv aufgegriffen worden. Auch die Pflegestärkungsgesetze sollen hieran nichts ändern.

Die Restriktionen des Pflegeversicherungsrechts beim Persönlichen Budget sind ein Fremdkörper in dem auf mehr Selbstbestimmung und bedarfsgerechte Angebote ausgerichteten Recht behinderter Menschen. Sie sind motiviert durch die Sorge, die Abstufung zwischen den Leistungshöhen von Pflegegeld und Pflegesachleistung könnte in Frage gestellt werden. Wer die Sachleistung in ein Budget umwandelt, hätte mehr Geld zur Verfügung als eine Person, die nur Pflegegeld beansprucht. Das kann jedoch dauerhaft kein Grund sein, behinderten pflegebedürftigen Menschen bedarfsgerechte Leistungen zu verweigern. Instrumente zur Qualitätssicherung stehen mit der Zielvereinbarung (§ 3 Budgetverordnung) und den Pflichteinsätzen (§ 37 Abs. 3 SGB XI) zur Verfügung. Es könnte durchaus sichergestellt werden, dass das Budget nicht allein der Haushaltskasse zu Gute kommt.

2.4 Verständnis der Pflegebedürftigkeit in der Pflegeversicherung

Bislang wurden die kommunikativen, sozialen und psychisch bedingten Bedarfe bei der Einstufung in der Pflegeversicherung und damit bei der Bestimmung des Leistungsanspruchs (»Pflegestufe«) ausgegrenzt (§ 14 Abs. 4 SGB XI.) Nach dem Pflegestärkungsgesetz II ist zum 1. Januar 2017 eine neue Form der Feststellung der Pflegebedürftigkeit nach fünf Pflegegraden in § 15 SGB XI eingeführt worden (Bundestagsdrucksache 18/5926, 28 ff.), die diese Schwierigkeiten überwinden soll. Damit werden diese gerade für das Leben in der eigenen Häuslichkeit wichtigen Bedarfe voraussichtlich besser berücksichtigt werden (Kimmel 2015).

Ein problematischer Vorschlag im Gesetzgebungsverfahren zum Pflegestärkungsgesetz III war, dass im häuslichen Bereich die Leistungen der Pflegeversicherung den Leistungen der Eingliederungshilfe vorgehen sollen, statt ihnen, wie nach bisherigem Recht, als anders ausgerichtete Leistungen gleichgeordnet gegenüberzustehen. Damit war zu befürchten, dass Personen, die Leistungen der Pflegeversicherung und der Eingliederungshilfe beziehen, von den Veränderungen praktisch kaum profitieren werden. Dieser Regelungsvorschlag wurde im Gesetzgebungsverfahren zurückgenommen (BT-Drs. 18/10510, 106), so dass beide Leistungen weiterhin nebeneinander gewährt werden können. Für diesen Fall wurde die Kooperationsregelung in § 13 Abs. 4 SGB XI verschärft und als Muss-Regelung ausgestaltet.

2.5 Mehrkostenvorbehalt in der Eingliederungshilfe und Hilfe zur Pflege

Viele behinderte Menschen sind auf Eingliederungshilfe (§ 53 ff. SGB XII) sowie auf Hilfe zur Pflege (§ 61 SGB XII) ergänzend zu den Leistungen der Pflegeversicherung angewiesen. Sie unterliegen damit nach bisherigem Recht dem Vorbehalt nach § 13 Abs. 1 Satz 3 SGB XII, wonach der Träger der Sozialhilfe eine ambulante Leistung ablehnen kann, wenn eine stationäre Leistung zumutbar und eine ambulante Leistung mit unverhältnismäßigen Mehrkosten verbunden ist. Die unbestimmten Rechtsbegriffe »zumutbar« und »unverhältnismäßig« sind im Lichte der UN-BRK auszulegen. Gleichwohl halten Träger der Sozialhilfe und Gerichte immer noch im Einzelfall ein Leben im Heim gegen den Willen der betroffenen behinderten Menschen für zumutbar (vgl. LSG Sachsen-Anhalt, B. v. 3. März 2011, L 8 SO 24/09 B ER, ZfSH/Die Sozialgerichtsbarkeit 2011, 414). Ob diese Regelung mit der UN-BRK vereinbar ist, ist umstritten (dafür Münning 2013; kritisch: Banafsche 2012; Degener 2009). Jedenfalls steht sie der Diversifizierung eines bedarfsgerechten ambulanten Angebots für schwer behinderte und pflegebedürftige Menschen entgegen.

Auch wenn die Eingliederungshilfe nach der künftigen Gesetzesfassung systematisch nicht mehr zwischen ambulanten und stationären Leistungsformen unterscheiden soll, bleibt die Regelung doch der Sache nach erhalten (§ 104 Abs. 2 und 3 SGB IX ab 1. Januar 2020), so dass weiterhin der Träger der Eingliederungshilfe entscheiden wird, ob eine Leistung in einer besonderen Wohnform gegen den Willen der leistungsberechtigten Person zumutbar ist. Im Gesetzgebungsverfahren ist aber die Formulierung geändert worden, um zu verdeutlichen, dass insbesondere der Wunsch, nicht in einer besonderen Wohnform leben zu müssen, privilegiert zu behandeln ist, wobei ausdrücklich auf die UN-BRK Bezug genommen wird (§ 104 Abs. 2 Satz 2–4 SGB IX ab 1. Januar 2020, BT-Drs. 18/10523, 11, 59).

2.6 Vergütungssystem

In der Eingliederungshilfe werden zwischen den Einrichtungen und den Trägern der Sozialhilfe Leistungsvereinbarungen und Vergütungsvereinbarungen geschlossen (§ 75 Abs. 3 SGB XII). Dabei werden die Vergütungen bislang mit Grundpauschalen für Unterkunft und Verpflegung und Maßnahmenpauschalen für die Leistungen zur Teilhabe geschlossen (§ 76 Abs. 2 Satz 1 SGB XII), wobei letztere für Gruppen von Leistungsberechtigten mit vergleichbarem Bedarf kalkuliert werden kann (§ 76 Abs. 2 Satz 2 SGB XII). Hierdurch sind die Kosten stationärer und ambulanter Leistungen schwer zu vergleichen. In Zukunft sollen die Kosten für Unterkunft und Verpflegung bei allen Leistungsberechtigten durch die Grundsicherung bei dauerhafter Erwerbsminderung (§ 41 SGB XII) oder gegebenenfalls andere Leistungen zum Lebensunterhalt gedeckt werden, während die Einrichtungen nur noch Leistungspauschalen erhalten (ab 1. Januar 2020: § 125 SGB IX). Die Pauschalierung der Leistungen zur Teilhabe erschwert zudem eine personenzentrierte Leistung. Sie soll auch in Zukunft möglich sein (ab 1. Januar 2020: § 125 Abs. 3 Satz 3 SGB IX), kann aber durch andere Vergütungssysteme ersetzt werden (ab 1. Januar 2020: § 125 Abs. 3 Satz 4 SGB IX).

2.7 Zuständigkeit

In der Sozialhilfe war traditionell der örtliche Träger der Sozialhilfe für ambulante, der überörtliche Träger der Sozialhilfe für stationäre Leistungen zuständig. Diese Verteilung der Zuständigkeiten hatte einen Anreiz gesetzt, dass örtliche Träger den Ausbau der ambulanten Infrastruktur und die Wahlfreiheit zwischen ambulanten und stationären Wohnformen nicht begünstigten. Schon bisher hatte das Bundesrecht eine solche Trennung, wie sie in Hessen noch nach dem Gesetz zur Ausführung des SGB XII besteht, nicht nahegelegt (§ 97 Abs. 3 SGB XII). Zukünftig wird dies durch die Aufhebung der Trennung zwischen ambulanten und stationären Leistungen in der Eingliederungshilfe noch schwieriger sein.

2.8 Sektorentrennung

Wahlfreiheit zwischen Sach- und Geldleistung

Pflegegeld, Kombinationsleistung und Persönliches Budget dürfen von der Pflegeversicherung nur in Anspruch genommen werden, solange die Leistungsberechtigten in einem eigenen Haushalt leben. Sie dürfen nicht als Alternative zur Bedarfsdeckung in stationären Einrichtungen benutzt werden (vgl. Linke 2005). Eine Diversifizierung von Angeboten in dem Sinne, dass Menschen in stationären Einrichtungen einen Teil von deren Angeboten abwählen, um ambulante Dienste in Anspruch zu nehmen, ist nicht vorgesehen.

Pflegeeinrichtungen und Einrichtungen der Behindertenhilfe

Viele behinderte pflegebedürftige Menschen haben sowohl Bedarf an Leistungen zur Pflege wie auch an Leistungen zur Teilhabe am Leben in der Gemeinschaft (§ 55 SGB IX; ab 1. Januar 2018 Leistungen zur Sozialen Teilhabe, § 76 SGB IX) – meist der Sozialhilfe (§§ 53, 54 SGB XII; ab 1. Januar 2020 der Eingliederungshilfe, §§ 90 ff. SGB IX), die sie beim selbstbestimmten Wohnen unterstützen. Dienste und

Einrichtungen dürfen aber nur entweder Pflegeeinrichtungen oder Leistungserbringer der Behindertenhilfe sein. Erbringen Behinderteneinrichtungen Pflegeleistungen, werden die Ansprüche gegen die Pflegeversicherung stark reduziert (§ 43a SGB XI). Dies führt auch zu einer Verminderung der Wahlfreiheit der Leistungsberechtigten und zu Barrieren für die Einrichtungen bei der Diversifizierung ihres Angebots für Personen, die Pflege- und Teilhabebedarfe haben. Die Ungleichbehandlung nach dem gewählten Einrichtungsort ist verfassungswidrig und ein Verstoß gegen Art. 19 UN-BRK (Welti 2016, Welti 2012). Sie vermindert Leistungs- und Wahlrechte in Abhängigkeit von der Schwere der Beeinträchtigung behinderter Pflegebedürftiger. Dies ist eine Benachteiligung wegen der Behinderung (Art. 3 Abs. 3 Satz 2 Grundgesetz), wenn man diesen Verfassungssatz auch für Ungleichbehandlung zwischen behinderten Menschen für anwendbar hält (»Niemand darf wegen *seiner* Behinderung benachteiligt werden.«). Auch wenn man nur den allgemeinen Gleichheitssatz für anwendbar hielte, so handelte es sich doch um eine Ungleichbehandlung auf Grund von Merkmalen, die die Betroffenen nicht beeinflussen können, was für einen strengeren Maßstab bei der Rechtfertigung der Ungleichbehandlung spricht. Das BSG (BSG v. 26. April 2001, B 3 P 11/00 R, NZS 2002, 89) hat sich dieser Position noch nicht angeschlossen.

Die Regelung ist im Pflegestärkungsgesetz III fortgeschrieben worden. Die zunächst geplante Erweiterung auf ambulante Wohnformen der Eingliederungshilfe, soweit auf diese das Wohn- und Betreuungsvertragsgesetz (WBVG) Anwendung findet (BT-Drs. 18/9518, 13), ist im Gesetzgebungsverfahren wieder zurückgenommen worden (BT-Drs. 18/10510, 109).

Pflegeeinrichtungen und Rehabilitationseinrichtungen

Viele pflegebedürftige Menschen haben zugleich Bedarf an Leistungen der medizinischen Rehabilitation, um ihre Pflegebedürftigkeit aufzuheben, zu mindern oder ihre Verschlimmerung zu verhüten. Dienste und Einrichtungen der medizinischen Rehabilitation können aber nicht zugleich Pflegeeinrichtungen sein (vgl. Klie 2009b). Dies kann sich als Barriere für die Entwicklung eines rehabilitativen Angebots für Pflegebedürftige auswirken. Der Gesetzgeber verfolgt hier ein nicht widerspruchsfreies Regelungskonzept, indem Pflegeeinrichtungen einerseits mit finanziellen Anreizen zu rehabilitativen Maßnahmen veranlasst werden sollen (§ 87a Abs. 4 Satz 1 SGB XI), andererseits aber die Anforderungen an eine medizinische Rehabilitationseinrichtung (§ 107 Abs. 2 Nr. 1b SGB V) nicht erfüllen können. Die Rechtsprechung hat hierzu pragmatisch entschieden, dass der Anerkennungsbetrag zu zahlen ist, wenn das Pflegepersonal die ärztliche Verordnung veranlasst, deren Durchführung sichergestellt und durch Begleitmaßnahmen unterstützt hat (BSG v. 30. September 2015, B 3 P 1/14 R, NZS 2016, 66).

Pflegeeinrichtungen, Behinderteneinrichtungen und Krankenbehandlung

In stationären Pflegeeinrichtungen sind die Leistungen zur medizinischen Behandlungspflege von der Pflegekasse zu übernehmen (§ 43 Abs. 2 Satz 1 SGB XI), während sie in der eigenen Häuslichkeit von der Krankasse beansprucht werden können (§ 37 SGB V) und nicht Teil der Pflegesachleistung nach § 36 SGB XI sind. Damit besteht ein Anreiz für die Kranken- und Pflegekassen, die stationäre Leistung zu bevorzugen, die, jedenfalls in Pflegestufe III, in beiden Bereichen gleich hoch ist.

In Behinderteneinrichtungen ist die medizinische Behandlungspflege – trotz § 43a SGB XI – grundsätzlich nicht von der Einrichtung zu übernehmen, sondern kann nach § 37 Abs. 2 SGB V weiter von der Krankenkasse beansprucht werden. Das BSG differenziert jedoch nach »einfachsten« Maßnahmen der Krankenpflege, die auch von Behinderteneinrichtungen zu erbringen sind, und weiteren, bei denen es auf die Leistungserbringungsverträge ankommt (BSG v. 22. April 2015, B 3 KR 16/14 R, NZS 2015, 617). Damit bleibt die Bestimmung der Krankenpflegeansprüche auch in Behinderteneinrichtungen problematisch. Die weitergehende Lösung, die Ansprüche von Personen in stationären Einrichtungen auf häusliche Krankenpflege denen von Personen in eigener Häuslichkeit gleichzustellen, ist damit nicht erreicht (vgl. Waßer 2015; Schweigler 2015).

2.9 Objekt- und Sektorenorientierung von Investitionsförderung

Die Investitionsförderung für Pflegeeinrichtungen durch die Länder ist ganz überwiegend auf stationäre Einrichtungen ausgerichtet. In einigen Ländern werden diese direkt gefördert (Objektorientierung), in anderen folgt die Förderung den Leistungsberechtigten (Pflegewohngeld, Subjektorientierung) (Klie 1999). Zwar ist letztere Förderform eher an den subjektiven Präferenzen ausgerichtet. Doch folgen beide Modelle der leistungsrechtlichen Abgrenzung zwischen ambulant und stationär und können so eine weitere Diversifizierung nur begrenzt fördern. Eine Investitionsförderung für ambulante Angebote fehlt weitgehend.

2.10 Objektorientierung der Aufsichtsbehörden und des Verbraucherschutzes

Das zivilrechtliche WBVG des Bundes und die Landesgesetze zum Heimrecht etablieren besonderen Verbraucherschutz und Aufsicht über stationäre Pflegeeinrichtungen. Sie betreffen aber bis auf wenige Ausnahmen nicht die Dienste der ambulanten Pflege und Einrichtungen des betreuten Wohnens (vgl. § 1 Abs. 1 Satz 3 WBVG), während zum Beispiel der ambulante Pflegevertrag (§ 120 SGB XI) unzureichend geregelt ist (Krahmer & Plantholz 2013). Damit wird die Schutzbedürftigkeit nicht an den behinderten und pflegebedürftigen Personen, sondern an ihrer Wohnform festgemacht. Einzelne Länder, wie Hessen, haben aber auch ambulante Dienste einbezogen. Dies ist verfassungskonform (Staatsgerichtshof Hessen v. 12. Februar 2014, P. St. 2406, Neue Zeitschrift für Verwaltungsrecht Rechtsprechung-Report 2014, 409).

Bislang knüpfen die erweiterten Verbraucherschutzrechte des WBVG und der Heimgesetze der Länder am Wohnen in Einrichtungen an, nicht an der Beeinträchtigung und Erschwernis der Betroffenen, ihre Rechte durchzusetzen. Schutzrechte, die an der Person anknüpfen, gibt es nur im Rahmen einer gerichtlich angeordneten rechtlichen Betreuung (§ 1896 BGB), was eine hohe Eingriffsschwelle setzt. Ein subjektorientiertes Erwachsenenschutzrecht, das auch für Personen unterhalb der Schwelle der rechtlichen Betreuung (§ 1896 BGB) Schutzrechte im Rechtsverkehr realisiert, könnte sich möglicherweise förderlicher für eine Diversifizierung des Angebots auswirken als eine Ausdehnung objektorientierter, auf Einrichtungen bezogener Schutznormen (Pitschas 2013). In diesem Zusammenhang ist auch der Vorrang sozialer vor rechtlicher Betreuung zu verdeutlichen (Stölting & Greiser 2016).

3 Schluss

Die rechtlichen Strukturen des für die Leistungen zur Teilhabe und Pflegeleistungen relevanten Rechts wirken – trotz normativer Bekenntnisse zur Selbstbestimmung (§ 1 SGB IX; § 2 SGB XI) – als relevante Barrieren einer Diversifizierung und bedarfsgerechten Weiterentwicklung der Angebote. Darauf wird – auch empirisch begründet – schon seit längerem hingewiesen (Blinkert & Klie 2003; Schütte 2009). Die neuere Gesetzgebung wird dieses Problem an einigen Stellen modifizieren, aber nicht lösen. Eine systematische Abstimmung der Leistungsbereiche aufeinander (dazu: Künzel 2015; Rasch 2015) ist versäumt worden.

Unter verfassungsrechtlichen, menschenrechtlichen und rechtssystematischen Gesichtspunkten weist die Rechtswissenschaft schon seit längerem darauf hin, dass diese Barrieren für die Individuen und die sozialpolitischen Zielvorstellungen problematisch sind. Sozialpolitik, Ökonomie, Pflege- und Teilhabewissenschaften sollten sich mit diesen Argumenten befassen.

Literatur

Banafsche, Minou (2012). Die UN-Behindertenrechtskonvention und das deutsche Sozialrecht. *Die Sozialgerichtsbarkeit 59* (7): 373–379.
Blinkert, Baldo und Thomas Klie (2003). Gesellschaftlicher Wandel und demographische Veränderungen als Herausforderungen für die Sicherstellung der Versorgung von pflegebedürftigen Menschen. *Sozialer Fortschritt 53* (11/12): 319–325.
Degener, Theresia (2009). Welche legislativen Herausforderungen bestehen in Bezug auf die nationale Implementierung der UN-Behindertenrechtskonvention in Bund und Ländern? *Behindertenrecht 48* (2): 34–51.
Hajen, Leonhard (2001). Persönliche Budgets in der Behindertenpolitik. *NDV 81* (3): 66–75.
Igl, Gerhard (1999). Grundprobleme des Leistungsprogramms der Pflegeversicherung im ambulanten Bereich. *Vierteljahresschrift für Sozialrecht 1999* (4/5): 305–325.

Igl, Gerhard und Felix Welti (1999). Öffentlich-rechtliche Grundlagen für die Entwicklung vorbehaltener Aufgabenbereiche im Berufsfeld Pflege. *Vierteljahresschrift für Sozialrecht 1999* (1): 21–55.

Kesselheim, Harald (2013). Teilhabe alter Menschen – unrealisierte gesellschaftliche Herausforderungen. *NDV 93* (6): 265–270.

Kimmel, Andrea (2015). Das neue Begutachtungsverfahren zur Feststellung der Pflegebedürftigkeit. *Soziale Sicherheit 64* (10): 357–364.

Klie, Thomas (1999). Strukturen und Probleme der Landespflegegesetze. *Vierteljahresschrift für Sozialrecht 1999* (4/5): 327–338.

Klie, Thomas (2009a). Persönliche Budgets als produktive Irritation im Sozialleistungssystem. *Archiv für Wissenschaft und Praxis der sozialen Arbeit 40* (1): 4–16.

Klie, Thomas (2009b). Rehabilitation vor Pflege aus rechtswissenschaftlicher und sozialpolitischer Sicht. In Felix Welti (Hrsg.). *Das Rehabilitationsrecht in der Praxis der Sozialleistungsträger*. Berlin: Lit, 116–128.

Krahmer, Utz und Markus Plantholz (2013). Wie soll der novellierte § 120 SGB XI umgesetzt werden? *Sozialrecht aktuell 17* (4): 137–143.

Kuhn-Zuber, Gabriele (2012). Bedarfe und Bedürfnisse pflegebedürftiger Menschen – selbstbestimmte Pflege zu Hause. *Archiv für Wissenschaft und Praxis der sozialen Arbeit 43* (3): 16–27.

Künzel, Gerd (2015). Strukturreform Pflege und Teilhabe. Zweiter Teil: Die Rolle der Kommunen und die Schnittstelle zur Eingliederungshilfe. *Sozialer Fortschritt 64* (1/2): 33–45.

Lachwitz, Klaus und Peter Trenk-Hinterberger (2010). Zum Einfluss der Behindertenrechtskonvention der Vereinten Nationen auf die deutsche Rechtsordnung. *Rechtsdienst der Lebenshilfe 2010* (2): 45–52.

Linke, Tobias (2005). Kombinierbarkeit ambulanter und stationärer Leistungen in der sozialen Pflegeversicherung? *Neue Zeitschrift für Sozialrecht 14* (1): 14–18.

Münning, Matthias (2013). Mehrkostenvorbehalt ade? Subjektiv-öffentliche Rechte aus der UN-BRK? *NDV 93* (3): 148–151.

Pitschas, Rainer (2013). Eingliederung des Betreuungsrechts in das Sozialgesetzbuch als Erwachsenenschutz. *Die Sozialgerichtsbarkeit 60* (9): 500–506.

Rasch, Edna (2015). Behinderung, Eingliederung und Pflegebedürftigkeit. *NDV 95* (6): 318–322.

Schäfers, Markus, Elisabeth Wacker und Gudrun Wansing (2009). *Persönliches Budget im Wohnheim*. Wiesbaden: VS.

Schütte, Wolfgang (2007). Das Pflegegeld nach § 37 SGB XI. *NDV 87* (7): 211–218.

Schütte, Wolfgang (2009). Das Leistungskonzept der Pflegeversicherung im Reformprozess. *Die Sozialgerichtsbarkeit 56* (4): 185–192.

Schweigler, Daniela (2015). Häusliche Krankenpflege in Einrichtungen der stationären Eingliederungshilfe. *Soziale Sicherheit 64* (12): 461–466.

Siebert, Annerose und Thomas Klie (2008). Das »Integrierte Budget«. *NDV 88* (8): 341–346.

Stölting, Carsten und Johannes Greiser (2016). Zum Verhältnis zwischen rechtlicher und sozialer Betreuung. *Die Sozialgerichtsbarkeit 63* (3): 136–143.

Wansing, Gudrun (2013). »Mit gleichen Wahlmöglichkeiten in der Gemeinschaft leben« – Behinderungen und Enthinderungen selbstbestimmter Lebensführung. In Minou Banafsche, Ulrich Becker und Elisabeth Wacker (Hrsg.). *Inklusion und Sozialraum*. Baden-Baden: Nomos, 69–86.

Waßer, Ursula (2015). Schnittstellen zwischen Kranken- und Pflegeversicherung. *Kranken- und Pflegeversicherung 67* (2): 89–96.

Welti, Felix (2000). Das Verbot des Versorgungsvertrags mit Angehörigen in § 77 SGB XI. *Pflege- und Krankenhausrecht 3* (2): 39–43.

Welti, Felix (2010). Bietet das SGB IX einen geeigneten Rahmen für Teilhabe und Pflege? *Archiv für Wissenschaft und Praxis der sozialen Arbeit 41* (3): 46–62.

Welti, Felix (2012). Pflegeleistungen und Teilhabeleistungen in Einrichtungen. *Sozialrecht aktuell 2012* (5): 189–197.

Welti, Felix (2014a). Leistungen zur Teilhabe und Reha im gegliederten System – Chance zur Strukturreform der Teilhabeleistungen. *Sozialrecht + Praxis 24* (6): 343–363.

Welti, Felix (2014b). Persönliches Budget. In Olaf Deinert und Felix Welti (Hrsg.). *Stichwortkommentar Behindertenrecht*. Baden-Baden: Nomos, 662–668.
Welti, Felix (2016). Sonderregelung für pflegebedürftige behinderte Menschen in Behinderteneinrichtungen § 43a SGB XI verstößt gegen Grundgesetz und UN-BRK. *Diskussionsforum Rehabilitations- und Teilhaberecht, www.reha-recht.de*, Beitrag D36-2016.
Wilcken, Christine (2011). *Pflegebedürftigkeit und Behinderung im Recht der Rehabilitation und Teilhabe und im Recht der Pflege*. Berlin: Lit.

Teil 2: Praxisbezogene Entwicklungen und Untersuchungsergebnisse

Das Recht, ein Leben mit Persönlicher Assistenz selbst gestalten zu können – eine Frage der Leistungserbringung oder der Menschenrechte?

Uwe Frevert

1 Einleitung

In seinen abschließenden Bemerkungen über den ersten Staatenbericht Deutschlands zur Umsetzung des Übereinkommens über die Rechte von Menschen mit Behinderungen bemerkt das Committee on the Rights of Persons with Disabilities (CRPD – Ausschuss für die Rechte von Menschen mit Behinderungen) zur unabhängigen Lebensführung und Einbeziehung in die Gemeinschaft gemäß Artikel 19 UN-Behindertenrechtskonvention (UN-BRK):

> »Der Ausschuss ist besorgt über den hohen Grad der Institutionalisierung und den Mangel an alternativen Wohnformen beziehungsweise einer geeigneten Infrastruktur, durch den für Menschen mit Behinderungen zusätzliche finanzielle Barrieren entstehen. Er ist ferner besorgt darüber, dass das Recht, mit angemessenem Lebensstandard in der Gemeinschaft zu leben, insoweit beeinträchtigt ist, als der Zugang zu Leistungen und Unterstützungsdiensten einer Bedürftigkeitsprüfung unterliegt und infolgedessen nicht alle behinderungsbedingten Aufwendungen abgedeckt werden. Der Ausschuss empfiehlt dem Vertragsstaat Deutschland,
>
> a) Schritte zur Novellierung von § 13 Abs. 1 Satz 3 des Zwölften Buchs des Sozialgesetzbuchs zu unternehmen, mit dem Ziel, mit Hilfe umfangreicherer sozialer Assistenzdienste Inklusion, Selbstbestimmung und die Entscheidung, in der Gemeinschaft zu leben, zu ermöglichen;
> b) ausreichende Finanzmittel verfügbar zu machen, um die Desinstitutionalisierung und selbstbestimmtes Leben zu fördern, einschließlich höherer Finanzmittel für die Bereitstellung ambulanter Dienste in der Gemeinde, die Menschen mit geistigen oder psychosozialen Behinderungen auf der Grundlage der freien und informierten Einwilligung der/des Betroffenen bundesweit die erforderliche Unterstützung gewähren;
> c) den Zugang zu Programmen und Leistungen zu verbessern, die das Leben in der Gemeinschaft unterstützen und behinderungsbedingte Aufwendungen decken« (CRPD 2015, 7 f.).

Es fehlt demnach an Alternativen zu institutionalisierten Wohnformen. Aus der alltäglichen Erfahrung von behinderten Menschen bedeutet das: Statt finanzierbarem Wohnen nach eigenem Gusto, z. B. in den eigenen vier Wänden mit persönlicher Assistenz, droht im schlimmsten Fall der Verweis auf die kostengünstige »Einweisung in ein Heim«. Es bedeutet auch, dass offenbar der Staat kein gesteigertes Interesse daran hat, Alternativen zur stationären Unterbringung zu fördern. Der Gedanke drängt sich auf, dass der Staat, die Länder, die Kommunen und die mächtigen, finanzkräftigen Institutionen, die Pflegeheime, Werkstätten für Menschen mit Behinderungen etc. betreiben, auf dem Rücken der Menschen mit Behinderungen gut miteinander auskommen. Dieser Beitrag will aufzeigen, dass sowohl die BRK der Vereinten Nationen als auch das Grundgesetz der Bundesrepublik Deutschland zum Anspruch auf Persönliche Assistenz berechtigen und dass dieser Anspruch dementsprechend umzusetzen ist.

2 Persönliche Assistenz – das Sechs-Kompetenzen-Modell

Eine wichtige Grundlage für die Ausgestaltung einer selbstbestimmten Lebensführung außerhalb und unabhängig von stationären Einrichtungen ist für viele behinderte Menschen eine bedarfsgerechte Assistenz in allen Lebensbereichen. Der Duden (1996) definiert Assistenz als Beistand. Das Wort Assistent stammt aus dem Lateinischen und heißt so viel wie »Beisteher, Helfer«. Dies ist jemand, der einem anderen assistiert. Assistieren bedeutet gemäß dem Deutschen Wörterbuch (Brockhaus Enzyklopädie 1995, 265) »jmdm. nach dessen Anweisungen zur Hand gehen, bei einer Arbeit oder Tätigkeit behilflich sein«. Bedeutungsvoll scheint in diesem Zusammenhang »nach dessen Anweisungen«. Die hochwertigste Form der Assistenz ist daher auch die Persönliche Assistenz. Sie ist aus Sicht des Bundesverbandes der Interessensvertretung Selbstbestimmt Leben e.V. (ISL) von besonderer Bedeutung, weil alle wichtigen Gestaltungsrechte (auch Kompetenzen genannt) beim behinderten Menschen liegen und so eine umfassende Kontrolle der persönlichen Unterstützung möglich wird (ISL 2013). Bei den Gestaltungsrechten handelt es sich um (Wikipedia 2015):

- die »Personalkompetenz: Die Assistenznehmer und -nehmerinnen bestimmen selbst, wer die personelle Hilfe für sie erbringt. Sie schließen Arbeitsverträge mit ihren Assistenten und Assistentinnen ab, erstellen Dienstpläne, kümmern sich um die Einsatzstundennachweise und sind verantwortlich für das Abführen von Steuern und Sozialversicherungsbeiträgen«. Üblicherweise sind Assistentinnen und Assistenten dabei direkt bei der behinderten Person angestellt (Arbeitgeber-Modell). Mit entsprechenden Verträgen können aber auch Dienstleister, wie z. B. eine Assistenzgenossenschaft, zur Rekrutierung des Personals eingebunden werden.
- die »Organisationskompetenz: Die Assistenznehmer und -nehmerinnen gestalten ihren Tagesablauf nach ihren Anforderungen und Wünschen«.
- die »Anleitungskompetenz: Die Assistenznehmer und -nehmerinnen arbeiten ihre Assistenzkräfte selbst ein. Sie wissen am besten, welche Assistenzleistungen sie in welchem Umfang benötigen«.
- die »Raumkompetenz: Die Assistenznehmer und -nehmerinnen bestimmen, an welchem Ort die Assistenz erbracht wird (z. B. in ihrer Wohnung, am Arbeitsplatz, am Urlaubsort, bei Besuchen von Freunden oder Familienangehörigen)«.

- die »Finanzkompetenz: Die Assistenznehmer und -nehmerinnen kontrollieren die Verwendung der ihnen zustehenden Finanzmittel, wie z. B. Leistungen aus dem Persönlichen Budget mit Eingliederungshilfe«.
- die Differenzierungskompetenz: Die Assistenznehmer und -nehmerinnen können auch darüber entscheiden, ob sie die Hilfen von verschiedenen Personen bzw. Anbietern oder aus einer Hand bekommen möchten.

Faktisch läuft das Arbeitgeber-Modell darauf hinaus, dass eine Reihe von Verwaltungs- und Organisationsaufgaben, z. B. Anstellung von Assistenzkräften, Abführen von Steuern und Sozialversicherung, Gehaltsabrechnung und -bezahlung, Anleitung u.ä. von Menschen mit Behinderung in eigener Verantwortung übernommen und damit der Regie des Pflegedienstes abgenommen wird. Diese Machtverschiebung kann jedoch nur geschehen, wenn die entsprechenden behinderten Menschen die nötigen Voraussetzungen hierfür vermittelt bekommen. Dies natürlich auch im Falle von Schwierigkeiten im Umgang mit dem selbst organisierten Personal, auch in arbeitsrechtlicher Hinsicht. Voraussetzung ist, dass die behinderten Arbeitgeber und Arbeitgeberinnen auf eine kompetente Beratung für die Anstellung von Assistenten im Privathaushalt zurückgreifen können.

Das Angebot an unabhängiger Beratung soll durch das geplante Bundesteilhabegesetz (BTHG; Bundesrat 2016) verbessert werden und müsste also dauerhaft als finanzierbare Leistung verfügbar sein, um diese besonders wirkungsvolle Selbständigkeit bei Pflegebedürftigkeit zu sichern. Ziel und Zweck ist es, ein eigenständiges Leben, unabhängig von Pflegediensten oder anderen stationären Angeboten, zu ermöglichen.

3 Probleme bei der Umsetzung der Persönlichen Assistenz

Die sechs Kompetenzen der Persönlichen Assistenz setzen voraus, dass den behinderten Menschen mit Pflegebedarf eine freie Wahl des Aufenthaltsorts möglich ist und über eine Verteilung der erforderlichen Finanzmittel für die verschiedenen Lebensbereiche bestimmt werden kann. Bis jetzt wird jedoch in der Gesetzgebung zwischen dem Leben außerhalb von Einrichtungen und in Einrichtungen unterschieden.

Um die benachteiligte Lebenssituation behinderter Menschen in der Bundesrepublik beurteilen zu können, muss man die Größenordnung der Finanzierungprioritäten betrachten: Der Großteil der Mittel der Eingliederungshilfe (§ 53 ff. Sozialgesetzbuch [SGB] XII), der Hilfe zur Pflege (§ 61 ff. SGB XII) und der Pflegeversicherungen (SGB XI) fließen derzeit in den stationären Versorgungsbereich. Mithin wird die »Unterbringung im Heim« als Problemlösung bei Pflegebedarf statt im häuslichen Wohnumfeld sehr schnell propagiert, weil im »Heim« eine »Rund-um-Versorgung« vorgehalten wird und das »Heim« besser finanziell unterfüttert ist. Die aktuellste Aufstellung, »Sozialleistungen – Ausgaben und Einnahmen der Sozialhilfe 2013« zeigt ein genaueres Bild (Statistisches Bundesamt 2015). Von der Eingliederungshilfe erhält bundesweit der ambulante Hilfebereich nur ca. 16 %, mithin gehen 84 % in die stationäre Unterbringung. Ähnlich verhält es sich bei der Hilfe zur Pflege: Nur 23 % der Finanzmittel werden in den ambulanten Bereich investiert, 77 % in die stationären Einrichtungen. Auch Spenden und eine günstige Überlassung von Grundstücken oder Gebäuden müssen als Förderung der Segregation behinderter Menschen benannt werden. Fairerweise muss man auf teils erhebliche Unterschiede im Verhältnis stationär/ambulant zwischen den Bundesländern hinweisen: so liegt z. B. in Hessen der Anteil für den ambulanten Bereich immerhin bei ca. 40 % (ebd., 14 ff.).

Grundsätzlich hat jedoch die eigenständige Organisation der personellen Hilfe in Privathaushalten ein deutlich höheres Leistungspotential als die Erbringung der Hilfe durch Pflegedienste oder dem »Heim«. Das lässt sich z. B. auch am Verhältnis der Bezieher und Bezieherinnen von Pflegegeld und der Sachleistung bei der Pflegeversicherung erkennen. 2013 wies das Bundesgesundheitsministerium dies mit 83 % zu 17 % aus (vgl. Statistisches Bundesamt 2015). Die Pflegeversicherung ist ein Paradebeispiel für die Missachtung der Menschenwürde und Fremdbestimmung, da auch im Privathaushalt die Pflegedienstleitung und nicht die behinderte Person über die Leistung bestimmt. So erhalten die Pflegedienste mit der Sachleistung mehr Geld und verschaffen sich über den höheren Anteil der Finanzierung die Kontrolle der behinderten Menschen im Privathaushalt.

Daher ist auch das Übereinkommen über die Rechte von behinderten Menschen durch die Vereinten Nationen hierzulande von enormer Bedeutung, weil es hier um Menschenrechte geht und um die Frage, wer die Finanzierung der Persönlichen Assistenz kontrollieren darf.

4 Die Menschenrechte und das Übereinkommen über die Rechte von Menschen mit Behinderungen (UN-Behindertenrechtskonvention)

Derzeit existieren neun multilateral abgeschlossene völkerrechtliche Verträge über Menschenrechte. Darüber hinaus sind noch sieben regionale Abkommen über Menschenrechte geschlossen worden, darunter die Europäische Menschenrechtskonvention, aber auch die Arabische Charta der Menschenrechte, die die Menschenrechte prinzipiell unter den Vorbehalt der Scharia stellt (Wikipedia 2016a).

Zu den genannten neun Menschenrechtsabkommen im engeren Sinne gehört z. B. das Internationale Übereinkommen zur Beseitigung jeder Form von Rassendiskriminierung, ratifiziert u. a. von den Vereinigten Staaten – schon 1994, wenn auch unter Vorbehalt – sowie von Staaten wie Rumänien unter der Diktatur

Ceaușescus (bereits 1970) und Turkmenistan im Jahr 1994, dessen damaliger Diktator Nyýazow Anhänger anderer Religionen als des sunnitischen Islams verfolgen ließ, der russischstämmige Einwohner ausbürgerte und Oppositionelle foltern und umbringen ließ (Wikipedia 2016b).

Menschenrechtsabkommen sind also von vielen Staaten ratifiziert worden; auf nationalem Gebiet erweisen sie sich häufig als Papiertiger, weil es in vielen ratifizierenden Ländern am Willen zur Achtung der Menschenrechte mangelt.

4.1 UN-Übereinkommen über die Rechte von Menschen mit Behinderungen und ihre rechtliche Relevanz

Eines der neun Menschenrechtsabkommen im engeren Sinne ist nun das Übereinkommen über die Rechte von Menschen mit Behinderungen, das die anderen Menschenrechtsabkommen für die Lebenssituationen von behinderten Menschen auch in der Bundesrepublik Deutschland konkretisieren soll.

Im Jahr 2009 ratifizierte Deutschland das Übereinkommen. Bereits zwei Jahre zuvor trat die Europäische Union dem Vertragswerk bei.

Die UN-BRK hat als völkerrechtliche Norm dadurch Eingang in die deutsche Rechtsordnung erhalten, dass der Bundestag unter einstimmiger Zustimmung des Bundesrates ein so genanntes Vertragsgesetz verabschiedet und Deutschland die Ratifikation erklärt hat. Die Konvention wird damit nicht in Gesetzesrecht überführt, sondern bleibt Völkerrecht und hat in ihrer Gesamtheit – als Normkomplex – den Rang von Bundesrecht erhalten. Sie ist somit wie alle anderen Bundesgesetze dem Grundgesetz untergeordnet und hat nicht, wie oft behauptet wird, »Verfassungsrang«.

Fühlt sich ein in Deutschland lebender Mensch in seinen Grundrechten selbst gegenwärtig und unmittelbar verletzt, kann er Verfassungsbeschwerde erheben. Eine der wichtigsten Zulässigkeitsvoraussetzungen ist allerdings die Erschöpfung des Rechtswegs. Da es Aufgabe der allgemeinen Gerichte ist, dem Bürger Rechtsschutz zu gewähren, kommt eine Anrufung des Bundesverfassungsgerichts nur in Betracht, wenn zuvor alle Rechtsschutzmöglichkeiten ausgeschöpft worden sind. Ein Beschwerdeführer oder eine -führerin muss daher alle ihm bzw. ihr zustehenden Rechtsmittel und -behelfe vor Erhebung der Verfassungsbeschwerde erfolglos eingelegt haben (Wikipedia 2016c).

Eine Beschwerde wegen Missachtung des Übereinkommens über die Rechte von Menschen mit Behinderungen ist komplizierter. Die Beschwerde wird hier »Mitteilung« genannt. Sie ist gem. Artikel 1 des Fakultativprotokolls zum Übereinkommen über die Rechte von Menschen mit Behinderungen auch für Einzelpersonen möglich, wenn der Staat, in dem die Person lebt, sowohl das Behindertenrechtsübereinkommen als auch das Fakultativprotokoll, das den Klageweg beschreibt, ratifiziert hat (UN-Behindertenrechtskonvention Fakultativprotokoll 2016). Dies ist in Deutschland der Fall. Nicht einmal zwei Drittel der Vertragsstaaten, die die UN-BRK ratifizierten, haben auch das Fakultativprotokoll unterzeichnet. Den Bürgern der übrigen Länder ist die Möglichkeit eines internationalen Beschwerdeverfahrens von vornherein verwehrt. Die Ratifizierung des Übereinkommens über die Rechte von

Menschen mit Behinderungen, ohne den Bürgern die Möglichkeit zu gewähren, den Rechtsweg zu beschreiten, ist nichts als ein wohlfeiles Lippenbekenntnis.

Gemäß Artikel 2 des Fakultativprotokolls ist eine Mitteilung nur zulässig, wenn zuvor alle zur Verfügung stehenden innerstaatlichen Rechtsbehelfe erschöpft worden sind. Dies gilt nicht, wenn das Verfahren bei der Anwendung solcher Rechtsbehelfe unangemessen lange dauert oder keine wirksame Abhilfe erwarten lässt (ebd.).

Was aber ist in den Augen der Vereinten Nationen unangemessen lange?

Damit dem Beschwerde führenden Menschen keine Nachteile entstehen, kann ein Vertragsstaat nach Artikel 4 des Fakultativprotokolls, noch bevor eine Entscheidung in der Sache selbst getroffen worden ist, aufgefordert werden, vorläufige Maßnahmen zu treffen, um einen möglichen, nicht wiedergutzumachenden Schaden für das Opfer der behaupteten Verletzung abzuwenden.

Die Beschwerde kann aber erst nach Ausschöpfung aller bundesdeutschen rechtlichen Möglichkeiten und Verfahrenswege erhoben werden, und Deutschlands juristische Mühlen mahlen extrem gründlich und deshalb extrem langsam. Und wenn die UN die Dauer deutscher Verfahren nun nicht als »unangemessen lange« klassifiziert? Dann kann der Erfolg einer Mitteilung über eine Verletzung der Rechte des behinderten Menschen, wie sie in der UN-BRK niedergelegt sind, Jahre auf sich warten lassen.

Für eine schnelle Beseitigung eines Missstands, der die Rechte von behinderten Menschen einschränkt, ist die UN-BRK durch die Regelungen des Fakultativprotokolls ungeeignet.

4.2 UN-Übereinkommen über die Rechte von Menschen mit Behinderungen und ihre Bedeutung für die Persönliche Assistenz in der deutschen Übersetzung

Gleichwohl unterstreicht das Übereinkommen über die Rechte von Menschen mit Behinderungen erstmals die Notwendigkeit der Persönlichen Assistenz, und zwar in Artikel 19 der rechtsverbindlichen englischsprachigen Fassung. Diese Formulierung hat auch in Artikel 19 der offiziellen, aber nicht rechtsverbindlichen deutschen Übersetzung Eingang gefunden:

> »... um Menschen mit Behinderungen den vollen Genuss dieses Rechts und ihre volle Einbeziehung in die Gemeinschaft und Teilhabe an der Gemeinschaft zu erleichtern, indem sie unter anderem gewährleisten, dass ...
> b) Menschen mit Behinderungen Zugang zu einer Reihe von gemeindenahen Unterstützungsdiensten zu Hause und in Einrichtungen sowie zu sonstigen gemeindenahen Unterstützungsdiensten haben, einschließlich der persönlichen Assistenz, die zur Unterstützung des Lebens in der Gemeinschaft und der Einbeziehung in die Gemeinschaft sowie zur Verhinderung von Isolation und Absonderung von der Gemeinschaft notwendig ist« (Bundesgesetzblatt 2008, 1334).

Die deutsche Übersetzung ist ein Kompromiss der deutschsprachigen Staaten und stößt nicht auf ungeteilte Zustimmung. Netzwerk Artikel 3 – Verein für Menschenrechte und Gleichstellung Behinderter e.V. – stellt deshalb eine Schattenübersetzung zur Verfügung. Die Unterschiede werden beim Wort »Assistenz« deutlich. Abgesehen von dem zusammengesetzten Begriff »persönliche Assistenz«, der im englischen Urtext, in der regulären und in der deutschen Schattenübersetzung jeweils einmal vorkommt, findet sich der Begriff »assistance« im englischen Text siebzehnmal, der Begriff »Assistenz« in der deutschen Schattenübersetzung siebenmal und in der offiziellen deutschen Übersetzung gar nicht.

Ähnliche Kritik üben die Vertreterinnen und Vertreter der Schattenübersetzung daran, dass im englischen Text in Artikel 26 »Peer Support« erwähnt wird, die offizielle deutsche Übersetzung jedoch von »Unterstützung durch andere Menschen mit Behinderungen« spricht (Deutsches Institut für Menschenrechte 2016). Dies ist in der Schattenübersetzung durch den anglo-amerikanischen Begriff »Peer Support« ersetzt worden (Netzwerk Artikel 3 2016). Fragt man natürlich nach der deutschen Übersetzung von »Peer Support«, müsste sie korrekterweise »Unterstützung durch Gleichrangige« bzw. »Unterstützung durch Menschen mit gleichem Status« lauten, was von der offiziellen Übersetzung der UN-BRK nur in Nuancen abweicht.

Artikel 24 1 c lautet im Original:

»Enabling persons with disabilities to participate effectively in a free society.«

Die offizielle Übersetzung ins Deutsche ist hier fehlerhaft:

»Menschen mit Behinderungen zur wirklichen Teilhabe an einer freien Gesellschaft zu befähigen.«

»Effectively« mit »wirklich« zu übersetzen, ist nicht sinnvoll. »Wirkungsvoll« oder eben »wirksam«, wie es die Schattenübersetzung vorschlägt, trifft es besser.

4.3 Folgen der unterschiedlichen Bedeutung des Begriffs Persönliche Assistenz

Diese Ausführungen zur Problematik von Begriffen sind hier wichtig, denn sie machen die grundsätzliche Einstellung der »etablierten Behindertenhilfe« in der Wohlfahrt und ihren Fürsorgeverbänden im Umgang mit behinderten Leistungsberechtigten in Deutschland deutlich.

Jedenfalls geht aus den voneinander abweichenden deutschen Übertragungen hervor, dass dem Wort »Assistenz« unterschiedliche Bedeutungen und Stellenwerte zugrunde gelegt werden. Dies ist auch im Bereich der Persönlichen Assistenz zu beobachten. Mittlerweile nennen einige Pflegedienste mehr oder minder dreist ihre Angebote »Persönliche Assistenz«, obwohl kaum eine der oben angesprochenen sechs Kompetenzen, die dem behinderten Menschen Entscheidungskraft zusprechen, auch nur im Ansatz vorliegt. Auch im Entwurf des Bundesteilhabegesetzes wird mit § 78 Abs. 1 SGB IX RegE die in der Praxis profilierte und bewährte Persönliche Assistenz im Sinne § 66 Abs. 4 S. 2 SGB XII mit der bisherigen Leistungserbringung des »Betreuten Wohnens« nach § 54 ff. SGB XII und der begleiteten Elternschaft begrifflich in einen Topf geworfen. So kann der Kostenträger mit dem BTHG zur Sicherung »der Tagesstruktur« oder der »ärztlich verordneten Leistung« oder für »Anleitungen und Übungen« die Aufgaben von behinderten Arbeitgebern einschränken.

Wenn ein Pflegedienst Leistungen anbietet, ist der Pflegedienst auch Arbeitgeber der Assistenzkraft, die er mit der Aufgabe betraut, nicht aber der behinderte Mensch, der sich die Pflegeleistung beim Pflegedienst »einkauft«. Der Umfang der Finanzkompetenz reduziert sich und von Organisationskompetenz kann häufig keine Rede sein, weil die Pflege unter ständiger Verantwortung einer Pflegefachkraft zu erbringen ist, wie es in der Pflegeversicherung mit § 71 SGB XI vorgeschrieben ist.

Besonders bedenklich ist die Einschränkung bzw. Aufhebung der Finanzkompetenz des behinderten Menschen. Wenn in § 71 SGB XI weiter festgelegt ist, dass Pflegedienste selbständig wirtschaftende Einrichtungen sind, können die behinderten Assistenznehmer und -nehmerinnen die Verwendung der ihnen zustehenden höherwertigen Sachleistung und der damit verbundenen Finanzmittel natürlich nur im Rahmen dieser gesetzlichen Einschränkungen kontrollieren.

Nach § 35a SGB XI ist die Leistung grundsätzlich im Sinne des § 17 SGB IX budgetfähig, aber eben nur mit Gutscheinen, die nur bei anerkannten Pflegediensten einlösbar sind, was fatal an die Entlohnung mit Wertmarken statt Bargeld in den Zeiten der Lohnsklaverei in amerikanischen Kohlegruben in der ersten Hälfte des 20. Jahrhunderts erinnert.

Eine Kontrolle der Persönlichen Assistenz durch den behinderten Menschen wird dann gesetzlich ad absurdum geführt, wenn die Finanzen vorher in Coupons getauscht werden. Mit Einführung der Pflegeversicherung wurde bereits 1995 in § 77 Abs. 1 S. 4 SGB XI festgelegt, dass die Pflegekräfte mit dem Pflegebedürftigen, dem sie Leistungen der häuslichen Pflege und der hauswirtschaftlichen Versorgung erbringen, kein Beschäftigungsverhältnis eingehen dürfen.

5 Menschenrechte und Grundgesetz

Wie dargelegt, ist eine Mitteilung (Beschwerde) im Sinne der UN-BRK langwierig und mit vielerlei Hürden versehen. Es ist daher sinnvoll, die national vorhandenen Vorschriften zur Einhaltung der Menschenrechte zu untersuchen.

Gemäß Artikel 1 Grundgesetz bekennt sich das deutsche Volk zu unverletzlichen und unveräußerlichen Menschenrechten als Grundlage jeder menschlichen Gemeinschaft, des Friedens und der Gerechtigkeit in der Welt.

Rechtsquelle der Menschenrechte in Deutschland ist u. a. die UN-Konvention über die Rechte von behinderten Menschen, vor allem aber das Grundgesetz.

Die Vertreter der emanzipierten Behindertenbewegung, welche sich in den Zentren für selbstbestimmtes Leben Behinderter und ihrem Dachverband, der ISL, organisiert haben, kritisieren, dass es in der Behindertenhilfe an einem grundsätzlichen Verständnis dafür fehle, dass es für Menschen unerträglich sei, wenn sie zwangsweise stationär untergebracht werden, weil es nur dort eine umfassende Finanzierung gibt oder wenn behinderten Menschen vorgeschrieben werde, wer ihnen bei der Intimpflege durch den Pflegedienst behilflich zu sein hat.

In dieser Hinsicht fehlt es der Behindertenhilfe ebenso an den sonst üblichen europäischen Standards wie es der bundesdeutschen Gesellschaft an Sensibilisierung für die Rechte von behinderten Menschen fehlt (vgl. – auch zum Folgenden – Heiden 2014). Der Netzwerk Artikel 3 e.V. kritisiert, dass es noch immer an Ressourcen fehle, um das Empowerment als Schlüssel zur Partizipation behinderter Menschen auf den drei wesentlichen Ebenen des Empowerments durchzusetzen:

- Individuelle Ebene (unterstützt durch Beratung und Trainings)
- Gruppenebene (in Selbsthilfegruppen)
- Institutionelle Ebene (Beteiligung von Bürgern und Bürgerinnen, Verbände)

Die fehlenden Ressourcen seien nicht nur finanzielle Mittel, sondern auch Zeit, Personal, Fachkompetenz und Barrierefreiheit (ebd., 19 f.). Gefordert wird daher eine umfassende Neuausrichtung der Verbändelandschaft (ebd., 28).

Ein Zeichen für das unterentwickelte Verständnis für zeitgemäße Standards ist auch, dass z.B. der Deutsche Behindertenrat seit 1999 nicht mehr als ein loses Aktionsbündnis ist, während internationale Disabled People's Organisations wie das Europäische Behindertenforum (EDF) seit langem als juristische Person agieren (vgl. EDF o.A.).

Artikel 3 (Abs. 1–3) Grundgesetz garantiert jedem Menschen die Menschenrechte gleichermaßen. Niemand darf wegen seines Geschlechts, seiner Abstammung, Rasse, Sprache, Heimat und Herkunft, seines Glaubens, seiner Anschauung oder wegen seiner Behinderung benachteiligt oder bevorzugt werden.

Auch abseits einer juristischen Untersuchung kann man, aus der Laiensphäre wertend, erkennen, dass eine Ungleichbehandlung vorliegt, wenn ein nichtbehinderter Mensch seinen Wohnsitz frei wählen kann, ein behinderter Mensch aber aufgrund von Gegebenheiten, die er nicht beeinflussen kann, nicht. Allerdings besagt der Gleichheitsgrundsatz des Grundgesetzes, dass Gleiches gleich, Ungleiches aber ungleich behandelt werden soll. Ein finanziell schlecht gestellter, nicht behinderter Mensch kann daher nicht fordern, wie ein wohlhabenderer nicht behinderter Mensch in einer Villengegend zu wohnen; er bleibt auf den niedrigpreisigen Wohnsektor beschränkt. Daraus folgt, dass die Wahlmöglichkeit des Wohnumfelds eines behinderten Menschen auch nur dann wirklich frei sein kann, wenn ambulante und stationäre Unterbringung gleiche Leistungen beinhalten, das will heißen: gleichermaßen bedarfsgerecht mit den jeweilig erforderlichen Mitteln ausgestattet sind. Die Wahlfreiheit, wer in sehr persönlichen Bereichen die Pflege übernimmt, gehört dabei sehr wohl mit zu dieser Gleichbehandlung.

Es ist nun oberstes Gebot, auf der Einhaltung und Durchsetzung der grundgesetzlichen Garantien zu bestehen. Nicht in allen Behindertenverbänden ist aber dieses Bewusstsein vorhanden. Stattdessen neigt man dazu, immer neue Ansätze aus den USA zu übernehmen und auf deutsche Verhältnisse »umzuschreiben«. Das ist verständlich, weil die emanzipatorische Behindertenbewegung ihre Wurzeln in der Bürgerrechtsbewegung der Vereinigten Staaten hat, weshalb eine gewisse Anhänglichkeit zu ihnen besteht. Es ist aber angesichts des rapiden Verfalls von Menschenrechten in den USA von heute nicht nachvollziehbar.

Es muss sich ein Bewusstsein dafür entwickeln, dass das Grundgesetz genügend Vorschriften enthält, die Menschenrechte für alle zu garantieren; es muss aber ständig beobachtet und überprüft werden, ob die Bundesregierung und die Länderregierungen die Gebote des Grundgesetzes auch im Sinne der behinderten Menschen befolgen.

Persönliche Assistenz dient vorrangig der Sicherstellung personeller Hilfen wie z. B. der Pflege, ihrer Finanzierung durch die Pflegeversicherung (SGB XI) und das Sozialamt (SGB XII). Weitergehende Finanzquellen sind z. B. die Eingliederungshilfe (SGB XII) und die Arbeitsassistenz (SGB IX). Persönliche Assistenz ist aber zugleich das aus der Garantie der Menschenrechte erwachsende Recht der Kontrolle über das eigene Leben eines jeden Menschen mit Behinderung, wobei die Art der Behinderung unerheblich ist. Das Konzept des selbstbestimmten Lebens und der Einbeziehung in die Gemeinschaft gelte für alle behinderten Menschen, auch für solche mit erhöhtem und komplexem Betreuungsbedarf (Evangelische Hochschule Rheinland-Westfalen-Lippe 2016, 3). Der Zugang zu Assistenzleistungen, so in einer Stellungnahme der Evangelischen Hochschule Rheinland-Westfalen-Lippe, stelle ein wesentliches Element des Rechts auf selbstbestimmtes Leben dar. Die Persönliche Assistenz solle die weitgehende Selbstbestimmung sicherstellen und somit die gesellschaftliche Teilhabe ermöglichen (ebd., 5). Oder, wie es die Studie des UN-Hochkommissariats für Menschenrechte zum Recht von Menschen mit Behinderungen auf unabhängige Lebensführung und Einbeziehung in die Gemeinschaft fordert:

> »Persönliche Assistenz stellt ein wirksames Mittel dar, um das Recht auf unabhängige Lebensführung und Einbeziehung in die Gemeinschaft so zu gewährleisten, dass die den Menschen mit Behinderungen innewohnende Würde, ihre individuelle Autonomie und Unabhängigkeit geachtet werden. Persönliche Assistenz sollte für alle Menschen mit Behinderungen zur Verfügung stehen, auch für solche mit geistigen und psychosozialen Behinderungen« (Deutsches Institut für Menschenrechte 2015, 8).

Literatur

Brockhaus Enzyklopädie (1995). *Band 26: Deutsches Wörterbuch A_GLUB.* 19. Aufl. Mannheim: F.A. Brockhaus.
Bundesrat (2016). *Gesetzentwurf der Bundesregierung. Entwurf eines Gesetzes zur Stärkung der Teilhabe und Selbstbestimmung von Menschen mit Behinderungen (Bundesteilhabegesetz – BTHG). BR-Drs. 428/16.* http://www.bundesrat.de/SharedDocs/drucksachen/¬2016/0401-0500/428-16.pdf (Zugriff: 01. Juni 2017).
Bundesgesetzblatt (2008). *Gesetz zu dem Übereinkommen der Vereinten Nationen vom 13. Dezember 2006 über die Rechte von Menschen mit Behinderungen sowie zu dem Fakultativprotokoll vom 13. Dezember 2006 zum Übereinkommen der Vereinten Nationen über die Rechte von Menschen mit Behinderungen.* http://www.un.org/Depts/german/¬uebereinkommen/ar61106-dbgbl.pdf (Zugriff: 01. Juni 2017).

CRPD (Committee on the Rights of Persons with Disabilities) (2015). *CRPD/C/DEU/CO/1. Original: Englisch. Abschließende Bemerkungen über den ersten Staatenbericht Deutschlands. Ausschuss für die Rechte von Menschen mit Behinderungen, 13 Tagung, 25. März–17. April 2015.* http://www.institut-fuer-menschenrechte.de/menschenrechtsinstrumente/¬vereinte-nationen/menschenrechtsabkommen/behindertenrechtskonvention-crpd/#c7937 (Zugriff: 01. Juni 2017).

Deutsches Institut für Menschenrechte (2015). *Information der Monitoring-Stelle zur UN-Behindertenrechtskonvention anlässlich der Veröffentlichung der Thematischen Studie des UN-Hochkommissariats für Menschenrechte zum Recht von Menschen mit Behinderungen auf unabhängige Lebensführung und Einbeziehung in die Gemeinschaft (UN-Dok. A/HRC/28/37 vom 12. Dezember 2014).* http://www.institut-fuer-menschenrechte.de/¬monitoring-stelle-un-brk/zentrale-dokumente-und-links/#c12281 (Zugriff: 01. Juni 2017).

Deutsches Institut für Menschenrechte (2016). *Zwischen Deutschland, Liechtenstein, Österreich und der Schweiz abgestimmte Übersetzung. Übereinkommen über die Rechte von Menschen mit Behinderungen vom 13. Dezember 2006. Bundesgesetzblatt (BGBL) 2008 II.* http://www.institut-fuer-menschenrechte.de/fileadmin/user_upload/PDF-Dateien/Pakte_¬Konventionen/CRPD_behindertenrechtskonvention/behindertenrechtskonvention.pdf. (Zugriff: 01. Juni 2017).

Duden (1996). *Rechtschreibung der deutschen Sprache.* 21. Aufl. Mannheim: Bibliographisches Institut.

EDF (European Disability Forum) (o.A.). *Our statues.* http://www.edf-feph.org/Page_¬Generale.asp?DocID=10909&id=1&namePage=about&langue=EN zur Rechtsform de DPO (Zugriff: 27. November 2016).

Evangelische Hochschule Rheinland-Westfalen-Lippe (Hrsg.) (2016). *BODYS, Bochumer Zentrum für Disability Studies: Stellungnahme zum Bundesteilhabegesetz (BTHG – Gesetzentwurf der Bundesregierung, Bundesdrucksache 18/9522 vom 05.09.2016) vom 25.10.2016.*

Heiden, H. Günter (2014). *»Nichts über uns ohne uns!« – Von der Alibibeteiligung zur Mitentscheidung! Eine Handreichung zur Umsetzung des Gebotes der »Partizipation« der UN-Behindertenrechtskonvention.* http://www.nw3.de/attachments/article/115/Nichts¬%20über%20uns%20ohne%20uns%20-%20Von%20der%20Alibi-Beteiligung%20zur¬%20Mitentscheidung!.pdf. (Zugriff: 01. Juni 2017).

ISL (Interessenvertretung Selbstbestimmt Leben in Deutschland e.V.) (2013). *Hamburger Programm. Behindertenpolitisches Grundsatzprogramm der Interessenvertretung Selbstbestimmt Leben in Deutschland e.V. – ISL.* http://www.isl-ev.de/attachments/article/¬962/Hamburger%20Programm_Druckvers.pdf (Zugriff: 01. Juni 2017).

Netzwerk Artikel 3 e.V. (2016). *Schattenübersetzung des NETZWERK ARTIKEL 3 e.V. Korrigierte Fassung der zwischen Deutschland, Liechtenstein, Österreich und der Schweiz abgestimmten Übersetzung. Übereinkommen über die Rechte von Menschen mit Behinderungen.* http://www.nw3.de/attachments/article/93/093_schattenuebersetzung-endgs.¬pdf (Zugriff: 21. Oktober 2016).

Statistisches Bundesamt (2015). *Sozialleistungen – Ausgaben und Einnahmen der Sozialhilfe 2013.* https://www.destatis.de/DE/Publikationen/Thematisch/Soziales/Sozialhilfe/Sozialhilfe¬AusgabenEinnahmen2130210137004.pdf?__blob=publicationFile (Zugriff: 01. Juni 2017).

UN-Behindertenrechtskonvention Fakultativprotokoll (2016). *Fakultativprotokoll zum Übereinkommen über die Rechte von Menschen mit Behinderungen.* http://www.behinderten¬rechtskonvention.info/fakultativprotokoll-zum-uebereinkommen-ueber-die-rechte-¬von-menschen-mit-behinderungen-3117/ (Zugriff: 01. Juni 2017).

Wikipedia (2015). *Persönliche Assistenz.* https://de.wikipedia.org/wiki/Pers%C3%B6nliche_¬Assistenz (Zugriff: 01. Juni 2017).

Wikipedia (2016a). *Arabische Charta der Menschenrechte.* https://de.wikipedia.org/wiki/¬Arabische_Charta_der_Menschenrechte (Zugriff: 01. Juni 2017).

Wikipedia 2016b). *Saparmyrat Nyýazow.* https://de.wikipedia.org/wiki/Saparmyrat_Ny%¬C3%BDazow (Zugriff: 01. Juni 2017).

Wikipedia (2016c): *Verfassungsbeschwerde.* https://de.wikipedia.org/wiki/Verfassungsbe¬schwerde (Zugriff: 01. Juni 2017).

Personenzentrierte Steuerung der Eingliederungshilfe – am Beispiel des Landschaftsverbandes Rheinland

Dieter Schartmann

1 Einleitung

Die volle, wirksame und gleichberechtigte gesellschaftliche Teilhabe von Menschen mit Behinderungen ist eine große gesamtgesellschaftliche Aufgabe, die bei weitem noch nicht gelöst ist, wie die abschließenden Bemerkungen über den ersten Staatenberichts Deutschlands des Ausschusses für die Rechte von Menschen mit Behinderungen aus dem Jahr 2015 eindrucksvoll zeigen (Institut Mensch, Ethik und Wissenschaft [IMEW] 2015). Die Eingliederungshilfe nach dem Sozialgesetzbuch (SGB) XII mit ihrem offenen Leistungskatalog soll vor allem die Teilhabe am Leben in der Gemeinschaft und die Teilhabe am Arbeitsleben ermöglichen und ist somit ein wichtiges Unterstützungssystem für Menschen mit Behinderungen. Um die Leistungen zielgerichtet, bedarfsorientiert und individuell auszurichten, ist in den letzten Jahren der personenzentrierte Ansatz zur Steuerung der Hilfen entwickelt worden. Nach dem personenzentrierten Ansatz soll sich die Leistungserbringung nicht nach den vorhandenen Angeboten richten, sondern sich ausschließlich an den Bedarfen der Menschen mit Behinderungen orientieren.

Im Folgenden wird ausgeführt, wie und unter welchen Voraussetzungen personenzentrierte Hilfen aus Sicht eines Leistungsträgers (Träger der Sozialhilfe – künftig: Träger der Eingliederungshilfe) geplant und erbracht werden. Dazu werden die Verfahren und Instrumente vorgestellt, die der Landschaftsverband Rheinland (LVR) im Rahmen der Eingliederungshilfe nach dem SGB XII (künftig: SGB IX) einsetzt.

Dabei gilt es zu berücksichtigen, dass es zwar mit dem derzeit noch gültigen SGB XII ein Bundesgesetz gibt, welches beispielsweise Festlegungen zum leistungsberechtigten Personenkreis oder zum generellen Leistungskatalog im Rahmen der Eingliederungshilfe trifft, dass aber die Art und Weise, wie ein Leistungsträger Leistungen für Menschen mit Behinderung organisiert, finanziert und ausführt, den Bundesländern überlassen bleibt. In den Bundesländern haben sich dann eine Vielzahl unterschiedlicher Modelle entwickelt und eine bunte Landschaft etabliert. Mit dem Bundesteilhabegesetz (BTHG), welches in Bezug auf die Eingliederungshilfe in großen Teilen zum 1.01.2020 in Kraft tritt, wird ein bundesweit einheitlicher Rahmen gesetzt. Dieser lässt den Bundesländern jedoch weiterhin einen großen Spielraum, um auf landesspezifische Besonderheiten einzugehen und diese zu berücksichtigen.

Die Leistungsträger der Eingliederungshilfe sind auf unterschiedliche Art und Weise von den Bundesländern organisiert worden: zum größten Teil auf der kommunalen Ebene, zum Teil aber auch auf der landesstaatlichen Ebene. Liegt die Ausführungsverantwortung für die Leistungen für Menschen mit Behinderung auf der kommunalen Ebene, so können diese ausschließlich oder auch nur überwiegend vom örtlichen Sozialhilfeträger oder zum überwiegenden Teil vom überörtlichen Sozialhilfeträger getragen werden, zum Teil aber auch in einer Mischform.

Darüber hinaus haben sich unterschiedliche fachliche Herangehensweisen entwickelt, insbesondere bei der Fragestellung, wer den Unterstützungsbedarf von Menschen mit Behinderung erhebt, wie er dokumentiert und festgestellt wird. In einigen Bundesländern wird der Unterstützungsbedarf vom Leistungserbringer erhoben und dann in einem zweiten Schritt vom Leistungsträger amtlich festgestellt, in anderen Bundesländern übernimmt der Leistungsträger auch die Bedarfserhebung.

Neben diesen strukturellen Unterschieden bestehen weitere Unterschiede in der Frage, wie der Unterstützungsbedarf erhoben und festgestellt wird, also in der Frage nach dem Instrument der Hilfeplanung. Bundesweit kommen unterschiedliche Instrumente zum Einsatz. Einigkeit besteht allerdings auf einer fachlichen Ebene dahingehend, dass das Instrument der Hilfeplanung personenzentriert und an der Internationalen Klassifikation der Funktionsfähigkeit, Behinderung und Gesundheit (International Classification of Functioning, Disability and Health, [ICF], Deutsches Institut für Medizinische Dokumentation und Information [DIMDI] 2010) orientiert sein soll, auch wenn es noch nicht überall so umgesetzt wird (Deutscher Verein 2009). Auch das BTHG sieht eine Orientierung an der ICF vor, beschreibt einen fachlichen Rahmen, ohne dass jedoch ein bestimmtes Instrument vorgegeben ist.

Kurz und gut: Es kann derzeit nicht von einer bundesweit einheitlichen »Leistungsträgersicht« gesprochen werden, wenn über die Umsetzung des personenzentrierten Ansatzes gesprochen wird, sondern es müssen die konkreten Umsetzungsbedingungen im jeweiligen Bundesland mitreflektiert werden. Insofern können sich die Ausführungen im Folgenden ausschließlich auf den LVR in seiner Eigenschaft als überörtlicher Träger der Sozialhilfe im Sinne des SGB XII beziehen.

Der LVR ist ein Höherer Kommunalverband und überörtlicher Träger der Sozialhilfe – aber auch Träger des Integrationsamtes, von Fachkliniken, von über 40 Förderschulen, Träger des Landesjugendamtes und Anbieter von Wohnleistungen für Menschen mit Behinderung. Nach dem in Nordrhein-Westfalen gültigen Ausführungsgesetz zum SGB XII ist der LVR als überörtlicher Träger der Sozialhilfe unter anderem sowohl für die ambulanten als auch für die stationären Leistungen zum Wohnen zuständig. Dies ermöglicht eine effektive und effiziente Steuerung der Leistungen für Menschen mit Behinderung aus einer Hand sowie eine Garantie einheitlicher Standards der Leistungen für Menschen mit Behinderung im Rheinland (einer Region mit rund 9,4 Mill. Einwohnerinnen und Einwohnern). Die Hilfeplanung erfolgt dann in Teams, die für einzelne Regionen, also Städte oder Landkreise, zuständig sind. Durch die Regionalisierung der Hilfeplanung ist gewährleistet, dass die Mitarbeiterinnen und Mitarbeiter des LVR die regionalen Bedingungen kennen und Lösungen auch in schwierigen Fallkonstellationen vor Ort gesucht und gefunden werden können. Derzeit werden über 30.000 Menschen mit Behinderung in den rheinischen Werkstätten für Menschen mit Behinderung unterstützt, rund 22.000 Menschen leben in stationären Wohneinrichtungen und rund 33.000 Menschen erhalten Unterstützung beim selbstständigen Wohnen in der eigenen Häuslichkeit. Damit liegt die sogenannte Ambulantisierungsquote (Verhältnis Anzahl der Personen in der eigenen Häuslichkeit in Beziehung zu dem Verhältnis der in stationären Einrichtungen lebenden Menschen) bei deutlich über 66 % – ein großer Erfolg der (Um-)Steuerungsaktivitäten seit 2003 und letzten Endes auch des personenzentrierten Ansatzes.

2 Der personenzentrierte Ansatz – Grundsatz und Haltung

Das Wort »personenzentriert« hat sich in der Fachdiskussion der Behindertenhilfe durchgesetzt (▶ Kap. 2). Unter einer etymologischen Perspektive wäre aber das Wort »individuumszentriert« korrekt (ausführlicher Schartmann 2008), da sich dieses auf den Begriff des »Individuums« bezieht. »Person« stammt vom lateinischen »persona« ab und bezieht sich auf die Maske, die in der Antike beim Theaterspielen verwendet wurde, um eine andere Person darzustellen. »Individuum« bezieht sich von der Wortbedeutung her hingegen auf ein »freies und unabhängiges Wesen« – mithin das, was man im Rahmen einer modernen Teilhabeorientierung eher als Zielvorstellung für die Unterstützung von Menschen mit Behinderung ansehen sollte.

Das SGB XII als derzeitige rechtliche Grundlage der Eingliederungshilfe sieht in § 9 vor, dass sich »Leistungen nach der Besonderheit des Einzelfalles, insbesondere nach der Art des Bedarfs, den örtlichen Verhältnissen, den eigenen Kräften und Mitteln der Person oder des Haushalts bei der Hilfe zum Lebensunterhalt richten sollen«. Außerdem soll »Wünschen der Leistungsberechtigten, die sich auf die Gestaltung der Leistung richten, entsprochen werden, soweit sie angemessen sind.«

Ist mit diesen rechtlichen Regelungen schon ausgesagt, dass die Leistungen personenzentriert erbracht werden sollen? Nein! Personenzentrierung geht über die Berücksichtigung der Umstände des Einzelfalls und des Wunsch- und Wahlrechts des Menschen mit Behinderung deutlich hinaus. Personenzentrierung bedeutet, dass das Individuum mit seinen Wünschen und den Vorstellungen zu seinem künftigen Leben im Mittelpunkt der Planungen steht, die nicht über es, sondern nur gemeinsam mit ihm erfolgen können. Personenzentrierung heißt dann, die Unterstützungsplanung an der individuellen Lebenslage des Menschen mit Behinderung auszurichten und von dort aus und unter Einbezug der Fähigkeiten, Fertigkeiten und Ressourcen und unter Berücksichtigung sozialräumlicher Aspekte eine individuelle Hilfeplanung vorzunehmen. Die Wurzeln des personenzentrierten Ansatzes liegen zum einen in der Sozialpsychiatrie (z. B. die Projekte der »Aktion psychisch Kranke«, Kunze & Kruckenberg 1999), zum anderen in der Unterstützung von Menschen mit geistiger Behinderung unter dem Stichwort »person-centered planning« (z. B. Sanderson et al. 1997).

Eine personenzentrierte Umsetzung der Unterstützung von Menschen mit Behinderung setzt als Gelingensbedingung sowohl auf Seiten des Leistungsträgers als auch auf Seiten der Leistungserbringer voraus, dass die im Folgenden beschriebenen Verfahren und Instrumente der Hilfeplanung nicht einzeln und isoliert betrachtet werden. Ihre jeweilige Wirksamkeit können sie nur dann entfalten, wenn sie jeweils aufeinander abgestimmt sind und regional koordiniert erbracht werden. Dies setzt aber vor allem voraus, dass zwischen dem Leistungsträger und dem Leistungsanbieter eine Kultur der engen und vertrauensvollen Kooperation entwickelt ist, die von einem gemeinsam erarbeiteten Verständnis der Hilfeplanung getragen wird.

In Nordrhein-Westfalen wurde dazu der sogenannte »NRW-Weg« eingeschlagen: Leistungsträger und die Liga der Freien Wohlfahrtspflege arbeiten gemeinsam an der Weiterentwicklung der Unterstützungsstrukturen für Menschen mit Behinderung. Es werden gemeinsam Zielvorstellungen erarbeitet (»Rahmenzielvereinbarungen«), die auch in einem gemeinsamen Prozess umgesetzt werden – wissend um die Tatsache, dass weder Leistungserbringer noch Leistungsträger ohne den jeweils anderen (oder gar »gegen« den jeweils anderen) die Lebensverhältnisse von Menschen mit Behinderung entscheidend und nachhaltig verbessern können.

Grundvoraussetzung für eine personenzentrierte Ausrichtung der Unterstützung von Menschen mit Behinderung ist, dass die »Personenzentrierung« als Haltung, als innerer Kompass bei denjenigen fest verankert ist, die für die Leistungsbewilligung (und auch für die Leistungsausführung) verantwortlich sind. »Personenzentrierung als Haltung« beschreibt dabei die Herausforderung, diese Haltung als feste Überzeugung und Handlungsgrundlage nachhaltig zu etablieren (z. B. auch Bennewitz 2016).

Personenzentriertes Arbeiten geht dabei weit über die bloße Anwendung von Instrumenten und Verfahren, die sich auf einen »Einzelfall« beziehen, hinaus. Unerlässlich ist die Entwicklung einer Haltung, dass Menschen mit Behinderung keine »Defizitwesen« sind, die auf staatliche Fürsorgeleistungen angewiesen sind,[7] sondern Menschen, die über Fähigkeiten und Kompetenzen verfügen und die eine grundsätzliche Möglichkeit zur Entwicklung besitzen, die aber vor gesellschaftlich geschaffenen Teilhabebarrieren stehen, die es mit Hilfe der Eingliederungshilfe zu überwinden gilt. Von Bedeutung ist dabei die Erkenntnis, dass diese prinzipielle Entwicklungsfähigkeit auch einen Entwicklungsraum benötigt, um sich entfalten zu können. Damit der Mensch mit Behinderung sich diesen Entwicklungsraum (im Sinne eines Möglichkeitsraums) weitestgehend selbstständig aneignen kann, sind die Leistungen der Eingliederungshilfe (oder Leistungen anderer Leistungsträger oder im Sozialraum verfügbare »nicht-professionelle« Hilfen) zu erschließen.[8]

Ist jemand in seiner Entwicklung zu unterstützen, so ist es grundlegend (und letztlich auch banal), sich am Wunsch (und dem Willen) des Menschen mit Behin-

---

7 Ganz abgesehen von der gesetzlichen Verpflichtung zur Umsetzung der UN-Behindertenrechtskonvention, die als Menschenrechtskonvention ausgestaltet ist!
8 Hier ließe sich auf einer theoretischen Ebene an das Konstrukt der »Zone der nächsten Entwicklung« aus der Tätigkeitstheorie der Kulturhistorischen Schule anknüpfen, was aber an dieser Stelle zu weit führen würde (Wygotski 1988; Engeström 1987; Schartmann 1998).

derung in der Teilhabeplanung zu orientieren. Das heißt in der Praxis, sich zunächst mit seinen bzw. ihren individuellen Vorstellungen auseinanderzusetzen, wie er bzw. sie sich seine nächsten Jahre in Bezug auf die Teilhabe am Leben in der Gemeinschaft und der Teilhabe am Arbeitsleben vorstellt und welche Ziele er bzw. sie erreichen möchte. Dies ist die Grundvoraussetzung dafür, Leistungen personenzentriert planen und erbringen zu können – und gleichzeitig Grundlage für die Motivation des Menschen mit Behinderung, an der Planung seiner eigenen Teilhabe mitzuwirken.

Diese Haltung ist als oberste Leitlinie in der Organisation zu verankern. Sie ist von dem gesetzlich verantwortlichen Leistungsträger gegenüber seinen Mitarbeiterinnen und Mitarbeitern nicht nur einmalig zu vermitteln, sondern in einem steten Prozess immer wieder deutlich zu machen. Dazu gehört, den Mitarbeiterinnen und Mitarbeitern qualifizierende Schulungen und Fortbildungen anzubieten. Beim LVR werden zum Beispiel neue Mitarbeiterinnen und Mitarbeiter im Fallmanagement möglichst zu Beginn ihrer Tätigkeit in einer mehrtägigen Fortbildungsreihe zu den oben genannten Themen (und anderen weiteren) geschult.

3 Personenzentrierte Steuerungsinstrumente

Im Folgenden werden die einzelnen Steuerungsinstrumente vorgestellt, die beim LVR in den letzten rund zehn Jahren entwickelt worden sind, um den personenzentrierten Ansatz im Rahmen der Eingliederungshilfe umsetzen zu können. Die einzelnen Steuerungsinstrumente sind dabei nicht isoliert voneinander zu sehen, sondern müssen im Zusammenhang und in ihrer Gesamtheit betrachtet werden. Ihre Wirksamkeit können diese Steuerungsinstrumente nur entfalten, wenn sie aufeinander bezogen werden. In Bezug auf das BTHG sind sie zu überprüfen und ggfs. weiterzuentwickeln.

3.1 Das Fallmanagement

Ein zentrales Element der personenzentrierten Steuerung von Leistungen der Eingliederungshilfe ist der Aufbau des Fallmanagements gewesen. Fallmanagerinnen und Fallmanager beim LVR als überörtlichen Träger der Sozialhilfe sind die Ansprechpartnerinnen und Ansprechpartner für alle Angelegenheiten eines Menschen mit Behinderung – unabhängig davon, um welche Leistungen der Eingliederungshilfe es sich handelt (Leistungen zur Teilhabe an der Gemeinschaft, Leistungen zur Teilhabe am Arbeitsleben). Das Fallmanagement ist regional organisiert, so dass die Berücksichtigung von regionalen und sozialräumlichen Aspekten in der Hilfeplanung gewährleistet ist.

Die Fallmanagerinnen und Fallmanager haben unter anderem die Aufgabe, die vorhandenen individuellen Unterstützungsbedarfe des Menschen mit Behinderung festzustellen. Dazu

- analysieren sie auf der Basis eines individuellen Hilfeplans die jeweilige Lebenssituation des Menschen mit Behinderung,
- entscheiden sie über die generelle Leistungsberechtigung (»Feststellung der wesentlichen Behinderung« nach § 53 SGB XII in Verbindung mit § 2 SGB IX),
- planen und steuern sie die Leistungen unter Berücksichtigung individueller Entwicklungspotenziale und Bedarfe,
- koordinieren sie die Hilfen im Rahmen von Gesamtplan- und Einzelfallgesprächen vor Ort und
- vertreten sie den LVR in Fachausschüssen, Hilfeplankonferenzen (HPK) und anderen regionalen Gremien.

Einstellungsvoraussetzung für Fachkräfte im Fallmanagement ist die erfolgreiche Weiterqualifizierung zum Verwaltungsfachwirt (Angestelltenlehrgang II) oder ein abgeschlossenes Studium der Sozialpädagogik, der Sozialen Arbeit oder der Heilpädagogik sowie eine mindestens dreijährige Tätigkeit nach Studienabschluss. Erwartet werden Kenntnisse in der einschlägigen Sozialgesetzgebung, fundierte Kenntnisse über geistige, psychische und körperliche Behinderungen und deren (mögliche) Auswirkungen auf die Teilhabe am Leben in der Gemeinschaft und am Arbeitsleben. Des Weiteren sind Kenntnisse über stationäre und ambulante Wohn- und Beschäftigungsangebote für Menschen mit Behinderung, den damit verbundenen Leistungen und deren Finanzierung wünschenswert.

An dieser umfangreichen Aufzählung wird schnell deutlich, dass es einen »fertigen« Fallmanager oder eine »fertige« Fallmanagerin in den seltensten Fällen geben wird – in der Regel sind Schwerpunkte entweder bei den sozialrechtlichen Kompetenzen oder bei den Kenntnissen über Entstehungsbedingungen von Teilhabebarrieren vorhanden. Insofern benötigen Fallmanagerinnen und Fallmanager in vielen Fällen eine längerfristige Unterstützung im Rahmen von Einarbeitung, von Qualifizierungen und Fortbildungen zu den oben genannten Themen.

3.2 Das Hilfeplaninstrument – der IHP 3.1

Als Instrument einer personenzentrierten Hilfeplanung wird im Zuständigkeitsgebiet des LVR der »Individuelle Hilfeplan« (IHP), derzeit in der Version 3.1, eingesetzt (LVR 2016a). Der IHP wird von der leistungsberechtigten Person ausgefüllt; sollte sie dabei Unterstützung wollen oder benötigen, können Personen des Vertrauens (zum Beispiel Eltern, Geschwister, Freunde, rechtliche Betreuung), Anbieter von Unterstützungsleistungen oder auch offene und niedrigschwellige Beratungsstellen wie Sozialpsychiatrische Zentren (SPZ) oder Koordinierungs-, Kontakt- und Beratungsstellen (KoKoBe) (näheres dazu siehe unten) hinzugezogen werden.

Ausgangspunkt im IHP sind die Vorstellungen des Menschen mit Behinderung über seine eigene Zukunft – daher geht es zunächst auch um die angestrebte Wohn- und Lebensform, verbunden mit dem deutlichen Hinweis, dass diese aus dessen Perspektive bzw. in der eigenen sprachlichen Äußerung formuliert wird. Eine Kommentierung oder Bewertung dieser Ziele von Dritten ist unerwünscht (vgl. LVR 2016a).

Auch die weiteren Schritte sind aus der Perspektive des Menschen mit Behinderung zu formulieren – diese ist immer zunächst darzustellen bzw. aufzunehmen. Es besteht anschließend jeweils die Möglichkeit, die Äußerungen des Menschen mit Behinderung durch eine fachliche Sicht zu ergänzen, allerdings nicht zu bewerten.

Es werden im Folgenden – orientiert an der ICF – die individuellen Aktivitäten, Umwelt- und Personfaktoren des Menschen mit Behinderung beschrieben, ebenso wie die vorhandenen Teilhabebarrieren. Von Bedeutung ist dabei, dass es um eine umfassende Erhebung der Lebenssituation und der Bedarfe des Menschen um Behinderung geht, um seine Teilhabe zu realisieren – und nicht nur um mögliche Leistungen aus der Eingliederungshilfe. Insofern können auch Bedarfe aufgenommen werden, bei denen nach Prüfung des IHP beim LVR festgestellt wird, dass andere Leistungsträger für die Bedarfsdeckung zuständig sind. Diese entscheiden dann im Rahmen ihrer gesetzlichen Zuständigkeit über diese Leistungen.

Der IHP ist als ein Leitfaden zu verstehen, mit dem strukturiert und im Dialog die Bedarfe des Menschen mit Behinderung erhoben werden können, in überprüfbare (»smarte«)[9] Ziele gegossen werden und anschließend in planbare, nachvollziehbare Maßnahmen überführt werden. Dabei wird erst im letzten Schritt beschrieben, wer die Leistungen erbringen soll, wann und wo diese erbracht werden sollen und ob diese vielleicht auch über vorhandene Angebote im Sozialraum gedeckt werden können.

Der IHP kann sowohl für ambulante als auch bei stationären Leistungen eingesetzt werden, weil der Ansatzpunkt immer der Wunsch des Menschen mit Behinderung in Bezug auf seine künftige Lebenssituation ist. Häufig fällt es aber Anbietern von Leistungen zum stationären Wohnen in Einrichtungen als Ersteller von Hilfeplänen schwer, von der real vorhandenen Lebenssituation in einem Wohnheim zu abstrahieren. So werden vermeintlich individuelle »Bedarfe« formuliert, die nur deswegen im IHP vermerkt werden, weil vermeintlich korrespondiere Angebote vorhanden sind – und nicht, weil sie Ausdruck der Umsetzung der mit dem Menschen mit Behinderung vereinbarten Ziele sind.

Für Menschen mit Lernschwierigkeiten sind entsprechende Broschüren entwickelt worden, mit denen der Sinn und das Anliegen des IHP verständlich erläutert werden und die als Ausfüllhilfen dienen können. Außerdem ist ein Hilfeplankoffer erarbeitet worden, mit dem über unterschiedliche haptische Elemente die Wünsche des Menschen mit Behinderung zu seiner künftigen Wohn- und Lebenssituation erhoben werden können.

Da sich der IHP 3.1 an der ICF orientiert, erfüllt er vom Grundsatz die Anforderungen, die das BTHG an das Bedarfsermittlungsinstrument stellt.

3.3 Die Hilfeplankonferenz

In der HPK wird auf der Basis des IHP beraten, welche Hilfen erforderlich sind, welchen Umfang die Hilfen in Qualität und Quantität haben müssen und in wel-

---

9 »Smart« bedeutet: s = spezifisch, m = messbar, a = anspruchsvoll, r = realistisch, t = terminiert.

chem Zeitraum diese zu erbringen sind und wer die erforderlichen Hilfen leisten soll sowie wann und wo diese erbracht werden sollen. Wichtig ist zu berücksichtigen, dass die HPK ausschließlich ein Beratungsgremium ist – die Entscheidung wird in jedem Einzelfall vom Fallmanagement des LVR getroffen. Die Beratungsergebnisse in der HPK sind somit auch nicht bindend, sondern sie haben empfehlenden Charakter.

In einer Mustergeschäftsordnung für die regionalen HPK sind deren Mitglieder festgelegt worden. Teilnehmen sollen immer der örtliche Träger (das Gesundheitsamt bei Menschen mit einer psychischen Behinderung oder das Sozialamt bei Menschen mit einer geistigen oder körperlichen Behinderung), jeweils Vertreterinnen bzw. Vertreter der Anbieter ambulanter und stationärer Leistungen, die KoKoBe oder das SPZ. Es wird angestrebt und motivierend darauf hingewirkt, dass Menschen mit Behinderung an »ihrer« HPK teilnehmen – darauf wird sowohl von Seiten des Fallmanagements als auch von Seiten der Anbieter, die bei der Erstellung des Hilfeplans behilflich sind, deutlich hingewiesen. Allerdings ist die Teilnahmequote von Menschen mit Behinderung an der HPK noch viel zu gering und eine der wichtigsten Zukunftsaufgaben im Rahmen der personenzentrierten Hilfeplanung im Rheinland.

Ebenso wird angestrebt, dass weitere Leistungsträger an der HPK teilnehmen – dies konnte bedauerlicherweise aber nur in einigen Regionen umgesetzt werden. Vereinzelt sind SGB II-Träger und SGB V-Träger in der HPK vertreten. Wünschenswert wäre es jedoch, wenn flächendeckend die im Einzelfall relevanten Leistungsträger anwesend wären, damit trägerübergreifend eine abgestimmte und vor allem umfassende Bedarfsdeckung geplant werden kann.

Aus der Diskussion in der HPK über die Bedarfe, die in einer Region des Öfteren nicht gedeckt werden können, ergeben sich Hinweise auf neue Angebote, die entwickelt werden müssen.

Der ursprüngliche Anspruch an die HPK bestand darin, dass alle Anträge auf Eingliederungshilfe in einer Region in der HPK beraten werden, so dass alle Beteiligten einen Überblick über die vorhandenen, gedeckten und schwierig zu deckenden Bedarfe in der Region erhalten. Aufgrund der Fallzahlsteigerungen in der Eingliederungshilfe in den letzten Jahren ist dieser Anspruch nicht mehr einzuhalten gewesen. Daher werden seit drei Jahren nicht mehr alle Fälle in der HPK besprochen, sondern nur diejenigen, bei denen das Fallmanagement des LVR Beratungsbedarf feststellt und die Beratungskompetenz der Anwesenden benötigt wird, beispielsweise bei besonders schwierigen Fallkonstellationen, wenn der Bedarf nicht deutlich aus dem IHP hervorgeht, wenn die Bedarfsdeckung in der Region auf besondere Schwierigkeiten stößt oder wenn über viele Jahre hinweg die im IHP dargestellte Lebenssituation gleichbleibend ist. Der letzte Punkt ist insofern bedeutsam, da er darauf hindeuten könnte, dass keine Auseinandersetzung mehr mit der individuellen Lebenssituation des Menschen mit Behinderung stattgefunden hat und somit sich im Laufe der Zeit ändernde Wünsche und Ziele des Menschen mit Behinderung nicht berücksichtigt werden.

Im Rheinland gibt es in jeder Gebietskörperschaft (d. h. Landkreis resp. kreisangehörige Stadt) mindestens jeweils eine HPK für die Zielgruppen der Menschen mit einer geistigen Behinderung und der mit einer psychischen Behinderung, vereinzelt auch für suchtkranke Menschen. In der Regel tagt eine HPK mindestens einmal monatlich, die Geschäftsführung liegt beim LVR. Es bestehen im Rheinland rund 80 regelmäßig tagende HPK.

Um die Arbeit der HPK zu unterstützen, ist eine »rheinlandweite« Begleitgruppe eingerichtet worden, in der sich Vertreterinnen und Vertreter von Landkreistag und Städtetag, der freien und öffentlichen Wohlfahrtspflege und des LVR über die Entwicklungen der HPK auf örtlicher Ebene austauschen und Impulse für die Weiterentwicklungen der HPK setzen (LVR 2015).

Mit dem BTHG werden die Gesamtplan- und die Teilhabeplankonferenz eingeführt. Es ist zu überprüfen, inwieweit die HPK in ihrer jetzigen Form den neuen Anforderungen genügt oder ggfs. weiterentwickelt werden muss.

3.4 Die Regionalkonferenz

Zielsetzung der Regionalkonferenz ist es, die handelnden Akteure einer Region zusammenzuführen und einen Austausch über die aktuelle Situation, beispielsweise zu den aktuellen Fallzahlen zu ermöglichen. Zu den Akteuren gehören der örtliche und überörtliche Träger der Sozialhilfe ebenso wie die Anbieter von ambulanten, teilstationären und stationären Leistungen der Eingliederungshilfe. Es werden beispielsweise rechtliche Veränderungen vorgestellt, neue Angebote in der Region bekannt gemacht oder über aktuelle Entwicklungen in der Eingliederungshilfe diskutiert.

Die Regionalkonferenz wird in aller Regel einmal jährlich pro Gebietskörperschaft (Landkreis resp. größere kreisangehörige Stadt) durchgeführt.

3.5 Fachleistungsstundensystematik

Personenzentrierung ohne eine einzelfallbezogene Finanzierung der erbrachten Leistungen ist nicht vorstellbar. Der LVR hat in den letzten Jahren – neben der Finanzierung über Pauschalen in der stationären Leistungsform – die Finanzierung über Fachleistungsstunden für das selbstständige Wohnen mit ambulanter Unterstützung umgesetzt. Aus der Analyse des IHP, der damit festgestellten Bedarfe und vereinbarten Ziele wird die Anzahl der Fachleistungsstunden vom Fallmanagement des LVR festgesetzt, die dem Leistungsberechtigen zustehen, um die formulierten Ziele zu erreichen (z. B. drei Fachleistungsstunden pro Woche für zwei Kalenderjahre = 312 Fachleistungsstunden). Der Leistungsberechtigte kann dann dieses Stundenvolumen – ausgerichtet am individuellen Bedarf – für seine Unterstützung einsetzen. Dabei ist es nicht zwingend erforderlich, jede Woche genau drei Fachleistungsstunden in Anspruch zu nehmen: Der Bedarf wird schwanken und die Unterstützung muss sich diesen Schwankungen anpassen. Die Unterstützung kann somit zeitlich flexibel erbracht werden, darf aber das »Budget« nicht überschreiten. Sollte sich im Laufe des Unterstützungsprozesses zeigen, dass die gesetzten Ziele nicht mit dem vereinbarten Stundenkontingent erreichbar sind, kann über eine Neufestsetzung der Anzahl der Fachleistungsstunden verhandelt werden.

Neben den Fachleistungsstunden können auch Assistenzstunden bewilligt werden. Während bei den Fachleistungsstunden der pädagogisch-fördernde Ansatz im

Mittelpunkt steht, werden Assistenzstunden zu kompensatorischen Zwecken eingesetzt. Fachleistungsstunden müssen daher auch von Fachleuten (in der Regel Sozialpädagoginnen und -pädagogen, Sozialarbeiterinnen und -arbeiter oder Heilpädagoginnen und -pädagogen) erbracht werden, Assistenzstunden werden von Assistenzkräften geleistet, die nicht zwingend eine pädagogische Ausbildung besitzen müssen.

3.6 Koordinierungs-, Kontakt- und Beratungsstellen sowie Sozialpsychiatrische Zentren

KoKoBe und die SPZ sind niedrigschwellige und gemeindenahe Anlauf- und Beratungsstellen für Menschen mit geistiger Behinderung (KoKoBe) oder psychischer Behinderung (SPZ). Sie bieten eine individuelle Beratung zu den Themen Wohnen, Arbeit und Freizeit an und unterstützen auf Wunsch auch bei der Erstellung des IHP. Zielsetzung der KoKoBe ist die Stärkung der Selbstbestimmung von Menschen mit Behinderung und die Weiterentwicklung der regionalen, ambulanten Unterstützungsangebote. Die Mitarbeiterinnen und Mitarbeiter der KoKoBe stellen ihr Beratungsangebot in den Förderschulen und Werkstätten für Menschen mit Behinderung vor, beraten Eltern und Angehörige und werben für die Nutzung von ambulanten (Wohn-)Alternativen.

Der LVR finanziert diese Beratungsstellen, die in jeder Gebietskörperschaft eingerichtet wurden. Vor Ort werden diese von örtlichen Organisationen (Träger von Angeboten der Behindertenhilfe) betrieben, bei denen die Mitarbeiterinnen und Mitarbeiter angestellt sind. Die KoKoBe sind so konzipiert, dass sie immer aus einem Trägerverbund bestehen. Die Mitarbeiterinnen und Mitarbeiter der KoKoBe sind zu einer Trägerneutralität verpflichtet: Sie informieren und beraten nicht über die Angebote ihres Anstellungsträgers, sondern über die vorhandenen, professionellen und nicht-professionellen Angebote im Sozialraum – passend zu den individuellen Bedarfen des Menschen mit Behinderung. Äußeres Zeichen dieser Trägerunabhängigkeit ist ein rheinlandweites, einheitliches Logo für alle KoKoBe sowie trägerneutrale E-Mail-Anschriften, Standorte und Außenschilder an den Beratungsstellen.

Gleichzeitig engagieren sich die Mitarbeiterinnen und Mitarbeiter für einen inklusiven Sozialraum, werben für die Belange von Menschen mit Behinderung und setzen sich für eine inklusive Öffnung örtlicher Angebote ein.

Inwieweit die KoKoBe und die SPZ in das Netz der »unabhängigen Beratung« nach dem BTHG einbezogen werden können, muss auf der Basis der noch zu verabschiedenden Richtlinien zur »unabhängigen Beratung« noch geprüft werden.

3.7 Weitere Aspekte im Zusammenhang von Personenzentrierung und Partizipation

Die vorgestellten Bausteine einer personenzentrierten Unterstützungsplanung sind eng miteinander verzahnt und greifen ineinander. Sie ergänzen sich sinnvoll und gewährleisten, dass die Unterstützung von Menschen mit Behinderung an dem jeweiligen, individuellen Bedarf ausgerichtet und fortgeschrieben werden kann.

Ein weiteres wichtiges Wesensmerkmal der Personenzentrierung ist die Partizipation des Menschen mit Behinderung an den ihn betreffenden Prozessen und Entscheidungen. Daher ist die Stärkung der Partizipation dem LVR ein wichtiges Anliegen. So werden in regelmäßigen Abständen mit den Werkstatträten der Werkstätten für Menschen mit Behinderungen im Rheinland Workshops durchgeführt, bei denen die von den Werkstattbeschäftigten gewählten Werkstatträte über aktuelle Entwicklungen informiert werden, mit ihnen über ihre Arbeit diskutiert wird und ihnen ein Forum für einen gegenseitigen Austausch angeboten wird. Werkstatträte werden somit in der Erfüllung ihrer verantwortungsvollen Aufgaben unterstützt.

Von besonderer Bedeutung für die Partizipation von Menschen mit Behinderung ist das Modellprojekt »Peer Counseling im Rheinland« (2014–2017). An zehn Projektstandorten wird die Beratung von Menschen mit Behinderung durch Menschen mit Behinderung vom LVR finanziell gefördert und wissenschaftlich evaluiert (Brauckmann et al. 2016; ▶ Kap. 12). Das Beratungsangebot ist sehr unterschiedlich organisiert und richtet sich an Menschen mit einer psychischen, geistigen oder körperlichen Behinderung. Der Abschlussbericht zum Modellprojekt wird im Sommer 2017 erwartet – deutlich wird aber bereits jetzt, dass das Peer Counseling eine besonders eigenständige Qualität in der Beratungsarbeit aufweist und ganz unabhängig von der Organisation des Angebotes eine sehr hohe Akzeptanz bei den Ratsuchenden erreicht.

4 Weiterentwicklung der Personenzentrierung

Die Personenzentrierung als Strukturprinzip der Eingliederungshilfe im Rheinland ist etwa ab 2005 entwickelt worden und wird regelmäßig einer kritischen Analyse unterzogen, ob die vorhandenen Instrumente und Verfahren weiterhin den sich wandelnden Anforderungen gerecht werden oder ob ein Anpassungsbedarf besteht. So sind in den letzten Jahren mehrere Forschungsprojekte durchgeführt worden, die sich mit der Praxis im Rheinland auseinandergesetzt und wichtige Hinweise (unter anderem) für die Weiterentwicklung des personenzentrierten Ansatzes geliefert haben (LVR 2016b oder zusammenfassend Weber et al. 2016).

So ist zum Beispiel im Rahmen der Modellprojekte deutlich geworden, dass die Nutzung des IHP 3 sehr voraussetzungsvoll ist, da sich dieses Instrument zwar als hochwertig, aber auch als anspruchsvoll für alle Beteiligten in der Praxis herausgestellt hat. Diese Voraussetzungen beziehen sich sowohl auf die oben beschriebene und eingeforderte Haltung in der personenzentrierten Arbeit als auch auf die Qualifikation der Fachkräfte, die den IHP erstellen, aber auch auf die Fachkräfte, die den IHP auf Seiten des Leistungsträgers auswerten und die Hilfeplanung durchführen, sowie für die Menschen mit Behinderung, die den IHP selber ausfüllen bzw. mit denen der IHP besprochen wird.

Ebenso ist im Rahmen der Forschungsprojekte nachvollziehbar herausgearbeitet worden, dass es Fachkräften bei den Leistungserbringern zum Beispiel oftmals schwerfällt,

- eine konsequente personenzentrierte Perspektive einzunehmen, also sich nicht von den vorhandenen Angeboten (z. B. in einem Wohnheim) leiten zu lassen, sondern die Angebote an den individuellen Bedarfen auszurichten und auch Bedarfe zu beschreiben, für die noch kein Angebot vorliegt,
- in der Beschreibung ihrer »fachlichen Ergänzung« bei der Aufstellung eines IHP sich an den Erwartungen des Menschen mit Behinderung zu orientieren und diese nicht durch ihre eigene Sicht zu dominieren oder
- nicht-professionelle Angebote im Sozialraum zu berücksichtigen, die auch zur Deckung des individuellen Bedarfs herangezogen werden könnten.

Außerdem konnte im Rahmen der Forschungsprojekte – empirisch abgesichert – gezeigt werden, dass Menschen mit Lernschwierigkeiten, die oft bis ins mittlere Erwachsenenalter bei ihren eigenen Eltern wohnen, für sich eine Wohnperspektive formulieren, die jenseits der gewohnten Wohnheimstrukturen liegt und dass aber die Angebotslandschaft auf diese Wohnwünsche nur unzureichend vorbereitet ist.

Die entsprechende Weiterentwicklung von Wohnangeboten ist nur eine der Aufgaben, die für die Weiterentwicklung des personenzentrierten Ansatzes von großer Bedeutung ist. Sie kann nur gemeinsam vom Leistungsträger und von den Leistungsanbietern bewältigt werden.

Literatur

Bennewitz, Dirk (2016). Anforderungen personenzentrierter Hilfen. In Petra Gromann (Hrsg.). *Teilhabeorientierte Steuerung sozialpsychiatrischer Hilfen.* Köln: Psychiatrie-Verlag, 103–135.
Braukmann, Jan, Andreas Heimer, Micah Jordan, Jakob Maetzel, Mario Schreiner, Gudrun Wansing und Matthias Windisch (2016). *Evaluation von Peer Counseling im Rheinland. 2. Ausführlicher Zwischenbericht über das Modellprojekt des LVR.* http://www.lvr.de/¬media/wwwlvrde/soziales/menschenmitbehinderung/wohnen/dokumente_232/peer_coun¬seling/14-1361_Anlage_2_Anlagen_zum_Zwischenbericht.pdf (Zugriff: 06. Juni 2017).
Deutscher Verein für öffentliche und private Fürsorge (2009). *Empfehlungen des Deutschen Vereins zur Bedarfsermittlung und Hilfeplanung in der Eingliederungshilfe für Menschen mit Behinderungen.* https://www.deutscher-verein.de/de/empfehlungen-stellungnahmen-¬1156.html?thema=&jahr=2009&filtern=filtern (Zugriff: 06. Juni 2017).
DIMDI (Deutsches Institut für Medizinische Dokumentation und Information) (2010). *ICF – Internationale Klassifikation der Funktionsfähigkeit, Behinderung und Gesundheit.* Genf: DIMDI.
Engeström, Yrjö (1987). *Learning by expanding.* Helsinki: Orienta-Konsulit Oy.
IMEW (Institut Mensch, Ethik und Wissenschaft) (2015). *Abschließende Bemerkungen über den ersten Staatenberichts Deutschlands (nicht amtliche Übersetzung).* http://www.institut-¬fuer-menschenrechte.de/fileadmin/user_upload/PDF-Dateien/UN-Dokumente/CRPD_¬

Abschliessende_Bemerkungen_ueber_den_ersten_Staatenbericht_Deutschlands.pdf (Zugriff: 06. Juni 2017).

Kunze, Heinrich und Peter Kruckenberg (Hrsg.) (1999). *Ambulante Komplexleistungen. Sozialrechtliche Voraussetzungen zur Realisierung personenzentrierter Hilfen in der psychiatrischen Versorgung.* Baden-Baden: Nomos-Verlag.

LVR (Landschaftsverband Rheinland) (2015). *Zukunft der Hilfeplankonferenz – Hilfeplankonferenz der Zukunft, Tagungsdokumentation.* Köln: Druckerei des LVR.

LVR (Landschaftsverband Rheinland) (2016a). *Der individuelle Hilfeplan.* http://www.lvr.de/de/nav_main/soziales_1/menschenmitbehinderung/wohnen/hilfeplanverfahren_2/hilfeplan/hilfeplan_1.jsp#section-638877 (Zugriff: 06. Juni 2017).

LVR (Landschaftsverband Rheinland) (2016b). *Studien und Evaluationen.* http://www.lvr.de/de/nav_main/soziales_1/berdasdezernat/studien_und_evaluationen/studien_und_evaluationen_1.jsp (Zugriff: 06. Juni 2017).

Schartmann, Dieter (1998). *Persönlichkeitsfördernde Arbeitsgestaltung mit geistig behinderten Menschen.* Münster: Lit-Verlag.

Schartmann, Dieter (2008). Das persönliche Budget – auch eine Bildungsaufgabe? *Erwachsenenbildung und Behinderung 19* (1): 3–15.

Sanderson, Helen, Jo Kennedy und Pete Ritchie (1997). *People, plans and possibilities. Exploring person centred planning.* Edinburgh: SHS Trust.

Weber, Erik, David Cyril Knöß und Stefano Lavorano (2016). Beratungsprozesse in der Eingliederungshilfe im Kontext des Lebensbereichs Wohnen. Erkenntnisse aus Evaluationsstudien. *Behindertenpädagogik 55* (1): 35–50.

Wygotski, Lew S. (1988). *Denken und Sprechen.* Frankfurt a.M.: Fischer-Verlag.

Regionale Teilhabeindikatoren für eine teilhabeorientierte Steuerung der Eingliederungshilfe

Petra Gromann und Andrea Deuschle

1 Einleitung

Der Anspruch einer gemeinwesenbezogenen Versorgungssteuerung im Zusammenhang mit Teilhabe und selbstbestimmter Lebensführung wird maßgeblich von der Versorgungsrealität vor Ort von Wechselwirkungen und gewachsenen Strukturen sowie den unterschiedlichen Interessen der Gemeinwesenakteure geprägt. In den ländereinheitlichen Regelungen zur Eingliederungshilfe (Hochzonung/Niederzonung, Mischsysteme für stationär/ambulant oder unterschiedliche Zielgruppen) kommt es selbst bei gleichen Bedingungen zu regional sehr unterschiedlicher Versorgungsqualität und Versorgungsrealität, diese unterscheiden sich besonders stark bei Zielgruppen mit komplexen Bedarfslagen (Bundesministerium für Arbeit und Soziales [BMAS 2014]). Die jeweils historisch gewachsenen Angebots- und Verwaltungsstrukturen der Eingliederungshilfe verorten sich in unterschiedlichen kommunal-regionalen Bedingungen, städtische und ländliche Bereiche erzeugen unterschiedliche Lebensstile und soziale Nahräume von Menschen mit Beeinträchtigungen. Teilhabequalität (verstanden als Konkretisierung und Spezifizierung der universellen Menschenrechte aus der Perspektive der Menschen mit Behinderungen und vor dem Hintergrund ihrer Lebenslagen [ebd., 20]) ist demnach nicht nur von Leistungsträgern und Leistungserbringern abhängig. Die folgenden beispielhaften Hinweise erläutern diese Thesen:

In städtischen Strukturen ist Wohnraum teuer und manchmal für Mieterinnen und Mieter mit Beeinträchtigungen nicht zu haben – was einen gewissen Druck zum Aufbau stationärer Angebote oder zum Umzug erzeugt. Dort, wo noch familiäre oder freundschaftliche Netzwerke von Betroffenen vorhanden sind – oder mit Unterstützung erhalten werden konnten, ist der Bedarf an professioneller Hilfe zur Teilhabe geringer. In ländlichen Gebieten ist öffentlicher Nahverkehr ausgedünnt, was z. B. die Teilhabe am ersten Arbeitsmarkt und die Erreichbarkeit von Betreuungs-, Behandlungs- und Krisendiensten deutlich erschwert.

Die Frage nach Steuerung und Teilhabe-Wirkung muss regional von sehr unterschiedlichen Ausgangslagen und damit von einer konkreten Verortung ausgehen. Steuerungsprinzipien im Kontext der Eingliederungshilfe scheitern dann, wenn sie zu wenige oder zu wenig aussagekräftige Faktoren einbeziehen und somit das vorhandene Steuerungspotential nicht ausschöpfen. Liegt nur das Verständnis des sozialrechtlichen Dreiecks zu Grunde (Leistungsträger – Leistungserbringer – leistungsberechtigte Person), so ist dies als unzulässige Vereinfachung zu werten. In diesem zu engen betriebswirtschaftlichen Verständnis muss nur die wirtschaftlich zu erbringende Dienstleistung gesteuert und die Zuweisung von Leistungsberechtigten in möglichst kostengünstige Maßnahmen beeinflusst werden.

Im Folgenden sollen Ergebnisse eines Forschungsprojekts zur Entwicklung eines teilhabeorientierten Steuerungskonzepts dargestellt werden, in dessen Rahmen vor dem Hintergrund unterschiedlicher regionaler Gegebenheiten das Zielprinzip der Dokumentation und Bewertung von gemeinsam verhandelten regionalen Steuerungszielen umgesetzt wird. Voraussetzung, auch der in diesem Zusammenhang angeführten Forschungsergebnisse, ist ein Verständnis von fünf zentralen Interessenpositionen für regionale Versorgung (Gromann 2013). Knapp gefasst können diese wie folgt beschrieben werden:

- Leistungsträger – die Interessenposition lässt sich als Umsetzung der Rechtsansprüche Betroffener und nachhaltige, wirtschaftlich günstige Versorgungsleistungen beschreiben.
- Leistungserbringer – verstehen sich als Anwalt der Leistungsansprüche von Menschen mit Beeinträchtigungen, sind deutlich an »machbaren«, d.h. betriebswirtschaftlich organisierten und ausfinanzierten Dienst- bzw. Unterstützungsleistungen interessiert.
- Menschen mit Beeinträchtigungen – vertreten persönliche Interessen: d.h. das, was subjektiv als angemessen unterstützte individuelle Lebens- und Arbeits- und Behandlungs- wie Begleitungsarrangements zu verstehen ist.
- Kommunale Expertinnen und Experten – stehen für die Interessenvertretung für angemessene und hilfreiche kommunale Strukturen für alle Bürgerinnen und Bürger mit und ohne Beeinträchtigungen im Rahmen der kommunalen Finanzen.
- Vertretende der »Sorgeposition« (gesetzliche Betreuungen, Angehörige, Ombudspersonen) vertreten Interessen an Prävention und guter Versorgung, sie fordern auch die Wahrnehmung gesellschaftlicher Verantwortung/Kontrolle.

Der Anspruch, Inklusion bzw. Teilhabe umzusetzen und als Qualität einer regionalen Versorgung zu begreifen, ist spätestens seit Art. 19 der UN-Behindertenrechtskonvention (UN-BRK) als Grundrecht zu begreifen. Dies bedeutet für die Eingliederungshilfe, dass der Anspruch von Einzelpersonen auf Unterstützung durch passgenaue Hilfearrangements, die flexibel auf Lebensumstände eingehen, nicht mehr in besonderen Versorgungsstrukturen, die ausschließlich für einen bestimmten Personenkreis zur Verfügung stehen – den sogenannten exkludierenden Sonderwelten – erfolgen sollte.

Das Ziel, Qualität im Sinne von ermöglichter Teilhabe, Wirtschaftlichkeit und Versorgungsgerechtigkeit herzustellen, verlangt nach einem anderen Prinzip. Dieses lässt sich am besten als Steuerung mit allen beteiligten Interessenpositionen umsetzen. Es erfordert die Kooperation aller Interessenpositionen und bewertet die komplexen und regional unterschiedlichen Bedingungen.

2 Methodische Grundlage der Untersuchungsergebnisse zur teilhabeorientierten Steuerung

Bisherige Steuerungsmodelle der Eingliederungshilfe funktionieren quasi als Zugangssteuerung, der Leistungsträger entscheidet – oft nur, wenn Menschen mit Beeinträchtigungen erstmals einen Antrag auf Leistungen der Eingliederungshilfe stellen – über den Hilfeplan und die Platzierung im System der Hilfen. Unter Beibehaltung des bisherigen Finanzierungssystems nach Leistungstypen (z. B. stationär/ambulant) stabilisiert dies die wirtschaftlichen Anreize stationärer Hilfen bei gleichzeitigem Ausbau ambulanter oder teilstationärer Hilfen. Der Prozess der Hilfeplanung wird nicht als Umsteuerung hin zur Sicherung passgenauer Hilfen verstanden, wirtschaftliche Anreize für flexible Leistungen fehlen (Tietmeyer 2015). Eine Planung, Umsteuerung und Veränderung des regionalen Angebotssystems auf dem Hintergrund der Bedarfslagen erfolgt nicht. In der Regel gibt es in Regionen nur eine Angebotsübersicht (verfügbare Plätze), Absprachen und Zielentwicklungen zur Teilhabequalität und konkreter regionaler Entwicklung der Versorgung fehlen. Auf diesem Hintergrund hat das aus Mitteln des Europäischen Sozialfonds (ESF) geförderte und folgend geschilderte Forschungsprojekt »Regionale Teilhabeindikatoren – regionale Kompetenzen für Fachkräfte« in zwei Regionen – einer städtischen und einer ländlich geprägten Region – Inhalte und Chancen einer regionalen Steuerung untersucht. Das Projektziel bestand darin, die notwendige Anpassung an sich ändernde Berufsfelder für Absolventinnen und Absolventen des Fachbereichs Sozialwesen der Hochschule Fulda durch

- Schlüsselqualifikationen im Bereich der Koordination und Weiterentwicklung der Eingliederungshilfe mit einem teilhabe- und wirkungsorientierten Instrumentarium
- nachhaltige, regionale Entwicklung von Sozialräumen von Menschen mit Beeinträchtigungen als neue Arbeitsfelder mit neuen fachlichen Anforderungen an Absolventinnen und Absolventen
- Kennziffern für die Steuerung der regionalen Teilhabeentwicklung

zu forcieren.

Im Rahmen des Projekts wurden gezielt engagierte Akteure aus dem Kontext der psychiatrischen Versorgung der Eingliederungshilfe befragt. Wir haben alle Interessenpositionen einbezogen: Leistungserbringer, Leistungsträger, kommunale Expertinnen und Experten, Vertreterinnen und Vertreter der Selbsthilfe und der Angehörigen wie auch gesetzliche Betreuungskräfte. Im Zeitraum Februar bis September 2014 wurden 22 leitfadengestützte Experteninterviews durchgeführt, anonymisiert, transkribiert und mit dem deduktiv-reduktiven Auswertungsverfahren der qualitativen Inhaltsanalyse nach Philipp Mayring (2010) und dem Programm MAXQDA ausgewertet.

Die beiden Untersuchungsregionen sind als Leuchttürme regionaler Entwicklung mit einer weit entwickelten Versorgungslandschaft zu bezeichnen. Diese Studie war auf das Arbeitsfeld Gemeindepsychiatrie eingegrenzt und ging vom Wissen erfolgreicher Kooperation aus. Es wurden Expertinnen und Experten befragt, die tatsächlich eine im Vergleich zu anderen Regionen weit fortgeschrittene gemeindepsychiatrische Entwicklung umsetzen und im Alltag vorantreiben (Geyer 2012).

3 Ziel einer teilhabeorientierten Steuerung

Im Rahmen der Untersuchung ergibt sich eine deutliche Übereinstimmung aller Interessenpositionen: Teilhabe wird als individuelles »Dabeisein können« verstanden, Eingliederungshilfe ist als Dienstleistung zur Unterstützung Betroffener umzusetzen. Teilhabe wird als Gelingen individueller und anerkennungsreicher Lebensführung in der Gemeinde verstanden. Das Verständnis, der Sozialraum vor Ort sei eine aufnehmende (und hoffentlich auch anerkennende) Umwelt, stellt einen Kontrast zum Verständnis dar, Sozialraum sei eine quasi natürliche und kostengünstige Ressource.

Die selbstbestimmte Entscheidung für die Form der Unterstützung steht für die Vertreterinnen und Vertreter der Selbsthilfe im Zentrum von erreichter Teilhabe: So leben, wie man möchte und dort auch unterstützt werden können; uneingeschränkter barrierefreier eigener Zugang zu Informationen und Behörden; normale Beschäftigungsverhältnisse außerhalb von Werkstätten zu haben und ein wenig finanziellen Spielraum, um beim kulturellen Leben dabei sein zu können. Arbeit als besonders wichtiger Teilhabebereich bedeute, im Arbeitsleben ebenbürtig zu sein, Kollegin oder Kollege zu sein, ein Arbeitsentgelt zu erhalten und selbst zu entscheiden, ob Arbeit in einem geschützten oder »normalen« Umfeld stattfindet und in welchem Umfang diese gewünscht wird.

Das Ziel scheint allen klar – jedoch ist die Kultur und Atmosphäre von Zusammenarbeit regional unterschiedlich. Die städtischen Leistungserbringer verfügen über langjährige Erfahrungen und eine etablierte Kultur trägerübergreifender Zusammenarbeit (einschließlich der Transparenz über allgemeine Zahlen der Leistungserbringung). Die Kooperation mit dem Leistungsträger funktioniert sachbezogen wie auch vertrauensvoll, jedoch in unterschiedlicher Tiefe. Als hinderlich wird erlebt, dass unterschiedliche Finanzierungs- und Abrechnungssysteme existieren. Konkrete Zusammenarbeit hat eine Kultur von Vertrauen und persönlicher Akzeptanz wachsen lassen, die aus gemeinsamer Verbindlichkeit – Versorgungsverpflichtung – erwachsen ist.

Ländliche Leistungserbringer treffen sich nicht kontinuierlich in etablierten regionalen Planungsstrukturen, die Zusammenarbeit funktioniert anlassbezogen und folgt keiner formellen oder informellen Struktur. Das Vorhandensein von quasi monopolistischen Strukturen in bestimmten Versorgungsbereichen der ländlichen Region fördert weder eine Vertrauenskultur noch eine gemeinsame

Interessenabstimmung, sondern löst tendenziell eher Zurückhaltung aus. Die Qualität des Austauschs mit dem Leistungsträger in der ländlichen Region ist anlassbezogen und gut funktionierend, aber wenig kontinuierlich. Transparente Veröffentlichung und Überblick zur regionalen Versorgungssituation sind in diesem Kontext ein Novum. Hohe Bedeutung hat das Erleben, dass »alles klappt« – gelingende Kontakte in voneinander abgeschotteten Versorgungsbereichen scheinen gemeinsame übergreifende Abstimmungen überflüssig zu machen. Gleichzeitig kann so einer transparenten Thematisierung der Versorgungslage in der Region ausgewichen werden.

Die Ergebnisse der qualitativen Befragung machen deutlich, dass Ansätze zur gemeinsamen Steuerung Transparenz und die Verantwortung für die Versorgungssituation von Menschen mit Behinderung in einer Region voraussetzen. Diese ist jedoch regional aus historischen Gründen der Angebotsentwicklung nicht immer gegeben. Die Ungleichheit von Macht- und Gestaltungsspielräumen der beteiligten Organisationen löst in den beiden untersuchten Regionen, wo Monopolstrukturen existieren und es nicht zu geregelten regionalen Abstimmungstreffen kommt, Hemmschwellen aus.

Auch die Vertreterinnen und Vertreter der Leistungsträger formulieren Unterschiede zwischen Stadt und Land. So haben die Erfahrungen in den städtischen Räumen dazu geführt, dass Teilhabeprozesse möglich sind, bei denen Klientinnen und Klienten unabhängig von ihrem Unterstützungsbedarf erfolgreich (und unter Vermeidung von Krankenhausaufenthalten) in dem von ihnen gewählten Sozialraum leben. Als Folgerungen lassen sich formulieren: Da Wunsch- und Wahlrechte in ländlichen Regionen eingeschränkt sind, bedarf es unbedingt teilhabequalitätsorientierter Monitoring-Prozesse im Rahmen der jeweiligen Organisation. Organisierte, trägerübergreifende Prozesse zur Reflexion und Vereinbarung von Leistungen sind notwendig, um flexible und transparente Unterstützungsprozesse für Klientinnen und Klienten zu gestalten.

Organisationsintern ist der Kernprozess (passgenaue personenzentrierte Leistungen unterstützen) von Mitarbeiterinnen und Mitarbeitern sowohl auf Leistungserbringer- wie auch Leistungsträgerseite zu unterstützen. Weiterhin führt die erlebte Zusammenarbeit von Trägern oder Organisationseinheiten zu mehr Flexibilität und Passgenauigkeit teilhabeorientierter Leistungen.

4 Das Zielprinzip Teilhabe stellt »Inklusion vor Ort« her

Das Leben in einer Heimat bzw. die Sicherheit eines vertrauten Umfeldes bewirkt schon allein das Gefühl von Teilhabe Betroffener. Die gewünschte Offenheit und Akzeptanz der Bevölkerung vermittelt sich wesentlich durch das Verhalten der Professionellen in der Versorgung. Wenn die Professionellen unkonventionelle

Unterstützung ermöglichen und Kreativität im Umgang mit »eigensinnigem« Verhalten zeigen, verändert das die Wahrnehmung psychiatrieerfahrener Menschen von sich selbst wie auch die Erfahrung der Bürgerinnen und Bürger: Dies wird als gesellschaftliche Enttabuisierung erlebt.

Aus Sicht der kommunalen Expertinnen und Experten wird eine Kommune oder Landkreis als positiv erlebt, wenn Wohnraumanmietung möglich ist, d. h. Wohnraum, in dem man begleitet werden kann. Wohnraum, der fußläufige Entfernung zu Infrastrukturangeboten sicherstellt, hat eine besondere Bedeutung (dies auch wegen der hohen Mobilitätskosten oder dem Nichtvorhandensein eines ÖPNV). Insbesondere dann, wenn ein »alt werden« im vertrauten Umfeld möglich ist, ohne wieder eine spezialisierte Hilfe nur für beeinträchtigte Menschen in Anspruch nehmen zu müssen oder übergreifende Beratungs- und Kontaktstellen, die offen sind für tägliche Besuche und fußläufig gut zu erreichen. Außerdem sind bedeutsam: Die Zuständigkeit eines Bürgerbeauftragten auch für die Belange Betroffener, eine »Verbesserungsstelle« statt Beschwerdestelle für alle, lebenswerte Sozialräume (Infrastruktur zum Einkaufen, Freizeit, sich bewegen, sich treffen), kurz eine »Willkommenskultur«, die unterschiedlichen Bedarfen in verschiedenen Lebenslagen entspricht.

Klientinnen und Klienten definierten selbst, was ihr eigener Sozialraum in Bezug auf persönliches Netzwerk und die erreichbaren Angebote sei. Mit selbstbestimmten persönlichen Umwelten entstehen Kontakte auch zu nichtprofessionellen Unterstützern. Konflikthafte Netzwerke lassen sich – gestützt von Beratungsprozessen für Angehörige – stabilisieren; damit gelingen für beide Seiten belastungsärmere soziale Kontakte.

Bei der Sorgeposition ist es deutlich schwieriger, eine gemeinsame Position herauszuarbeiten. Bei den Angehörigen und bei den gesetzlichen Betreuern und Betreuerinnen stehen eher die Partikularinteressen im Vordergrund. Es gibt im Allgemeinen keine abgestimmte allgemeingültige Meinung zu einer Fragestellung. Dies ist erschwert, weil ein Austausch oder Netzwerkarbeit bei beiden Gruppen schwach ausgeprägt ist.

Die Einbeziehung von Angehörigen wird – abhängig von den Personen – entweder als Bereicherung oder als Belastung erlebt, wobei außer Zweifel steht, dass die konstruktive Mitarbeit der Angehörigen einen sehr positiven Effekt für sozialräumliche Prozesse hat. Bei den gesetzlichen Betreuern und Betreuerinnen wird die Teilnahme an Abstimmungs- und Klärungsprozessen der Teilhabeplanung fast nicht genutzt.

Zusammenfassend bleibt festzuhalten, dass in der untersuchten Praxis das Einbeziehen beider Gruppen in Abstimmungsprozesse regionaler Teilhabeentwicklung angesichts der Heterogenität beider Gruppen und eines fehlenden Konzepts für konstruktives Einbinden eher unterbleibt. Hervorzuheben sind besonders die Erfahrungen mit der Teilhabe an Arbeit: Kooperationen mit Betrieben sind auch einzelfallbezogen möglich. Berührungsängste werden abgebaut, wenn Menschen mit psychischen Erkrankungen als Dienstleister für den Sozialraum erlebt werden.

Folgerungen für eine inklusionsfördernde Kommune aus Sicht von Leistungserbringern und -trägern wären: Förderung bezahlbaren Wohnraums, ÖPNV-Ausbau und Gewährung von Preisnachlässen, inklusionsfördernde Gestaltung des Verwaltungshandelns (barrierearme Antragssprache und Zuständigkeitsregelungen), zielgruppenübergreifende Bildungs-, Beratungs- und soziale Angebote (siehe dazu auch Montagstiftung, kommunaler Index für Inklusion), aktive Förderung von Tätigkeiten und Arbeitsplätzen im öffentlichen Raum in Zusammenarbeit mit den professionellen Dienstleistern des beruflichen Rehabilitationsbereichs.

5 Gemeinsames Steuern setzt Transparenz voraus

Alle befragten Leistungserbringer wie Leistungsträgervertreterinnen und -vertreter stimmen überein, dass Kennzahlen sowohl für das Monitoring der eigenen Organisation als auch für die regionale Steuerung Bedeutung haben sollten und dass diese Kennzahlen Erklärungsmodelle beinhalten. Dies bedeutet, dass diese nicht nur in Zahlen gemessene Entwicklungen widerspiegeln, sondern inhaltliche Zusammenhänge dahinterstehen. Deutlich wird auch, dass diese vereinbart – ausgehandelt – werden müssen, damit gemeinsame Interessen und Interpretationen möglich werden. Das verweist auf die hohe Bedeutung eines vereinbarten Prozesses zur Steuerung.

Alle interviewten Professionellen stimmen überein, dass ein solcher regionaler, kennzahlenbasierter Austausch und Steuerungsprozess gelingen kann, wenn die Steuerungsfunktion und Moderationsfunktion verantwortlich übernommen wird und sich die Beteiligten über den Prozess und dessen Rahmenbedingungen einig sind. Besondere Bedeutung hat hier, dass der Leistungsträger der Eingliederungshilfe seine genuine Steuerungsfunktion wahrnimmt und den gemeinsamen Abstimmungsprozess organisiert.

Als sinnvolle Kennziffern für eine gemeinsame regionale Steuerung lassen sich folgende Kennzifferbereiche in der Studie identifizieren:

- *Kennzahlenset regionale Angebotsstruktur* (1): Die regionalen, aktuellen Strukturen der angebotenen Hilfen werden nach Plätzen/Daten zu stationär/teilstationär, ambulanten Hilfen wie auch persönlichen Budgets in Relation zu je 10.000 Einwohnerinnen bzw. Einwohnern und Fläche erhoben und betrachtet.
- *Kennzahlenset regionale Umwelten* (2): Die regionalen Voraussetzungen für selbstbestimmtes Leben (Mobilität, Wohnraumverfügbarkeit und Zugang zu unabhängiger Anwaltschaft/Beratung) werden anhand überregional vergleichbarer Merkmale erhoben.
- *Kennzahlenset übergreifende Leistungssteuerung Eingliederungshilfe* (3): Die Teilhabesteuerung der Leistungen findet im Rahmen der regionalen Abstimmungsprozesse unter Führung des Leistungsträgers für Neu- wie Folgeplanungen statt. Inklusive Verfahren personenzentrierter Hilfe werden auf ihre Anwendung für alle Menschen mit Behinderungen und die Art der Planungsprozesse – Beteiligung von Nutzerinnen und Nutzern – abgebildet.

- *Kennzahlenset flexible Einbindung regionaler sozialräumlicher Hilfen (professionelle wie persönliche Netzwerke)* (4): Die in der Hilfeplanung berücksichtigten regionalen professionellen und nicht- professionellen Hilfen stellen Indikatoren für die sozialräumliche Einbindung der Hilfen dar.
- *Kennzahlenset Ausrichtung der Hilfen auf Teilhabeziele von Nutzerinnen und Nutzern* (5): Daten zur Zielorientierung von Teilhabe oder Hilfeplänen im schematischen Überblick spiegeln die Perspektiven der betroffenen Menschen in der Region.
- *Kennzahlenset Bewertung der erfolgreichen Unterstützung von Teilhabeprozessen* (6): Die erzielte Wirkung der vereinbarten Leistungen (gelingender Hilfepläne) kann aus vorliegenden Teilhabeplänen ausgewertet werden.
- *Kennzahlenset Bewertung von Teilhabe an Arbeit in inklusiven Settings* (7): Die erzielten Wirkungen im Bereich Hilfe zur Teilhabe im Arbeitsleben werden an den Arbeits- und Beschäftigungssituationen außerhalb der Eingliederungshilfeeinrichtungen überprüft, diese Daten sind ebenfalls in Hilfe- bzw. Teilhabeplänen verfügbar.

Diese Sets eignen sich für die Präsentation und Diskussion der komplexen Wirklichkeit von Teilhabeleistungen in regionalen Steuerungsgruppen und erlauben den Vertreterinnen und Vertretern der jeweiligen Interessengruppen eine gemeinsame Analyse und Beschlussfassung zu regionalen Entwicklungszielen. Dabei ist der Bearbeitungsaufwand für die Kennzahlenermittlung überschaubar, vor allem wenn abgestimmte Teilhabe- und Hilfepläne zugrunde gelegt werden und regionale Infrastrukturdaten leicht zugänglich sind. Eine ausführliche Darstellung der Entwicklung und der Datenerhebung findet sich bei Ralf Bremauer (2015).

Um die Veränderungen in einer Region beurteilen zu können, ist es erforderlich, die Kennzahlensets über mehrere Jahre zu betrachten und auszuwerten, um Einmaleffekte ausschließen zu können (ebd.).

6 Fazit

Mit den Ergebnissen dieser qualitativen Studie lässt sich bestätigen, dass eine Basis für eine gemeinsame, teilhabeorientierte Steuerung vorhanden ist. Aus den Ergebnissen der Befragung können Kennziffern entwickelt werden, die für eine Abbildung und Steuerung der Teilhabeentwicklung einer Region von Bedeutung sind. Die Art der Bedarfserhebung beeinflusst die Wahrnehmung von Qualität in deutlichem Maß. Der gegenwärtige Stand der Debatte ist durch die Empfehlungen des Deutschen Vereins (2006) und der Arbeits- und Sozialministerkonferenz (2016) sowie durch das Bundesteilhabegesetz (BTHG, verabschiedet am 16.12.2016 im Bundesrat) zu beschreiben.

Auch für die Ergebnisse dieser Studie hat die Art der Bedarfserhebung erst die Grundlage der Datenerhebung geschaffen. Konkret wurde für die Erhebung ein bereichs- und zielgruppenübergreifender integrierter Teilhabeplan (ITP; siehe dazu www.personenzentrierte-hilfen.de) bzw. teilweise auch der individuelle Behandlungs- und Rehaplan (IBRP; siehe dazu www.ibrp-online.de) eingesetzt. Eine dialogische Hilfe- oder Teilhabeplanung ist folglich als Kernprozess für die Umsteuerung individueller Hilfen wie auch regionaler Hilfearrangements seit fast 20 Jahren von besonderer Bedeutung (Gromann 1997).

Organisationssoziologisch ist dabei davon auszugehen, dass Steuerung auf der Basis von organisationsunabhängigen Dokumenten erfolgen muss – eine gemeinsame Quelle von Information stellen lediglich die abgestimmten Teilhabe- oder Hilfepläne dar. Die Nutzung dieser verfügbaren Informationen hat sich in der konkreten Umsetzung der regionalen Teilhabeindikatorenentwicklung auch als einzig praktikabler Weg hergestellt.

Das hier entwickelte Konstrukt einer teilhabeorientierten regionalen Steuerung in der Eingliederungshilfe ist als Konzept von »management by objectives« in Sinne von Führung durch Zielvereinbarung (von Rosenstiel & Nerdinger 2011) zu verstehen, das von autonomen Organisationen der Leistungsträger – wie Leistungserbringern bzw. kommunalen Beiräten als Vertretende der Sorgeposition (Ritter & Zinnen 2015) und der Selbsthilfe wie auch kommunalen Beauftragten – umgesetzt werden kann.

Dabei ist von besonderer Bedeutung, dass gesetzliche sowie sozialpolitische Grundlagen für die Beteiligung der kommunalen Ebene (Grunow 2010) existieren.

Literatur

Arbeits- und Sozialminister-Konferenz (2016). *Arbeits- und Sozialministerkonferenz 2016 in Schleswig-Holstein.* https://asmkintern.rlp.de/de/startseite (Zugriff: 20. April 2016).
BMAS (Bundesministerium für Arbeit und Soziales) (2014). *Teilhabebericht der Bundesregierung über die Lebenslagen von Menschen mit Beeinträchtigung.* https://www.bmas.¬de/SharedDocs/Downloads/DE/PDF-Publikationen/a125-13-teilhabebericht.pdf?__blob=¬publicationFile (Zugriff: 06. Juni 2017).
Bremauer, Ralf (2015). Die Bedeutung von Kennzahlen für eine personenzentrierte regionale Steuerung. In Petra Gromann (Hrsg.). *Teilhabeorientierte Steuerung sozialpsychiatrischer Hilfen.* Köln: Psychiatrie-Verlag, 77–103.
Deutscher Verein für öffentliche und private Fürsorge e.V. (Hrsg.) (2006). *Empfehlungen des Deutschen Vereins zur Bedarfsermittlung und Hilfeplanung in der Eingliederungshilfe für Menschen mit Behinderungen.* www.deutscher-verein.de/de/empfehlungen-stellungnah¬men-2009-empfehlungen-des-deutschen-vereins-zur-bedarfsermittlung-und-hilfeplanung-¬in-der-eingliederungshilfe-fuer-menschen-mit-behinderungen-1-1545,332,1000.html (Zugriff: 06. Juni 2017).
Geyer, Ursula (2012). Die Region Wiesbaden auf dem Weg zu einem gemeindepsychiatrischen Verbund. In Petra Gromann (Hrsg.). *Mit Teilhabeplanung zu einer individuellen ambulanten Versorgung.* Köln: Psychiatrie-Verlag, 62–109.
Gromann, Petra (1997). Der Integrierte Behandlungs- und Rehabilitationsplan als Arbeitsmethode und Instrument zur Qualitätssicherung. In Aktion psychisch Kranke (Hrsg.). *Personenbezogene Hilfen in der psychiatrischen Versorgung.* Bonn: Nomos Verlag, 38–44.

Gromann, Petra (2013). Teilhabe- und wirkungsorientierte Steuerung in der Eingliederungshilfe Zs. *Nachrichtendienst des Deutschen Vereins NDV 93* (2): 87–92.

Grunow, Dieter (2010). *Herausforderungen und Perspektiven integrierter Planung in der Kommune. Vortrag in der Universität Siegen am 27.9.2010.* https://www.uni-siegen.¬de/zpe/projekte/aktuelle/teilhabeplanung_fmb/pdf/vortrag_grunow.pdf (Zugriff: 06. Juni 2017).

Mayring, Philipp (2010). *Qualitative Inhaltsanalyse. Grundlagen und Techniken.* Weinheim: Beltz.

Ritter Martina und Jutta Zinnen (2015). Die Bedeutung von Partizipation und Wahrnehmung der Sorgeposition für regionale Steuerung. In Petra Gromann (Hrsg.). *Teilhabeorientierte Steuerung sozialpsychiatrischer Hilfen.* Köln: Psychiatrie-Verlag, 150–158.

Tietmeyer, Ralf (2015). *Wirtschaftliche Fehlanreize im Betreuten Wohnen in NRW.* Unveröffentlichtes Manuskript.

von Rosenstiel, Lutz und Friedemann Nerdinger (2011). *Grundlagen der Organisationspsychologie.* Stuttgart: Schäffer-Poeschel.

Integrierter Teilhabeplan (ITP) als Verfahren zur individuellen Teilhabeplanung – Anspruch, Umsetzungserfahrungen und Probleme

Matthias Windisch

1   Einleitung

In den vergangenen Jahren sind Diskurse und in der Tendenz Veränderungen in der Behindertenhilfe in Deutschland zu verzeichnen, die eine Abkehr von institutionenorientierten Angeboten und eine Fokussierung auf personenzentrierte wie auch gemeinwesen- bzw. sozialraumorientierte Unterstützungsleistungen in den Blickpunkt stellen.

Die Personenzentrierung und Gemeinwesen-/Sozialraumorientierung von Hilfen für Menschen mit Behinderung und Hilfebedarf sind konzeptueller und untrennbarer Bestandteil von Inklusion, gleichberechtigter Teilhabe (Partizipation) und selbstbestimmter Lebensführung in der Gesellschaft. Diese normativen Leitorientierungen werden durch die UN-Konvention über die Rechte von Menschen mit Behinderung (UN-BRK) – insbesondere durch den Artikel 19 – für die Behindertenhilfe und Gesellschaftspolitik definiert. Damit wird gleichzeitig ein barrierefreier Zugang zu Unterstützungsdiensten sowie individuell bedarfsgerechten und abgestimmten Hilfen als zwingende Voraussetzung verknüpft, um ein selbstbestimmtes Leben im Gemeinwesen zu ermöglichen und soziale Ausgrenzung zu verhindern (Loeken & Windisch 2013, 31 f.).

Mit der normativen Orientierung auf personenzentrierte Hilfen für Menschen mit Behinderung und deren verbesserte Teilhabe in dem menschenrechtlichen Ansatz der UN-BRK korrespondieren Bestrebungen einer Personenzentrierten Steuerung der Eingliederungshilfe in Hessen (PerSEH) durch den Landeswohlfahrtsverband (LWV) Hessen (LWV Hessen 2009). Unabhängig von dem PerSEH-Ansatz kommt der Personenzentrierung von Hilfeleistungen ebenfalls in dem Eckpunktepapier der Arbeits- und Sozialministerkonferenz (ASMK) zur Reform der Eingliederungshilfe auf Bundesebene eine Leitorientierung zu (ASMK 2009; Althaus et al. 2012). Außerdem ist auf Bundesebene durch die Verabschiedung des Gesetzes zur Stärkung der Teilhabe und Selbstbestimmung von Menschen mit Behinderungen (Bundesteilhabegesetz – BTHG) am 16. Dezember 2016 im Deutschen Bundesrat (Bundesrat 2016) seit 1. Januar 2017 das SGB IX neu gefasst (Bundesgesetzblatt 2016), in dem die Personenzentrierung für die Ermittlung des Hilfebedarfs, die Gewährung und Erbringung von Hilfeleistungen eine leitende Rolle spielt.

Ein zentrales Element in dem Konzept der PerSEH und der personenzentrierten Hilfeleistungen ist die individuelle Teilhabeplanung, in deren Rahmen das Instrument der Integrierten Teilhabeplanung (ITP) als Verfahren zur individuellen Bedarfsermittlung und einer darauf aufbauenden zielorientierten Unterstützungsplanung auf der Basis der Partizipation der Personen mit Hilfebedarf vorgesehen ist (Gromann 2010; Rohrmann et al. 2011a; Althaus et al. 2012). Es korrespondiert mit der allgemein verankerten Forderung im § 118 des seit 2017 neuen SGB IX (Bundesgesetzblatt 2016) nach einem Instrument der individuellen Bedarfsermittlung im Rahmen der Regelungen zur sozialen Teilhabe (▶ Kap. 6 SGB IX), das sich an der Internationalen Klassifikation der Funktionsfähigkeit, Behinderung und Gesundheit der Weltgesundheitsorganisation (WHO 2011) orientieren und die Wünsche der Menschen mit Hilfebedarf berücksichtigen sowie in eine Gesamtplanung eingebettet sein soll. Insofern könnte mit dem ITP-Verfahren eine Option zur künftigen Konkretisierung dieser Forderung des durch das BTHG veränderten SGB IX (Bundesgesetzblatt 2016) verknüpft werden. Das ITP-Verfahren hat unter den Bundesländern bislang nicht nur in Hessen, sondern auch vor allem in Thüringen eine richtungsweisende Resonanz gefunden und zum Teil in Mecklenburg-Vorpommern Aufmerksamkeit hervorgerufen (Ministerium für Arbeit, Soziales, Gesundheit, Frauen und Familie Thüringen [MfASGFuF] 2016; Steinhart et al. 2013).

Umso wichtiger ist es daher, jenseits struktureller Merkmale und der Ansprüche des ITP-Verfahrens einen kritischen Blick auf dessen Leistungsfähigkeit zu richten. Das ITP-Verfahren ist bereits seit 2009 Gegenstand von Diskussionen und Erprobungen in der Praxis, insbesondere im Rahmen der Erprobung des PerSEH-Konzepts in Hessen wie auch des ITP-Verfahrens in Mecklenburg-Vorpommern (Gromann 2010; Rohrmann et al. 2011a; Althaus et al. 2012; Steinhart et al. 2013; Rölke 2013; Institut für Personenzentrierte Hilfen 2016).

Vor diesem Hintergrund erfolgt in dem vorliegenden Beitrag nach der Charakterisierung zentraler konzeptueller Ansprüche und Merkmale des ITP-Instruments eine übersichtsartige, zusammenfassende Auseinandersetzung mit dessen Umsetzungserfahrungen in der Praxis und mit strukturellen Unzulänglichkeiten unter Bezugnahme auf Perspektiven von Menschen mit Behinderungen und Professionellen auf der Basis einschlägiger Evaluationsuntersuchungen (vor allem Rohrmann et al. 2011a; Althaus et al. 2012; Steinhart et al. 2013; Rölke 2013).

2 Konzeptuelle Aspekte des ITP-Instruments

Das ITP-Instrument mit einem Manual zur Einführung und Unterstützung bei dessen Anwendung ist von Petra Gromann als ein neues Verfahren zur integrierten Bedarfsermittlung und -planung bzw. Teilhabeplanung für alle Menschen mit Beeinträchtigungen und Unterstützungsbedarf im Rahmen der Eingliederungshilfe vorgelegt worden (z. B. LWV Hessen 2009; Gromann 2010; Institut für Personenzentrierte Hilfen 2016).

2.1 Ziele und Prozessorientierung

Grundlegendes Ziel des ITP-Instruments ist es, der UN-BRK mit der normativen Orientierung auf deren Inklusion und Teilhabe in das Gemeinwesen und deren Wunsch- und Wahlrecht sowie der damit verknüpften Umorientierung auf personenzentrierte Leistungen in der Behindertenhilfe unter Berücksichtigung des sozialräumlichen Kontexts Rechnung zu tragen. Damit verbindet sich der Anspruch, »eine verbindliche individuelle, alle Hilfen integrierende und zielorientierte Teilhabeplanung« (Gromann 2010, 76) zu ermöglichen. Diese soll im Dialog mit den Adressatinnen und Adressaten mit Hilfebedarf einschließlich ihren vertrauten Personen und gegebenenfalls ihren gesetzlichen Vertretungen sowie unter Beteiligung der Einrichtungen der Behindertenhilfe in einer Region im Rahmen regionaler Teilhabekonferenzen gemeinsam erfolgen.

Zugrunde liegt hierbei das Modell der Integrierten Teilhabeplanung als ein Prozess mit folgenden zirkulären Elementen (Gromann 2009):

Abb. 1: Zentrale Prozesselemente der Integrierten Teilhabeplanung nach Gromann (2009, 6)

Für die Anwendung des ITP-Instruments ist es erforderlich, dass den Adressatinnen und Adressaten mit Hilfebedarf von Professionellen verständlich erläutert wird, welche Schritte mit ihm genau verbunden sind. Auf möglichst »gleicher Augenhöhe« (Gromann 2010, 77) bzw. idealerweise ohne Expertendominanz ist im gemeinsamen Dialog zwischen Professionellen und Adressatinnen bzw. Adressat mit Hilfebedarf die Anwendung des Instruments vorzunehmen. In diesem Rahmen ist unter deren aktiven Beteiligung die persönliche Situation einschließlich sozialräumlicher Bezüge/Umweltfaktoren der Adressatinnen und Adressaten zu erfassen und einzuschätzen, Probleme und Barrieren in ihrem Umfeld zu eruieren, Unterstützung oder Beeinträchtigung durch ihre sozialen Netzwerkbeziehungen zu sichten, ihre persönlichen Ziele zu entwickeln und festzuhalten, die persönlichen Ressourcen und Beeinträchtigungen auszuloten, die erforderlichen Hilfen für die Umsetzung von Zielen abzustimmen und zu vereinbaren wie auch die Umsetzung von Zielen und Hilfen im Prozess zu evaluieren (Gromann 2009, 2010).

Art und Umfang der erforderlichen Hilfen sollen abhängig von den persönlichen Zielen der Adressatinnen und Adressaten mit Hilfebedarf vereinbart werden. Dabei gilt es jedoch im Blick auf persönliche Potenziale und den Vorrang von informellen gegenüber professionellen Hilfen, ihre individuellen Kompetenzen und informelle Unterstützungspotenziale durch eine mögliche Aktivierung sozialraumbezogener Ressourcen angemessen zu berücksichtigen.

Während die personenbezogene Steuerung der professionellen Leistungserbringung aus der Evaluation des Unterstützungsprozesses (z. B. erreichte Ergebnisse orientiert an den definierten Zielen, förderliche und hinderliche Bedingungsfaktoren) in einem definierten Zeitraum (z. B. ein Jahr) resultieren soll, wird für eine gelingende regionale Teilhabeplanung – in Anlehnung an Empfehlungen des Deutschen Vereins für öffentliche und private Fürsorge e.V. (2009) – die Kooperation und Abstimmung zwischen allen Beteiligten (Leistungsträgern und -erbringern, Adressatinnen und Adressaten mit Hilfebedarf und ihren Vertretungen) als unverzichtbar erachtet (Gromann 2010; Rölke 2013; ▶ Kap. 8).

Für eine gelingende Umsetzung des ITP-Konzepts in der Praxis ist nach Gromann (2010) und Daniela Rölke (2013) ein verändertes Denken und Handeln der Mitarbeiterinnen und Mitarbeiter der Leistungsträger und -erbringer wie auch der Leistungsberechtigten in der Behindertenhilfe zwingend erforderlich. Statt traditionelle »Fürsorgeorientierung« (Rölke 2013, 115) ist eine personenzentrierte und sozialraumbezogene Orientierung im System sozialer Hilfen (auch Loeken & Windisch 2013) eine empowermentbasierte Haltung mit höchstem Maß an Offenheit und Flexibilität sowie die Ermöglichung von Partizipation (Selbst- und Mitbestimmung) der Leistungsberechtigten bei der Integrierten Teilhabeplanung bzw. Planung der erforderlichen Unterstützungsleistungen für ihre Teilhabe im Gemeinwesen, ihre selbstbestimmte Lebensführung und Erfahrungen von Selbstwirksamkeit (ebd.; Gromann 2010, 78) gefragt und unverzichtbar.

2.2 Indikatoren der individuellen Bedarfsermittlung

Das ITP-Instrument basiert auf einem strukturierten Fragebogen, anhand dessen inhaltlich im Kern folgende Daten zu den Adressatinnen und Adressaten mit Hilfebedarf zu ermitteln sind:

> »Lebensziele, aktuelle persönliche Situation, Förderfaktoren und Barrieren des Umfeldes, Ziele in den Unterstützungsbereichen im kommenden Jahr, eine Einschätzung von Fähigkeiten und Beeinträchtigungen wie der zu aktivierenden Hilfen im Sozialraum« (Gromann 2010, 77).

Im Einzelnen enthält der Fragebogen folgende 20 Abschnitte mit unterschiedlich umfangreichen und anspruchsvollen Fragen bzw. Indikatoren:

»1. Sozialdaten
2. Bisherige und aktuelle Behandlungs-/Betreuungssituation
3. Ziele von (Adressatin bzw. Adressat mit Hilfebedarf – d. Verf.)
4. Stichworte zur aktuellen Situation/Umweltfaktoren
5. Vereinbarte Zielbereiche der Hilfen
6. Personenbezogene Ressourcen
7. Fähigkeiten und Beeinträchtigungen
8. Vorhandene und aktivierbare Hilfen im Umfeld
9. Art der erforderlichen professionellen Hilfen
10. Klärung des Bedarfs im Bereich Arbeit/Beschäftigung/Tagesstruktur
11. Vorgehen in Bezug auf die Bereiche
12. Zeitlicher Umfang und Erbringung durch (Einrichtung – d. Verf.)
13.–19. bisherige Erfahrungen und Koordination der Teilhabeplanung, Datenschutz
20. Überprüfung des ITP« (Gromann 2009, 5).

Um die bloße Defizitperspektive bei der Bedarfsermittlung zu überwinden und die persönlichen Ressourcen der Adressatinnen und Adressaten mit Hilfebedarf einschließlich relevanter Umweltfaktoren, ihre Kompetenzen wie auch Beeinträchtigungen zu erfassen, erfolgt in dem ITP-Fragebogen eine Bezugnahme auf die ICF (International Classification of Functioning, Disability and Health) der WHO (LWV Hessen 2009, 3; Gromann 2010). Das führt zu einer ausgewählten Batterie von komplexen Indikatoren aus dem Klassifikationsschema der ICF zu Fähigkeiten und Beeinträchtigungen der Teilhabe durch »chronische Erkrankungen/Behinderung«, »bei der Aufnahme von sozialen Beziehungen« sowie hinsichtlich »Selbstsorge/Wohnen, Arbeit/Tätigkeit, Tagesgestaltung, Freizeit« und Aktivitäten in der Gesellschaft. Zu den ausgewählten Indikatoren gilt es quantifizierend in vorgegebenen Skalen, einmal den »Grad der Beeinträchtigung« (keine, leicht, mäßig, erheblich, voll oder nicht verwendbar) zu bewerten. Zum anderen sind »bezogen auf die Beeinträchtigungen/Gefährdungen der Teilhabe durch die chronische Erkrankung/Behinderung« sowohl »vorhandene und zu aktivierende Hilfen im Umfeld« (keine aktivierbar, mit geringer oder umfangreicher professioneller Hilfe aktivierbar, Umfeld-Hilfe vorhanden) als auch die »Art der erforderlichen professionellen Hilfen (keine Hilfe erforderlich, Information/Orientierung/Anleitung, Erschließung von Hilfen im Umfeld/ Kompensation, individuelle Planung/Beobachtung/Rückmeldung, begleitende übende Unterstützung, regelmäßige individuelle Hilfe)« (LWV Hessen 2009, 3) festzuhalten.

Neben der Bezugnahme auf die ICF findet im ITP-Fragebogen über den Bereich der alltäglichen Lebensführung und sozialen Teilhabe (Wohnen/Selbstsorge/Freizeit usw.) hinaus eine Einbeziehung des Bereichs Arbeit/Beschäftigung konzeptuell statt (ebd., 3 ff.). Insoweit sieht Gromann (2010, 80) die Anforderung an eine integrierte Form individueller Hilfe- bzw. Teilhabeplanung realisiert.

2.3 Finanzierung der Leistungen zur Bedarfsdeckung

Im Gegensatz zur bisherigen Praxis hinsichtlich der institutionenbezogenen Hilfeleistungen ist die Grundlage für die Planung und Finanzierung von Hilfeleistungen auf der Basis des ITP-Instruments nicht nur der zielorientierte ermittelte individuelle Bedarf, sondern auch ein auf Minutenbasis festgelegter zeitlicher Umfang der Leistungserbringung zur individuellen Bedarfsdeckung. Für die Finanzierung der individuellen Bedarfsdeckung werden aus den minutenbasierten Zeiteinheiten verschiedene Leistungsgruppen mit Zeitkorridoren gebildet, wodurch der Rahmen für die individuumbezogene Erbringung der professionellen Hilfeleistungen abgesteckt wird.

3 Umsetzungserfahrungen und Kritik zum ITP-Instrument

Welche Umsetzungserfahrungen mit dem vorgehend charakterisierten ITP-Instrument in der Praxis bisher vorliegen und welche Unzulänglichkeiten das Instrument aufweist, lässt sich anhand von Evaluationsergebnissen verschiedener Untersuchungen (Rohrmann et al. 2011a; Althaus et al. 2012; Steinhart et al. 2013; Rölke 2013) zusammenfassend aufzeigen. Deren Rezeption erfolgt zunächst aus der Sicht von Menschen mit Behinderungen als Leistungsberechtigte und anschließend aus der Sicht von Professionellen, um positive wie auch kritikwürdige Implikationen des Instruments aus unterschiedlichen Perspektiven offenzulegen.

3.1 Die Sicht von Leistungsberechtigten

Zur Sicht von Leistungsberechtigten auf das ITP-Instrument liegen als Bezugsbasis schriftliche Befragungsergebnisse von Leistungsberechtigten mit psychischen, körperlichen und kognitiven Beeinträchtigungen im Rahmen eines umfänglichen wissenschaftlichen Evaluationsprojekts zur Erprobung der PerSEH in hessischen Pilotregionen von April 2010 bis Mai 2011 (Rohrmann et al. 2011b; Althaus et al. 2012) sowie von Leistungsberechtigten mit psychischen und kognitiven Beeinträchtigungen im Rahmen einer wissenschaftlichen Evaluation in Mecklenburg-Vorpommern im Kreis Güstrow (Rölke 2013) vor.

Positive Bewertungen

Übereinstimmend zeigt sich im Kern der Ergebnisse beider Evaluationsuntersuchungen eine nahezu generell positive Bewertung und Akzeptanz der Anwendung des ITP-Instruments durch die leistungsberechtigten Befragten.

Nach den hessischen Untersuchungsergebnissen (Althaus et al. 2012, 8) finden die Leistungsberechtigten mit kognitiven und körperlichen Beeinträchtigungen zu jeweils 94 % (von insgesamt 696 Befragten) die »Arbeit mit dem ITP gut«, 87 % sind es bei jenen mit psychischen Beeinträchtigungen.

Mit Blick auf die Ergebnisse der Untersuchung im Kreis Güstrow stellt Rölke (2013, 117) fest, dass die befragten Leistungsberechtigten »die gemeinsame Teilhabeplanung« insgesamt gut finden »und ... mit ihrer Teilhabeplanung zufrieden« sind. Ihren Angaben zufolge wurde »mit fast allen Klienten ... über die persönliche Zukunft gesprochen« und es war eine Mitentscheidung möglich, »wie sie betreut werden wollen« (ebd.). Damit geht einher, dass »von fast allen Nutzer/-innen (Leistungsberechtigten – d. Verf.) ... Ziele im ITP festgelegt« wurden (ebd.). Vergleichbare Ergebnisse weist im Einzelnen auch die hessische Evaluationsuntersuchung auf (Rohrmann et al. 2011b). Nach der Untersuchung im Kreis Güstrow scheinen besonders die Leistungsberechtigten mit psychischen Beeinträchtigungen »die verstärkte Personenzentrierung in der Planung« wertzuschätzen (Rölke 2013, 117).

Kritische Bewertungen

Neben der weitaus verbreiteten positiven Resonanz seitens der befragten Leistungsberechtigten auf die ITP-Anwendung in den Erprobungsregionen gibt es aus deren Sicht jedoch auch beachtenswerte kritische Äußerungen in der hessischen Evaluationsuntersuchung. Abgesehen davon, dass ihr zufolge rund jeder zehnte befragte Leistungsberechtigte »den ITP nur zum Unterschreiben bekommen« hat, werden vor allem »Schwierigkeiten im Umgang mit dem ITP« (Rohrmann et al. 2011b, 6) angeführt. Dabei handelt es sich im Wesentlichen um »Verständnisschwierigkeiten bezüglich des Instrumentes insgesamt oder einzelner Teile, den Umfang, die Übersichtlichkeit und den Aufwand der Bearbeitung« (ebd.). Darüber hinaus wird von Leistungsberechtigten festgestellt, dass die Ziele im ITP nicht umsetzbar seien. Begründet wird dies u. a. mit Verweis auf die »eigene instabile Lebenssituation«, »Personalmangel und die Unmöglichkeit, mit Zielen zu arbeiten« (ebd.). Einige kritische Äußerungen der Leistungsberechtigten gegenüber dem ITP-Verfahren verstehen Rohrmann et al. (2011b, 7) als »konkrete Verbesserungsvorschläge«, von denen die folgenden hinsichtlich einer Veränderung des ITP erwähnenswert sind:

- »Für Leistungsberechtigte transparentere Möglichkeit, differierende Einschätzungen mitteilen zu können.
- ... Verschlankung und Präzisierung des ITP.
- Bessere Aufklärung über den ITP.
- Die Schrift im ITP ist zu klein.
- Fragen sollten prägnanter ohne Widersprüche sein ...« (ebd.).

3.2 Die Sicht von Professionellen

Zur Sicht von Professionellen auf das ITP-Instrument liegt außer den Evaluationsuntersuchungen in Hessen und Güstrow eine weitere ITP-Evaluationsanalyse aus Rostock (Steinhart et al. 2013) vor. Zusätzlich zu der Evaluationsuntersuchung in Hessen ist ein dem LWV Hessen vorgelegten Gutachtenbericht »Externe Beratung PerSEH« von der Xit GmbH (Xit 2013) zu berücksichtigen, in dem auch die hessischen Evaluationsergebnisse von Albrecht Rohrmann et al. (2011a) einfließen.

Positive Bewertungen

Übereinstimmend weisen sowohl die drei Evaluationsuntersuchungen wie auch der Xit-Gutachtenbericht (Xit 2013) eine grundsätzlich positive Einschätzung und breite Akzeptanz der in ihrem Rahmen befragten professionellen Mitarbeiterinnen und Mitarbeiter der beteiligten Institutionen (Leistungserbringer wie auch Leistungsträger) gegenüber dem ITP-Verfahren auf. In dem ITP-Instrument wird allgemein ein Weg bzw. eine Stärkung der personenzentrierten Ausrichtung der Eingliederungshilfe und professionellen sozialen Unterstützung für Menschen mit Behinderung und Hilfebedarf gesehen. Mit ihm wird nicht nur eine bessere Transparenz für alle am Hilfeplanungs- und Hilfeprozess Beteiligten verbunden, sondern auch ein gutes und fachlich geeignetes Planungs- und Reflexionsmedium (Rohrmann et al. 2011 a, c; Steinhart et al. 2013; Rölke 2013; Xit 2013). So bewerten die befragten Mitarbeiterinnen und Mitarbeiter sowohl von Leistungserbringern als auch des LWV Hessen in der hessischen Evaluationsuntersuchung das ITP-Instrument übereinstimmend mit großer Mehrheit als

- »eine wichtige Unterstützung für die Ausgestaltung der fachlichen Arbeit«
- »gut geeignet, um die Gespräche mit dem Leistungsberechtigten zu strukturieren«
- »gut geeignet, um die Lebenssituation der Leistungsberechtigten zu beschreiben«
- »gut geeignet, um Ziele mit den Leistungsberechtigten zu erarbeiten«
- »gut geeignet, um den Hilfebedarf der Leistungsberechtigten abzubilden«
- »gut geeignet, um das Vorgehen/Maßnahmen bei der Teilhabeplanung zu erarbeiten« (Rohrmann et al. 2011c, 19).

Währenddessen scheint die positive Resonanz bei den befragten Mitarbeiterinnen und Mitarbeitern von Leistungserbringern nach den Ergebnissen der beiden Untersuchungen in Mecklenburg-Vorpommern vergleichsweise verhaltener auszufallen (Steinhart et al. 2013; Rölke 2013). Wenngleich viele von ihnen das ITP-Instrument fachlich ebenfalls positiv einschätzen und berichten, mit ihm allgemein »leicht« zurechtzukommen, scheinen unter ihnen häufig indifferente und kritische Stimmen gegenüber strukturellen Aspekten des ITP-Fragebogens zu verzeichnen zu sein.

Kritische Bewertungen

Den positiven Bewertungen des ITP-Instruments stehen indes vielfältige und gewichtige kritische Einwände unter Bezugnahme auf die Sicht von befragten Mitarbeiterinnen und Mitarbeitern der Untersuchungen in den Erprobungsregionen wie auch auf den Gutachtenbericht »Externe Beratung PerSEH« von Xit (2013) gegenüber. Dabei handelt es sich wesentlich um folgende Kritikpunkte und Probleme:

Probleme bei der Formulierung von Zielen

Die Festlegung von Zielen gemeinsam mit den Adressatinnen und Adressaten des Hilfebedarfs, insbesondere hinsichtlich der Menschen mit kognitiven Beeinträchtigungen oder Mehrfachbehinderungen, sei schwierig. Es wird bemängelt, dass übergreifende Ziele bei Adressatinnen und Adressaten mit Hilfebedarf, wie im ITP-Fragebogen unterstellt, fehlen oder aber auch die Anzahl der Zielnennungen zu sehr begrenzt sind (Rohrmann et al. 2011c; Rölke 2013; Steinhart et al. 2013).

Unzureichende Abbildung komplexer Bedarfslagen

Eine umfassende, genaue Dokumentation der komplexen Lebenslage, des Bedarfs und des methodischen Vorgehens (z. B. in Stichworten) wird als schwierig oder nicht möglich erachtet (Rohrmann et al. 2011a, c; Rölke 2013; Steinhart et al. 2013). So lässt etwa die Bedarfserfassung durch den ITP-Bogen es auch nicht zu, Pflege- und Assistenzbedarfe angemessen zu dokumentieren.

Fehlende Zuverlässigkeit der Skalen zur Einschätzung von Fähigkeiten und Beeinträchtigungen nach der ICF und daraus ableitbarer professioneller Hilfen

Die erforderlichen Ermittlungen und Einschätzungen der Fähigkeiten oder Beeinträchtigungen nach der ICF im ITP-Bogen (LWV Hessen 2009), zu den Hilfen im Umfeld und der Art der professionellen Hilfen sind »unübersichtlich, fehleranfällig (z. B. wechselt die Skalenrichtung eines Items in Abhängigkeit von der Bewertung anderer Items), aufwendig und zeitintensiv ..., nicht reliabel ... und ICD10- und ICF-Logik« (Xit 2013, 9) werden vermischt (auch Rohrmann et al. 2011a, c; Rölke 2013; Steinhart et al. 2013). So sind die aufgeführten ICF-Items unterschiedlich differenziert und vor allem ohne Referenzrahmen mit genauen Indikatoren operationalisiert. Beispielsweise werden Fähigkeiten nur dichotom mit vorhanden oder nicht vorhanden erfasst, während Beeinträchtigungen ordinal mit »keine Beeinträchtigung, über leichte Ausprägung bis hin zur vollen Ausprägung« einzuschätzen sind. In einer schriftlichen Stellungnahme zur Einführung der PerSEH und des ITP-Instruments vom 24. Januar 2014 fordert die Landesarbeitsgemeinschaft Freier Ambulanter Dienste Hessen e.V. (LAGfAD Hessen 2014) die ersatzlose Streichung der Skalen zur Einschätzung der Fähigkeiten oder Beeinträchtigungen nach der ICF im ITP-Bogen. Ihre sinnvolle Verknüpfung mit Zielen, Bedarfen und dem notwendigen bereichsbezogenen Hilfearrangement scheint nicht gewährleistet zu sein, so dass sie sich von daher als verzichtbar erweisen.

Selbst Gromann (2010, 78) als Verfasserin des ITP-Instruments vermerkt zur Einbeziehung der ICF-Items in die Integrierte Hilfeplanung etwa kritisch, dass dadurch eine »Stolperschwelle« besteht bzw. »die Frage der Expertendominanz und der Verständlichkeit« verschärft wird. »Die Kodierung (alphanumerisch) und die Sprache ist nicht unmittelbar alltagsverständlich« (ebd.).

Erhebliche Unsicherheiten, Zweifel an der Realitätsrelevanz und Zuverlässigkeit sind bei der Zeiteinschätzung für die individuellen Unterstützungsleistungen zu verzeichnen. Als unklar erweisen sich ihr Referenzrahmen bzw. ihre Referenzgrößen (Xit 2013). Zudem werden die Zeitgrößen und Anzahl der Teilnehmenden von Unterstützungsleistungen im Rahmen von Gruppenangeboten nicht ausreichend trennscharf gegenüber individuellen Hilfeleistungen verdeutlicht (ebd.).

Widerspruch zwischen personenzentrierter Hilfe als ITP-Konzept und Bildung von Leistungsgruppen

Dem Anspruch und Ziel personenzentrierter Hilfen als Leitkonzept für die PerSEH mit ihrem ITP-Verfahren, die erforderliche individuelle Bedarfsdeckung zu ermöglichen und zu sichern, widerspricht grundlegend einmal die geplante Bildung von Hilfebedarfs- bzw. Leistungsgruppen mit definierten Zeitkorridoren auf der Basis einer Klassifikation der einfachen Mittelung von minutenbasierten Bedarfsgrößen, zu denen die individuell ermittelten Bedarfsgrößen zuzuordnen sind und in deren Rahmen die individuellen Leistungen erfolgen müssen. Zum anderen käme es zu einer Verschärfung dieser Problematik durch eine Klassifikation zeitkorridorbasierter Leistungsgruppen nach dem »Prinzip der doppelten Mittelung« (Bremauer 2009), wonach eine Verknüpfung der ermittelten Bedarfsgrößen in den Lebensbereichen Wohnen und Arbeit stattfindet (Rohrmann et al. 2011a; auch Arnold 2010). Dadurch werden nach Rohrmann et al. (2011a, 32) auch das von dem ITP-Verfahren verfolgte Ziel der »Transparenz einer zeitbasierten Vergütung« konterkariert und die Zuordnung zu Leistungsgruppen durch eine flexible Platzierung von Unterstützungsleistungen zwischen den beiden Lebensbereichen für Außenstehende bzw. die Adressatinnen und Adressaten mit Hilfebedarf undurchschaubar.

Zudem ist davon auszugehen, dass ein derartiges Vorgehen und Finanzierungskonzept sowohl keine Anreize für Leistungserbringer bietet, ihre »stationären« Hilfeleistungen personenzentriert umzustellen, als auch zu einer finanziellen Benachteiligung von kleineren Leistungserbringern mit der ausschließlichen Ausrichtung auf ambulante Hilfeleistungen führt, da ihnen Möglichkeiten fehlen, »ihre Finanzen ... durch Querfinanzierungen verschiedener Bereiche ausgleichen (zu – d. Verf.) können« (ebd., 33; auch Arnold 2010).

Vor diesem Hintergrund mahnt die LAGfAD Hessen (2014) in ihrer Stellungnahme zu PerSEH und dem ITP-Verfahren kritisch an, dass »individuelle Bedarfe ... (eine – d. Verf.) individuelle Bewilligung in Zeit ohne Gruppenbildung und ohne Korridore« zwingend erfordern.

Probleme bei der Vermittlung des ITP-Bogens besonders an Leistungsnutzende mit kognitiven Beeinträchtigungen und dessen Bearbeitungsqualität

Bemängelt werden grundsätzlich der hohe Zeitaufwand und die umfangreichen Vermittlungs- bzw. Übersetzungsleistungen, die der ITP-Bogen aufgrund seiner Verdichtung und Komplexität im Rahmen der gemeinsamen Bearbeitung mit den Adressatinnen und Adressaten des Hilfebedarfs zwingend erfordert, besonders gegenüber Menschen mit kognitiven Einschränkungen. Insofern werden eine Vereinfachung des ITP-Bogens und dessen Fassung in Leichter Sprache vorgeschlagen. Verbesserungsbedürftig ist nicht nur die formale Ausgestaltung und Anwenderfreundlichkeit des ITP-Bogens (z. B. begrenzter Dokumentationsumfang in Textfeldern, Unübersichtlichkeit, Leseunfreundlichkeit, Schriftgröße), sondern auch die erheblich differierende inhaltliche Qualität der bearbeiteten ITP-Bögen durch die

Leistungserbringer (Rohrmann et al. 2011a, d; Rölke 2013; Steinhart et al. 2013; Xit 2013).

Fehlende Innovation professioneller Routinen durch das ITP-Instrument

Das ITP-Instrument ermöglicht zwar nach den Evaluationsergebnissen in Hessen (Rohrmann et al. 2011a; Althaus et al. 2012) einen sozialräumlichen Bezug bei der individuellen Lebenssituations- und Bedarfsanalyse sowie der Reflexion von Unterstützungsleistungen wie »z. B. durch die explizite Nennung von nicht professionellen unterstützungsleistenden Personen im Rahmen von individuellen Teilhabearrangements« (Arnold 2010, 7). Allerdings scheint ihnen zufolge, »das Instrument meist im Rahmen gängiger Routinen zur Anwendung« (ebd.) zu kommen, ohne dass »vorherrschende professionelle Praktiken ... nicht grundlegend aufgebrochen oder verändert werden« (ebd.). Insofern wird »eine fachliche Verortung des dem Instrument zugrundeliegenden Verständnisses in einem breiteren Gesamtkonzept« (ebd.) als notwendig erachtet.

4   Fazit

Im Kern ist zusammenfassend festzuhalten, dass das ITP-Verfahren unter Abwägung positiver Aspekte und der Kritikpunkte auf der Basis der Ergebnisse von vorliegenden Evaluationsuntersuchungen und der verschiedenen anwendungsbezogenen Einschätzungen generell als geeignet für alle Adressatinnen und Adressaten mit Beeinträchtigungen eingestuft und als ein innovativer konzeptueller Schritt in Richtung personenzentrierter Hilfeleistungen mit sozialräumlichen Bezügen angesehen werden kann. In Anbetracht der verschiedenen thematisierten Probleme und Kritikpunkte, die das ITP-Instrument beinhaltet, ist jedoch dessen Optimierung in Übereinstimmung mit den vorhergehenden Einschätzungen unbedingt empfehlenswert, um seinem Anspruch und seinen Zielsetzungen konsequent nachzukommen.

Literatur

Althaus, Nadja, Cordula Barth, Albrecht Rohrmann und Johannes Schädler (2012). Weiterentwicklung der Eingliederungshilfe durch personenzentrierte Steuerung. *Teilhabe 52* (1): 4–11.
Arnold, Ulli (2010). *Stellungnahme zum Konzept »Personenzentrierte Steuerung der Eingliederungshilfe in Hessen« (PerSEH)*. Universität Stuttgart (unveröffentlchtes Gutachten).

ASMK (Arbeits- und Sozialministerkonferenz) (2009). *Anlage 1 – Eckpunkte für die Reformgesetzgebung Eingliederungshilfe im SGB XII.* http://www.alle-inklusive.de/inklusion-und-weiterentwicklung-der-eingliederungshilfe-waren-themen-bei-der-86-asmk-2009-in-berchtesgaden (Zugriff: 06. Juni 2017).

Bremauer, Ralf (2009). *Praxistest. Implementation Personenzentrierte Leistungssystematik auf der Grundlage der Integrierten Teilhabeplanung (ITP) und des Projekts Leistungsfinanzierung des LWV Hessen für die Leistungsbereiche für Menschen mit körperlichen, seelischen und geistigen Behinderungen sowie Menschen mit Abhängigkeitserkrankungen.* http://www.lwv-hessen.de/files/272/2-Bremauer1.pdf (Zugriff: 09. Juli 2016).

Bundesgesetzblatt (2016). *Gesetz zur Stärkung der Teilhabe und Selbstbestimmung von Menschen mit Behinderung (Bundesteilhabegesetz – BTHG). Bundesgesetzblatt 2016 Teil 1 Nr. 66 ausgegeben zu Bonn am 29.12.2016.* https://www.bgbl.de/xaver/bgbl/start.xav?startbk=Bundesanzeiger_BGBl&start=%2F%2F*%5B%40attr_id=%27bgbl116s3224.pdf%27%5D#__bgbl__%2F%2F*%5B%40attr_id%3D%27I_2016_65_inhaltsverz%27%5D__1483359017594 (Zugriff: 06 Juni 2017).

Bundesrat (2016). *Beschluss des Bundesrats – Gesetz zur Stärkung der Teilhabe und Selbstbestimmung von Menschen mit Behinderungen (Bundesteilhabegesetz – BTHG) am 16.12.16.* http://www.bundesrat.de/SharedDocs/TO/952/tagesordnung-952.html?nn=4351662 (Zugriff: 06. Juni 2017).

Deutscher Verein für öffentliche und private Fürsorge e.V. (2009). *Empfehlungen des Deutschen Vereins zur Bedarfsermittlung und Hilfeplanung in der Eingliederungshilfe für Menschen mit Behinderungen. DV 06/09 AF IV.* https://www.deutscher-verein.de/de/empfehlungen-stellungnahmen-2009-empfehlungen-des-deutschen-vereins-zur-bedarfsermittlung-und-hilfeplanung-in-der-eingliederungshilfe-fuer-menschen-mit-behinderungen-1-1545,332,1000.html (Zugriff: 06. Juni 2017).

Gromann, Petra (2009): *Manual ITP Hessen.* https://www.personenzentrierte-hilfen.de/doku_itphessen (Zugriff: 09. Juli 2016).

Gromann, Petra (2010). Individuelle und integrierte Teilhabeplanung in Hessen. *Teilhabe* 49 (2): 76–81.

Institut für Personenzentrierte Hilfen (2016). *Personenzentrierte Hilfen – ITP Hessen.* https://www.personenzentrierte-hilfen.de/doku_itphessen (Zugriff: 04. Juli 2016).

LAGFAD (Landesarbeitsgemeinschaft Freier Ambulanter Dienste Hessen e.V.) (2014). *Stellungnahme der LAG zur Einführung von perseh – der Personenorientierten Hilfeplanung.* Marburg: o.A.

Loeken, Hiltrud und Matthias Windisch (2013). *Behinderung und Soziale Arbeit. Beruflicher Wandel – Arbeitsfelder – Kompetenzen.* Stuttgart: Kohlhammer.

LWV Hessen (2009). *ITP Hessen – Integrierte Teilhabeplanung. Stand 04-2009 Version 1.5.* https://www.personenzentrierte-hilfen.de/doku_itphessen (Zugriff: 09. Juli 2016).

MfASGFuF (Ministerium für Arbeit, Soziales, Gesundheit, Frauen und Familie Thüringen) (2016): *Integrierter Teilhabeplan (ITP).* http://www.thueringen.de/th7/tmasgff/soziales/itp/ (Zugriff: 06. Juni 2017.

Rölke, Daniela (2013). Integrierte Teilhabeplanung. In Carmen Dorrance und Clemens Dannenbeck (Hrsg.). *Doing Inclusion. Inklusion in einer nicht inklusiven Gesellschaft.* Bad Heilbrunn: Klinkhardt, 114–118.

Rohrmann, Albrecht, Johannes Schädler, Najda Althaus und Cordula Barth (2011a). *Evaluationsprojekt PerSEH. Zentrum für Planung und Evaluation Sozialer Dienste der Universität Siegen. Abschlussbericht zur Evaluation der Erprobung der ›Personenzentrierten Steuerung der Eingliederungshilfe in Hessen (PerSEH).* http://www.uni-siegen.de/zpe/projekte/aktuelle/perseh/dokumente_downloads.html?lang=de (Zugriff: 06. Juni 2017).

Rohrmann, Albrecht, Johannes Schädler, Najda Althaus und Cordula Barth (2011b): *Evaluationsprojekt PerSEH. Zentrum für Planung und Evaluation Sozialer Dienste der Universität Siegen. Auswertung der schriftlichen Befragung der Leistungsberechtigten.* http://www.uni-siegen.de/zpe/projekte/aktuelle/perseh/dokumente_downloads.html?lang=de (Zugriff: 06. Juni 2017).

Rohrmann, Albrecht, Johannes Schädler, Najda Althaus und Cordula Barth (2011c): *Evaluationsprojekt PerSEH. Zentrum für Planung und Evaluation Sozialer Dienste der Uni-*

versität Siegen. Auswertung der schriftlichen Befragung von Mitarbeiterinnen und Mitarbeitern. http://www.uni-siegen.de/zpe/projekte/aktuelle/perseh/dokumente_downloads.html?lang=de (Zugriff: 06. Juni 2017).

Rohrmann, Albrecht, Johannes Schädler, Najda Althaus und Cordula Barth (2011d): *Evaluationsprojekt PerSEH. Zentrum für Planung und Evaluation Sozialer Dienste der Universität Siegen. Auswertung anonymisierter Integrierter Teilhabepläne (ITP) Hessen.* http://www.uni-siegen.de/zpe/projekte/aktuelle/perseh/dokumente_downloads.html?lang=de (Zugriff: 09. Juli 2016).

Steinhart, Ingmar, Anja Höptner und Petra Gromann (2013). *Modellprojekt »Personenzentrierte Hilfen und Personenzentrierte Leistungssystematik in der Hansestadt Rostock Phase I«. Abschlussbericht.* http://www.ohne-barrieren-rostock.de/uploads/media/ITP_Projektbericht_final_April_2013 (Zugriff: 09. Juli 2016).

WHO (World Health Organization / Weltgesundheitsorganisation) (2011). *ICF-CY. Internationale Klassifikation der Funktionsfähigkeit, Behinderung und Gesundheit bei Kindern und Jugendlichen. Übersetzt und herausgegeben von Judith Hollenweger und Olaf Kraus de Camargo unter Mitarbeit des Deutschen Instituts für Medizinische Dokumentation und Information (DIMDI).* Bern: Huber.

Xit (2013): *Externe Beratung PerSEH. Endbericht.* https://www.personenzentrierte-hilfen.de/doku_itphessen (Zugriff: 09. Juli 2016).

Chancen und Grenzen der »Ambulantisierung« – Ergebnisse einer empirischen Studie

Daniel Franz und Iris Beck

1 Einleitung

Im Feld der Eingliederungshilfe vollzieht sich seit langem ein Wandel, der sich im Kern als Ablösung der institutionellen Perspektive, hin zu personen- und sozialraumorientierten Hilfen kennzeichnen lässt. Neben den fachlichen Zielen beeinflussen aber auch maßgeblich rechtliche Entwicklungen (UN-Behindertenrechtskonvention, aktuell die Novellierung des Sozialgesetzbuchs [SGB] IX hin zu einem Bundesteilhabegesetz) und auch ökonomische Fragen (wie die Kostensteigerung) die Veränderungsprozesse. Ziele und Motive überlagern und verbinden sich dabei in unterschiedlichster Weise, so dass nicht von einem einheitlichen Reformprozess ausgegangen werden kann. Gleichwohl haben alle Ansätze der Umsetzung eines Wandels unmittelbare Folgen für die Lebenssituationen behinderter Menschen.

In der Hansestadt Hamburg rückte seit den frühen 2000er Jahren insbesondere der Bereich Wohnen in den Fokus. Zwischen der damaligen Behörde für Soziales und Gesundheit und den Trägern von Angeboten des Wohnens kam es 2005 zur Vereinbarung des sogenannten Ambulantisierungsprogramms, d. h. dem Ausbau ambulanter Hilfen für Menschen mit geistiger Behinderung. Damit verbunden waren verschiedene Zielsetzungen:

- auf Seiten der Nutzenden der Dienstleistungen eine Erhöhung der Wahlmöglichkeiten,
- auf der Ebene der Leistungssteuerung die Umsetzung sozialrechtlicher Grundlagen (»ambulant vor stationär«),
- auf der Ebene der Leistungsfinanzierung eine Abmilderung der Kostensteigerungen im sozialen Bereich.

Konzeptionell war mit der Ambulantisierung – also der Umwandlung von/dem Auszug aus Wohngruppen in eigenen Wohnraum – zudem die Idee einer Individualisierung der Leistungserbringung sowie einer stärkeren Ausrichtung am Sozialraum verbunden.

Das Programm selber bestand zwischen 2005 und 2013, in den Jahren 2012 bis 2014 erfolgte durch die Universität Hamburg eine nachgelagerte Evaluation (Franz & Beck 2015). Der vorliegende Artikel stellt ausgewählte Ergebnisse in stark verdichteter Form vor. Dazu werden das Programm und die Evaluation kurz vorgestellt (2) sowie Auswirkungen, Chancen und Grenzen benannt (3). Abschließend erfolgt eine zusammenfassende Einschätzung (4).

2 Das Ambulantisierungsprogramm

In den Jahren 2005 bis 2013 wurde in Hamburg das Ambulantisierungsprogramm durchgeführt. Zielgröße war die Veränderung von 770 Wohnsituationen. Nach Verhandlungen zwischen Leistungsträgern in Form der damaligen Behörde für Gesundheit und Soziales der Stadt Hamburg (später Behörde für Arbeit, Soziales, Familie und Integration [BASFI]), Verbänden, Angehörigen und Betroffenen kam es zur Formulierung eines sog. »Konsenspapiers«, das die Rahmenbedingungen des Prozesses festhielt, u. a. die Freiwilligkeit der Teilnahme sowie die Möglichkeit zur Rückkehr in den stationären Bereich (Arbeitsgemeinschaft der Freien Wohlfahrtsverbände [AGfW] et al. 2005). In der darauffolgenden Umsetzung erfolgte die Implementation neuer Leistungstypen, die die strukturelle Lücke zwischen stationärer Unterstützung »rund um die Uhr« und ambulanten Leistungen mit einer Höchstzahl von – je nach Leistungstyp – sieben bis elf Stunden/Woche (BASFI 2011a, b) überbrücken sollten.

In den Jahren 2012 bis 2014 wurde durch die Autorin und den Autor eine nachgelagerte Evaluation durchgeführt, deren Kern eine 2013 durchgeführte Befragung von knapp 200 Nutzern aller wohnbezogenen Leistungsbereiche war. Weitere Erhebungsschritte waren Netzwerkanalysen, Befragungen von Angehörigen, Fach- und Leitungskräften sowie Dokumentenanalysen. Das nachgelagerte Design brachte es mit sich, dass die konkreten Veränderungsprozesse an den meisten Stellen bereits abgeschlossen waren und sich zudem das Feld im Verlauf der Evaluation weiter veränderte. Um dennoch substantielle Aussagen zu Veränderungen tätigen, aber auch um Ergebnisse über die Hamburger Situation hinaus verallgemeinern zu können, erfolgte die Evaluation unter Einnahme eines dezentrierten Standpunkts. Dieser speist sich aus Forschung zu Lebenslagen, Belastung und Bewältigungshandeln sowie zur Implementation sozialer Dienstleistungen und ermöglicht es, das Programm als einen Schritt im Wandel des Hilfesystems von der institutionellen zur personalen Orientierung einzuordnen (Beck 1994; Franz 2014). Zentrale Fragestellungen waren,

- wie es unabhängig vom Leistungstyp um die Qualität der Unterstützung bestellt ist (damit zusammenhängend: wie sich die neuen Leistungstypen in die Gesamtlandschaft einfügen),
- ob sich Zusammenhänge zwischen Zufriedenheit und anderen Merkmalen (Leistungstyp, Zuordnung zur Hilfebedarfsgruppe [HBG]) abzeichnen sowie
- welche Veränderungen sich für beteiligte Personengruppen (Nutzende, Fachkräfte, Angehörige) ergeben haben und welche Rückwirkungen das Programm auf die stationären Angebote entfaltet hat.

Fragen bezüglich der Kostenentwicklung waren explizit nicht Gegenstand der Evaluation. Veröffentlichungen der Stadt Hamburg kann jedoch entnommen werden, dass es durchaus die Erwartung einer Kostensenkung durch das Programm gab, sich diese jedoch nicht erfüllt habe (Rechnungshof Freie und Hansestadt Hamburg 2010, 84).

Die Implementation zweier ähnlicher, aber nicht identischer Leistungstypen erklärt sich durch Traditionen der Hamburger Hilfelandschaft. Da diese Differenzierungen durch weitere Entwicklungen des Feldes jedoch zu großen Teilen wieder nivelliert wurden, sollen sie an dieser Stelle lediglich skizziert werden:

- Typ A: die »Ambulant betreute Wohngemeinschaft«, häufig entstanden durch die Umwandlung stadtteilintegrierter stationärer Wohngruppen sowie
- Typ B: die »Ambulante Assistenz Hamburg«, in der Regel Einzelappartements oder 2-Personen-WGs im Rahmen eines Mehrfamilienhauses, häufig angelegt für 20+ Nutzende.

Darüber hinaus wurden – unter dem Label »Hausgemeinschaft« – bei einigen Anbietern Angebote als Mischform konzipiert. Neben ambulanten Angeboten des Typs A oder B beinhalten diese auch eine stationäre Einrichtung. Die Dienstleistung erfolgt in einem gemeinsamen Team für beide Angebotsteile. Insgesamt sind also vier neue Angebotsformen entstanden (▶ Tab. 1):

Tab. 1: Im Rahmen der Ambulantisierung eingeführte Angebotsformen

Ambulante Angebote	Mischformen
Typ A	Hausgemeinschaft Typ A/stationär
Typ B	Hausgemeinschaft Typ B/stationär

Die Angebote des Typs A oder B finden im Rahmen eigener Häuslichkeit statt, daher kommt es zu Veränderungen in der Leistungserbringung: Zumindest formal sind Miet- und Betreuungsverhältnis getrennt voneinander vertraglich geregelt. Aufgrund massiver Barrieren im Zugang zu Wohnraum sind die Anbieter im Prozess dazu übergegangen, selber Wohnraum anzumieten und dann an Nutzende weiter zu vermieten. Auch dies geschieht in getrennten Vertragsverhältnissen. Damit geht zumindest strukturell die Möglichkeit einher, im Wohnraum zu verbleiben, aber den Anbieter der Leistungen zu wechseln, auch wenn dies praktisch aufgrund der Doppelrolle der Anbieter eher unwahrscheinlich ist. Aus der Trennung von Wohnen und Unterstützung folgt zudem eine Ausdifferenzierung der Finanzierungsformen: Anstelle eines umfassenden Leistungsbescheids – wie er im stationären Bereich vorliegt – kommt es zu einer Trennung in Kosten der Unterkunft (für die Leistungen der Grundsicherung in Anspruch genommen werden können), Leistungen der Eingliederungshilfe sowie bei vorliegendem Bedarf vollumfänglich Leistungen der Pflegeversicherung (in Form von Geld- oder Sachleistungen).

Stand in der Anfangsphase die Umwandlung bestehender Einrichtungen im Mittelpunkt, rückte in späteren Phasen der Fokus auf die Neugründung von Angeboten. Insgesamt ist es dadurch zu einer deutlichen Verschiebung in den wohnbezogenen Leistungen gekommen (▶ Tab. 2).

Tab. 2: Entwicklung der Angebotszahlen in den Jahren 2006–2011 (eigene Erhebung)

	Stationär	Leistungsformen Typ A oder B	Ambulante Einzelsettings
2006	68,33 %	1,34 %	30,33 %
2011	52,99 %	21,91 %	25,10 %

Jenseits struktureller Veränderungen wurde das Programm zum Anlass genommen, die konzeptionell-fachliche Arbeit weiterzuentwickeln. Um wirkliche Veränderungen zu initiieren, ist dies unumgänglich, denn die Qualität behindertenpädagogischer Dienstleistungen »entsteht in der direkten Interaktion zwischen Mitarbeiter und Adressat ... und zwar in der Art und Weise, wie der individuelle Bedarf verstanden und erfüllt wird« (Beck 2006, 186). Dementsprechend – darauf verweisen die Interviews mit Trägervertreterinnen und -vertretern – lassen sich viele Veränderungen primär auf fachliche Weiterentwicklungen zurückführen, z. B. eine Individualisierung der Leistungserbringung, eine Erhöhung der Selbstbestimmung sowie eine stärkere Ausrichtung der Unterstützung auf den Sozialraum.

Des Weiteren haben sich verschiedene Kontextbedingungen als relevant für die Umsetzung herausgestellt: Größte Barriere war die bereits erwähnte Wohnraumbeschaffung, insbesondere bei einem angespannten Wohnungsmarkt. Der Zugang zu Wohnraum nimmt dabei eine Schlüsselfunktion ein, an die sich an vielen Stellen Fragen der Inklusion und Partizipation koppeln (Zentrum für Planung und Evaluation Sozialer Dienste der Universität Siegen [ZPE] 2008, 233 ff.). Die von den Anbietern übernommene Doppelfunktion als Vermieter und Erbringer der Dienstleistungen wird in den Interviews als problematisch, aber weitgehend alternativlos beschrieben. Sehr vereinzelt wird auch von Barrieren hinsichtlich der Aufnahmebereitschaft in den Stadtteilen berichtet, insbesondere dort, wo das Spannungsfeld zwischen den Rechten und Bedürfnissen unterschiedlicher Beteiligter – Menschen mit Behinderung, Nachbarinnen bzw. Nachbarn und Fachkräfte – sich nicht immer auflösen lässt (z. B. bei »herausforderndem« Verhalten).

Als Förderfaktoren für die Umsetzung werden der Aufbau »sozialer Treffpunkte«, in denen niedrigschwellig Freizeit-, Kultur- und Bildungsangebote vorgehalten werden, sowie ein Ausbau der Kooperationsbeziehungen, sowohl zwischen den Anbietern als auch in den Sozialraum hinein, identifiziert. In der Einbindung freiwilliger Helferinnen und Helfer kommt es vereinzelt zu beeindruckenden Ergebnissen, jedoch zeigt die Nutzerbefragung deutlich, dass diese weiterhin eine Ausnahme bleiben.

3 Auswirkungen der Veränderungen

Im Folgenden werden zentrale Themenbereiche für die Gestaltung von Unterstützungssettings diskutiert sowie Chancen, aber auch Grenzen und Herausforderungen benannt. Zusätzlich erfolgt eine Einordnung der Ergebnisse in andere Forschungszusammenhänge.

3.1 Selbst- und Mitbestimmung

Durch die formale Trennung von Miet- und Betreuungsvertrag kommt es in den neuen Angeboten zu einem Statuswechsel vom Bewohner zum Mieter bzw. von der Bewohnerin zur Mieterin. Die damit einhergehenden Veränderungen lassen sich als Normalisierung von Lebensbedingungen charakterisieren. Zudem führt die Verbreiterung der Angebotspalette strukturell zu mehr Wahlmöglichkeiten auf Seiten der Nutzenden (dies ist jedoch nicht uneingeschränkt gültig; ▶ Kap.10.3.4).

Die Nutzerbefragung weist auf höhere Werte im Bereich Selbstständigkeit und Selbstbestimmung hin; hier sind Handlungsspielräume vergrößert worden – insbesondere im ambulanten Bereich. Diese Erkenntnis lässt sich sowohl durch frühere eigene Erhebungen (Trägererhebung 2005) als auch durch andere Studien stützen (Metzler & Springer 2010, 39; Seifert 2010, 380). Zudem verweisen die Trägerinterviews auf positive Motivationskreisläufe im Zusammenspiel von Selbstbestimmung, Selbstständigkeit und Zufriedenheit: Im idealtypischen (!) Verlauf zieht die Umstellung der Leistungserbringung in Verbindung mit konzeptionellen Veränderungen ein geringeres Ausmaß an Verpflichtungen, Zwangskontakten und -aktivitäten und ein höheres Maß an Optionen (mehr Selbstbestimmung und Verantwortung für die eigene Lebensführung) nach sich. Diese erhöhen wiederum – sofern keine Überforderung stattfindet – Selbstvertrauen, Handlungsfähigkeit, Kontroll- und Selbstwertgefühl. Dadurch kann sich im nächsten Schritt die Abhängigkeit von Hilfen verringern (dazu auch: Metzler & Springer 2010, 117).

Es muss jedoch in aller Deutlichkeit angemerkt werden, dass diese Kreisläufe keine kausale Folge struktureller Veränderungen sind: Bleiben konzeptionelle Weiterentwicklungen aus, besteht im Kern die gleiche Praxis unter verändertem Namen weiter. Wird die veränderte Lebenssituation nicht mit den Nutzenden aufgearbeitet und nicht darauf reagiert, dass diese auch eine Erhöhung bzw. Veränderung des Bedarfs an Hilfen nach sich ziehen kann, weil mehr Verantwortung für die eigene Lebensführung übernommen werden muss, ist sie primär eine Reduzierung von Hilfen. Dies kann zu Überforderung führen; wird diese zu einem Dauerzustand, droht das Scheitern an und in den neuen Bedingungen. Es zeigt sich also, dass die Zugewinne voraussetzungsreich sind und sich an die Erweiterung von Partizipationschancen binden – und zwar sowohl im Hinblick auf ihre soziale als auch auf ihre politische Dimension (Beck 2013). Das betrifft strukturell verankerte Möglichkeiten zur Einflussnahme im Alltag sowie die Wirksamkeit und Bekanntheit von Interessensvertretungen. Schlagwortartig lassen sich die mit dem Programm verbundenen Veränderungen als »riskante Chance« (Thimm 2001, 354 unter Bezugnahme auf Keupp) fassen: Sie ermöglichen eine Zunahme an Selbstbestimmung und Selbstverwirklichung, enthalten aber auch ein erhöhtes Risiko des Scheiterns.

3.2 Soziale Netzwerke und soziale Unterstützung

Die Ergebnisse der Nutzerbefragung – sowie vertiefend auch die Netzwerkanalysen – weisen auf räumlich nahe, dichte, vergleichsweise kleine und formell, d. h. durch professionelle Fachkräfte dominierte Netzwerke bei den Nutzenden hin (dazu auch: Seifert 2010, 386 f.). Im Einzelnen lassen sich folgende zentralen Themen benennen:

- Trotz der kleinen und tendenziell formell geprägten Netzwerke sind die Chancen ambulanter Wohnformen erkennbar: Nachbarinnen und Nachbarn werden stärker wahrgenommen als dies in den stationären Settings der Fall ist und es gibt mehr Möglichkeiten, sich in anderen Umfeldern zu erleben (in sozialen Treffpunkten, beim Einkaufen). Zwangskontakte, die sich durch Binnenzentrierung, also die Konzentration auf das Innenleben der Einrichtung und auf gruppenbezogene Aktivitäten (Schwarte & Oberste-Ufer 2001, 146) ergeben, nehmen ab, ebenso (aber nur leicht) Ängste und Belastungen. Es ist zu vermuten, dass damit das Stress-Erleben reduziert und das psychische Wohlbefinden gefördert wird (ähnlich auch: Metzler & Springer 2010, 39).
- Einsamkeit ist als Thema bei den Befragten deutlich präsent (fast die Hälfte erlebt manchmal Einsamkeit, weitere 13 % sogar oft). Menschen, bei denen die Leistungsform darauf hinweist, dass sie nicht in Gruppenbezügen leben und Mitarbeiterinnen und Mitarbeiter seltener präsent sind (klassische ambulante Einzelsettings), geben am häufigsten an, sich nie einsam zu fühlen. Auf der anderen Seite fühlen sich die Befragten in den stationären Settings – bei denen tendenziell davon ausgegangen werden kann, dass über weite Zeiträume andere Personen anwesend sind – häufiger alleine. Die Unterschiede verbleiben in den Hamburger Ergebnissen zwar unter der Signifikanzgrenze, zeigen sich aber in anderen Erhebungen in fast identischer Form: »Interessant ist, dass sich die Menschen mit Behinderung in Gruppenzusammenhängen einsamer fühlen als in der Privatwohnung« (Metzler & Springer 2010, 65). Die Ergebnisse können als Hinweise darauf gelesen werden, dass das Gefühl des Alleinseins eventuell weniger mit faktischen Kontakten, sondern vielmehr mit der Frage der Kontrolle über die eigene Lebenssituation zusammenhängt.
- Die Nutzerbefragung zeigt deutlich, dass die Mitarbeiterinnen und Mitarbeiter nach wie vor die bedeutendste Quelle sozialer Unterstützung im Alltag sind. Ihre zentrale Rolle für Lebensqualität der Nutzenden zeigt sich auch bei Heidrun Metzler und Anke Springer (2010, 39). Die Netzwerkanalysen schlüsseln die Funktionen auf, die von Mitarbeiterinnen und Mitarbeitern übernommen werden: Sie sind Förderer bzw. Förderin von Kompetenzen, Vertrauensperson, Alltagsbegleitung, Ansprechperson für Freizeitunternehmungen oder Kennerinnen bzw. Kenner der individuellen Biographie.
- Positiv ist die vergleichsweise hohe Präsenz eines bzw. einer engen Vertrauten sowie die Tatsache, dass nicht alle Kontakte ausschließlich unterstützungsrelevant sind, sondern sich auch von Angewiesenheit und Hilfenotwendigkeit freie, reine Freundschafts- und Bekanntschaftskontakte finden. Die Optionen bezüglich »echter« Freundschaftskontakte scheinen jedoch insgesamt eingeschränkt zu sein.

- Bei einer Teilgruppe der Befragten kommt es in der Wohnung zum Erleben von Angst (sowohl vor Mitbewohnerinnen bzw. -bewohnern oder Mitarbeiterinnen bzw. Mitarbeitern als auch wenn sie alleine in der Wohnung sind). Das Erleben von Angst, wenn man alleine in der Wohnung ist, könnte ein Hinweis auf zeitlich nicht auskömmlich gestaltete Hilfen sein; die Angst vor Mitarbeiterinnen und Mitarbeitern verweist auf den asymmetrischen Charakter formalisierter Hilfe, der zu Abhängigkeitsverhältnissen führt. Diesen müssen Mitarbeiterinnen und Mitarbeiter reflektieren, um Angsterleben so gering wie möglich zu halten (Franz 2014, 27).
- Im Hinblick auf die Mitbewohnerinnen und Mitbewohner kommt es zu Unzufriedenheitsäußerungen – ähnliche Ergebnisse finden sich auch bei Monika Seifert (2010, 380). Es kann also nicht davon ausgegangen werden, dass Gemeinschaftssettings per se eine Unterstützungsquelle sind, sie können auch eine Belastung sein. Handlungsbedarf besteht hier in Bezug auf eine Alltagsgestaltung, die es den Nutzenden ermöglicht, den Kontakt zu ihren Mitbewohnerinnen und -bewohnern aktiv und selbstbestimmt wahrzunehmen, sowie in Bezug auf Einflussmöglichkeiten auf die Auswahl von Mitbewohnerinnen und -bewohnern.

3.3 Arbeitsteilung und Aufgaben von Fachkräften

Die qualitativen Erhebungsschritte verdeutlichen, dass die veränderten Finanzierungsströme die Arbeitsteilung zwischen Eingliederungshilfe, Pflege und rechtlicher Betreuung neu ordnen. Dies wird je nach Perspektive sehr unterschiedlich bewertet: Für Kostenträger und Anbieter besteht der entscheidende Unterschied zu einem stationären Setting in der Einbindung primär zuständiger Kostenträger und Leistungserbringer, also in einer Erschließung zusätzlicher Ressourcen und auf Seiten des Anbieters gegebenenfalls in einer konkreten Entlastung im Alltag. Hier ist insbesondere der vollumfängliche Zugang zu Pflegeleistungen zu nennen, der die Chance auf eine bedarfsgerechtere Unterstützung erhöht.

Aus der Perspektive der Angehörigen – und vor allem derjenigen in Doppelrolle als rechtliche Betreuung – ziehen diese Veränderungen jedoch deutliche Mehrbelastungen nach sich. An die Stelle eines Betreuungsvertrages treten Miet-, Betreuungs- sowie eventuell Pflegevertrag und dementsprechend mehrere Leistungsbescheide mit unterschiedlicher Laufzeit, Finanzierungslogik, Prüfkriterien etc. Von Sorgen auf Seiten der Angehörigen im Vorfeld der Veränderungen wurde mehrfach berichtet. Diese bezogen sich darauf, wieder mehr Aufgaben im Alltag und mehr Verantwortung für das Leben der erwachsenen Kinder oder Geschwister übernehmen zu müssen. An vielen Stellen haben sich diese Befürchtungen nicht bewahrheitet. In der Teilgruppe der Angehörigen, die eine Doppelfunktion auch als rechtliche Betreuung übernehmen, muss jedoch von einer Mehrbelastung ausgegangen werden. Ob bzw. wie diese als Belastung erlebt wird, kann auf der Grundlage der vorliegenden Daten nicht abschließend geklärt werden. Die Ergebnisse der Gruppendiskussion, die ursprünglich zur Vorbereitung der schriftlichen Befragung durchgeführt wurde, weisen zumindest darauf hin, dass die Veränderungen auch als belastend erlebt werden. Zu prüfen wäre, ob dies in der Folge eine Zunahme von Berufsbetreuungen nach sich zieht.

Neben der veränderten Arbeitsteilung berichten die Leitungsinterviews von zwei zentralen Veränderungen in den Arbeitsaufgaben der Fachkräfte: einer Individualisierung der Leistungserbringung und einer Erhöhung der Anforderungen an sozialräumlich ausgerichtete Tätigkeiten (inkl. Koordination und Kooperation). Letztere wird – von Leitungs- und Fachkräften – als wichtiges Ziel hervorgehoben, die tatsächliche Umsetzung ist jedoch begrenzt. Das zeigt die Befragungen der Fachkräfte: Die dafür aufgewendete Zeit ist begrenzt und die Befragten fühlen sich nicht ausreichend qualifiziert. In eine ähnliche Richtung weisen auch die Ergebnisse von Seifert (2010, 381): Die soziale Einbindung außerhalb der Wohnung gelingt nur teilweise und ist abhängig vom Engagement der Mitarbeiterinnen bzw. Mitarbeitern und Angehörigen.

An der gleichzeitigen Anforderung individualisierter Leistungen bei Anstieg der Kooperation wird zudem ein Spannungsfeld deutlich. Die Nutzerbefragung zeigt, dass die Bedeutung der Mitarbeiterinnen und Mitarbeiter im Alltag nur dann abnimmt, wenn ihre Aufgaben verlässlich und dem Anspruch nach vollständig von anderen Funktionsträgern (z. B. Pflegedienst, rechtliche Betreuung) übernommen werden. Die Mitarbeiterinnen und Mitarbeiter stehen also vor der doppelten Anforderung, verstärkt koordinierend und kooperierend tätig sowie gleichzeitig in vielen Lebensbereichen zentrale Ansprechperson zu sein. Dies wird in der Praxis – darauf verweisen die Befragungen von Leitungs- und Fachkräften – häufig als Spannungsfeld zwischen Personen- und Sozialraumorientierung wahrgenommen.

3.4 Settings für Menschen mit komplexem Unterstützungsbedarf

Es im Rahmen des Programms nicht gelungen, ambulante Angebote flächendeckend für die Personengruppe der Menschen mit komplexem Unterstützungsbedarf[10] zu etablieren. Das zeigt sich deutlich an den Erhebungen zu den Angebotszahlen für das Jahr 2011 (▶ Tab. 3):

Tab. 3: Platz- und Angebotszahlen für das Jahr 2011 (eigene Erhebung)

	HBG 1	HBG 2	HBG 3	HBG 4	HBG 5	Ohne
Typ A oder B	1,97 %	30,6 %	54,97 %	12,3 %	0,15 %	0 %
Stationär	0,03 %	5,36 %	40 %	49,31 %	5,24 %	0,06 %

---

10 Die Personengruppe wurde im Projekt pragmatisch über die Eingruppierung in die HBGs 4–5 nach Metzler-Systematik operationalisiert. Diese Form der Operationalisierung ist nicht unproblematisch, auf die damit zusammenhängenden Fragen kann aber an dieser Stelle nicht eingegangen werden (grundsätzlich zum Begriff des »komplexem Unterstützungsbedarfs«: Schädler 2012).

Werden in den Angeboten des Typs A und B primär Nutzende in den HBGs 2–3 unterstützt, liegt der Schwerpunkt in den stationären Einrichtungen auf den HBGs 3–4. Betrachtet man die Entwicklung für die HGBs 4–5, zeigt sich, dass sie 2011 die Mehrheit der Nutzenden in den stationären Einrichtungen stellen (knapp 55 %). Im Jahr 2006 lag ihr Anteil noch bei 42 %. Es ist davon auszugehen, dass die Verschiebungen spürbare Auswirkungen in den stationären Einrichtungen entfalten. Die Problematik, dass Menschen mit komplexem Unterstützungsbedarf nur wenig von Reformprojekten profitieren, ist kein Hamburger Spezifikum, sondern lässt sich bundesweit verzeichnen (Metzler & Springer 2010, 119; ZPE 2008, 232). Sie ist zudem in der Evaluation selber präsent: Im Rahmen standardisierter Befragungen konnte die Personengruppe nicht angemessen repräsentiert werden. Es musste – im Rahmen eines begrenzten Drittmittelprojekts – auf stellvertretende Erhebungen (z. B. Experteninterviews zu Unterstützungssettings für den Personenkreis) zurückgegriffen werden.

Aus diesen Interviews lassen sich folgende Erkenntnisse ableiten: Die Angebote müssen eine gewisse Betriebsgröße erreichen, um zeitlich umfassend gestaltet zu sein (z. B. Nachtbereitschaft). Dies geschieht über eine Bündelung von Ressourcen im Hinblick auf beteiligte Kostenträger und die Anzahl der unterstützten Nutzerinnen und Nutzer (häufig mehr als 25). Diese Betriebsgröße wird jedoch nicht von allen Angeboten oder Anbietern erreicht. Die Angebote sind also strukturell begrenzt; dies führte – in Kombination mit einer geringen Fluktuation in den stationären Einrichtungen – z. T. zu deutlichen Wartezeiten beim Wechsel vom ambulanten in den stationären Bereich (trotz zugesichertem Rückkehrrecht und der Bereitschaft aller Beteiligten, dies umzusetzen). Die Betriebsgröße zieht zudem einen Grad an Organisation nach sich, der mit dem Charakter privater Wohnräume in Konflikt geraten kann (weil z. B. Räume zur Aufbewahrung von Dokumentation, Medikamenten oder Aufenthaltsräume vorgehalten werden müssen; Dienstplangestaltung und Übergaben komplexer werden etc.). Hier besteht die Gefahr, dass sich dies in der Lebenssituation als Unterordnung individueller Bedarfslagen unter strukturelle und organisatorische Erfordernisse niederschlägt. In der Kooperation verschiedener Kostenträger und Leistungserbringer kann es zu Schnittstellenproblemen in der Zusammenarbeit kommen (die sich auf unterschiedliche Bewilligungsverfahren, Prüfkriterien etc. beziehen können). Außerdem verschärft sich auf der Ebene der Fachkräfte das Spannungsfeld zwischen Hilfen im Alltag und koordinierenden Aufgaben: Sie sind – noch klarer als in anderen Settings – unverzichtbarer Dreh- und Angelpunkt der Alltagsgestaltung (bis hin zu Hilfen bei fast sämtlichen Aktivitäten). Dennoch erhöht sich der Aufwand an Koordination und Kooperation deutlich, denn es muss davon ausgegangen werden, dass Pflegedienste und rechtliche Betreuungen regelhaft in den Alltag eingebunden sind.

Es muss jedoch in aller Deutlichkeit hervorgehoben werden, dass es sich hierbei nicht um »besondere Herausforderungen« handelt, die systematisch mit Bedarfslagen der Zielgruppe zusammenhängen würden. Vielmehr treten an dieser Stelle grundlegende Probleme von Unterstützungssettings »zwischen System und Lebenswelt« (Bächthold 1990, 87) kulminiert und verschärft hervor.

4 Fazit und Ausblick

Das Programm hatte den Charakter eines Modellversuchs zur Entwicklung neuer Hilfestrukturen jenseits der vereinfachenden Logik »ambulant versus stationär« und sollte somit einen Beitrag zur Bedarfsgerechtigkeit im Hilfesystem leisten. Es hat in diesem Sinne deutlich Wirkung entfaltet und für eine sehr hohe Zahl von Nutzenden zur Veränderung ihrer Wohnsituation geführt. Wesentliche Bedingungen in der Umsetzung waren der politische Wille, die Bereitschaft der Anbieter zum Wandel und die Zusammenarbeit aller Statusgruppen. Als ebenso unerlässlich können benannt werden:

- Kooperation und Vernetzung;
- der Finanzierungs- und Leistungsmix;
- die Flexibilität der Formen;
- zugesicherte Übergangs- und Rückkehrmöglichkeiten;
- die Entscheidung, in der Anfangsphase den Ausbau ambulanter Betreuung an den Abbau stationärer Plätze zu koppeln sowie
- die zwar nicht ideale, aber offensichtlich nicht zu vermeidende Wohnraumbeschaffung durch die Leistungsanbieter.

Die neu implementierten Leistungstypen reihen sich weitgehend nahtlos in die Angebotspalette ein. Die Nutzerbefragung liefert keine Hinweise darauf, dass es in diesen systematisch zu geringerer Zufriedenheit oder Unterversorgung kommt. Niedrigere Zufriedenheitswerte gehen eher mit einem höheren Bedarf an Hilfen oder dem Leben in stationären Bezügen einher (dazu: Metzler & Springer 2010, 39). Hier zeigen sich z. T. bedenkliche Werte im Hinblick auf die soziale Eingebundenheit (insbesondere außerhalb des Wohnhauses), ein verstärktes Erleben von Einsamkeit, tendenziell höhere Werte im Hinblick auf das Angsterleben sowie geringere Möglichkeiten zur Selbst- und Mitbestimmung im Alltag.

Das Programm hat insgesamt zu einer Vervielfältigung der Angebotslandschaft beigetragen; dies führt zum Ende von »Schwarz-Weiß-Lösungen« (entweder vollversorgt im Heim oder mit wenig Hilfen in der Gemeinde), die bislang zur Dauerhaftigkeit von Platzierungen, mangelnden Übergangsmöglichkeiten, starren Angebotsstrukturen und einem nur unwesentlichen Abbau stationärer Versorgungsstrukturen geführt haben. Jedoch geht die Vielfalt der Formen noch nicht mit einer Vielfalt der Bedarfsgerechtigkeit einher.

Die Unterrepräsentanz von Menschen mit komplexem Unterstützungsbedarf in Reformprojekten und die damit einhergehenden Exklusionsrisiken können als zentrale Problemstellen gefasst werden. In ihnen zeigt sich das Fortbestehen institutioneller Orientierung, gekennzeichnet durch die Zuordnung zu Leistungstypen anhand der Höhe des Hilfebedarfs (bzw. den damit verbundenen Kosten). Wird diese Logik nicht durchbrochen, kommt es zum Fortbestehen einer traditionell »stationären« Dienstleistungserbringung. »Stationär« meint dabei nicht die Organisation zeitlich-inhaltlich umfänglicher Hilfen, sondern benennt einen Code, steht also für eine bestimmte, tendenziell an organisatorischen Bedürfnissen ausgerichtete, Logik der Dienstleistungserbringung. Zentrale Merkmale hierfür wären Binnenzentrierung, Gruppenorientierung und Einschränkung von Optionen. Dementsprechend gehen mit strukturellen Veränderungen häufig auch konzeptionelle Weiterentwicklungen einher, die sich zum Code »ambulant« verdichten. Dieser steht für eine tendenziell individuellere und mehr auf Selbstständigkeit gerichtete Unterstützung, die sich in veränderten Handlungsweisen und Haltungen der Fachkräfte niederschlägt. Es geht also weniger darum, stationäre Angebote pauschal zu kritisieren, sondern darum, die Codierung zu überwinden und zu fachlichen Weiterentwicklungen unabhängig vom Leistungstyp zu gelangen. Fragen der Finanzierung und der Ressourcen spielen dabei eine wichtige Rolle, sind aber nicht allein ausschlaggebend.

Das Modell der Hausgemeinschaft wird in den Interviews mit Trägervertreterinnen und -vertretern als pragmatische Alternative hervorgehoben: In ihm besteht die Möglichkeit, anschlussfähige Angebote für den Personenkreis vorzuhalten, da ambulante und stationäre Leistungserbringung durch das gleiche Team erfolgt. Allerdings geht mit der notwendigen Ressourcenbündelung immer auch die Gefahr der Einschränkung von Optionen einer. Zu klären ist, wie diese Einschränkungen vermieden oder verringert werden können, um Alternativen zu entwickeln, die verhindern, dass Menschen mit komplexem Unterstützungsbedarf zukünftig isoliert in Schwerbehindertenzentren leben müssen. Vielmehr soll eine »Mischung« erreicht werden unter Wahrung der Einbindung ins Gemeinwesen, der individuellen Bedarfsgerechtigkeit und von Teilhabechancen (die auch auf das Leben im Wohnhaus selbst zu beziehen sind).

Weiterer Entwicklungsbedarf besteht bei der Unterstützung psychosozialer Bedürfnisse, der Partizipation, der sozialräumlichen Einbindung sowie der Kooperation und Vernetzung. Insbesondere bei letzterem sind die Anforderungen an Fachkräfte angesprochen: Hier muss deutlich stärkeres Gewicht auf umfeldbezogene Tätigkeiten gelegt werden, angefangen bei der Förderung einer guten Atmosphäre und Interaktionsqualität im engsten Umfeld. Des Weiteren gehört hierzu die Förderung von Fähigkeiten und Möglichkeiten zum Aufbau informeller Beziehungen (Partnerschaften, enge Freundschaften). Diese Bindungen entstehen jedoch nicht von selbst, vor allem nicht »im Gemeinwesen an sich«, wo soziale Distanz und Statusungleichheiten die Begegnung beeinflussen. Ein weiterer Aspekt sind die notwendigen Kompetenzen zur Erschließung von Ressourcen im Umfeld und die Gestaltung von Kooperationen. Beides benötigt Zeit, Kenntnisse und Kompetenzen und kann nicht nebenher im Alltag erledigt werden.

Der Wandel der Tätigkeiten der Fachkräfte hin zu einer subsidiären anstatt einer substituierenden Funktion – und damit auch das Verhältnis von Personen- und Sozialraumorientierung – sollte nicht als »Entweder-Oder«-Frage traktiert werden. Die beiden Leitziele bilden keinen Gegensatz, sondern komplementäre und gleichermaßen qualifiziert zu erbringende Mittel zum Zweck der Erhöhung von Lebenschancen. Über das konkrete Vorgehen kann nur in Abhängigkeit von der individuellen Situation und den sich verändernden Bedarfslagen entschieden werden – auf der Basis einer individuellen Hilfeplanung, die nicht bei den Kompetenzen der Person endet, sondern auch in der Lage ist, Ressourcen und Barrieren im Umfeld zu identifizieren (Franz & Beck 2007).

Um Unterstützungsangebote nachhaltig weiterzuentwickeln, wären politische Entscheidungen wünschenswert, die eine verbindliche Fortentwicklung in Gang setzen und die insbesondere die gleichberechtigte und wirksame Teilhabe bei spezifischen und vor allem sich verändernden Bedarfslagen (Alterungsprozesse, psychische Erkrankungen) sichert und dabei die anderen Lebensbereiche (Tagesstruktur, Beschäftigung, Gesundheit, Mobilität) mitberücksichtigt. Welche Auswirkungen die Weiterentwicklungen der Eingliederungshilfelandschaft (z. B. Trägerbudgets, Bundesteilhabegesetz) entfalten, bleibt abzuwarten. Dennoch lässt sich bei allen konstatierten Problemen festhalten, dass das Programm zu einer Erhöhung der Durchlässigkeit und Flexibilität der Leistungsformen geführt, »Schwarz-Weiß-Lösungen« überwunden und zu einer Verbesserung der Lebenschancen der Nutzenden beigetragen hat.

Literatur

Arbeitsgemeinschaft der Freien Wohlfahrtsverbände (AGfW), Bundesverband privater Anbieter sozialer Dienste e.V., Hamburger Landesarbeitsgemeinschaft für behinderte Menschen et al. (2005). Konsenspapier zur Weiterentwicklung der Hamburger Behindertenhilfe. In Behörde für Familie, Soziales, Gesundheit und Verbraucherschutz (Hrsg.). *Ambulant betreutes Wohnen für Menschen mit geistigen und mehrfachen Behinderungen.* Hamburg: o.A., 8.

Bächthold, Andreas (1990). Gemeindenahe Hilfen für Behinderte. Ein Spannungsfeld zwischen System und Lebenswelt. In Otto Speck und Klaus-Rainer Martin (Hrsg.). *Sonderpädagogik und Sozialarbeit.* Berlin: Edition Marhold, 87–106.

BASFI (Behörde für Arbeit, Soziales, Familie und Integration) (2011a). *Fachanweisung zu § 54 Abs. 1 SGB XII i. V. m. § 55 Abs. 1 und 2 Nr. 3 und 6 SGB IX (PBW) vom 1. November 2011 (Gz. SI412/112.42-4-12-12).* http://www.hamburg.de/basfi/fa-sgbxii-kap06-54/¬3156670/fa-sgbxii-54-pbw/ (Zugriff: 06. Juni 2017).

BASFI (Behörde für Arbeit, Soziales, Familie und Integration) (2011b). *Fachanweisung zu § 54 Abs. 1 SGB XII i. V. m. § 55 Abs. 1 und 2 Nr. 3 und 6 SGB IX (WA) vom 1. November 2011 (Gz. SI412/112.42-4-12-11).* http://www.hamburg.de/basfi/fa-sgbxii-kap06-54/¬3156672/fa-sgbxii-54-wa/ (Zugriff: 06. Juni 2017).

Beck, Iris (1994). *Neuorientierung in der Organisation pädagogisch-sozialer Dienstleistungen für behinderte Menschen. Zielperspektiven und Bewertungsfragen.* Frankfurt a.M.: Peter Lang.

Beck, Iris (2006). Qualität in der Arbeit von Menschen mit schweren Behinderungen. In Bundesvereinigung Lebenshilfe für Menschen mit geistiger Behinderung e.V. (Hrsg.). *Schwere Behinderung – eine Aufgabe für die Gesellschaft! Teilhabe von Menschen mit schweren Behinderungen als Herausforderung für Praxis, Wissenschaft und Politik.* Marburg: Lebenshilfe-Verlag, 183–193.

Beck, Iris (2013). Partizipation – Aspekte der Begründung und Umsetzung im Feld von Behinderung. *Teilhabe 52* (1): 4–11.

Franz, Daniel (2014). *Anforderungen an MitarbeiterInnen in wohnbezogenen Diensten der Behindertenhilfe. Veränderungen des professionellen Handelns im Wandel von der institutionellen zur personalen Orientierung.* Marburg: Lebenshilfe Verlag.

Franz, Daniel und Iris Beck (2007). *Umfeld- und Sozialraumorientierung in der Behindertenhilfe. Empfehlungen und Handlungsansätze für Hilfeplanung und Gemeindeintegration.* Hamburg u. Düren: Eigenverlag DHG.

Franz, Daniel und Iris Beck (2015). *Evaluation des Ambulantisierungsprogramms in Hamburg.* https://www.agfw-hamburg.de/download/Ambulantisierung_Abschlussbericht_Alltags¬sprache_Langfassung.pdf (Zugriff: 06. Juni 2017).

Metzler, Heidrun und Anke Springer (2010). *Umwandlung von Wohnangeboten in Groß- und Komplexeinrichtungen zu gemeindeorientierten Wohnmöglichkeiten für Menschen mit Behinderung. Bericht über eine Evaluation.* Tübingen: Zentrum zur interdisziplinären Erforschung der Lebenswelten behinderter Menschen (Z.I.E.L.).

Rechnungshof Freie und Hansestadt Hamburg (2010). *Jahresbericht 2010 über die Prüfung der Haushalts- und Wirtschaftsführung der Freien und Hansestadt Hamburg mit Bemerkungen zur Haushaltsrechnung 2008.* Hamburg: o.A.

Schädler, Johannes (2012). Individuelle Teilhabearrangements für Menschen mit komplexen Behinderungen als professionelle »Erfindungsaufgabe«. In DIFGB (Deutsche Interdisziplinäre Gesellschaft zur Förderung der Forschung für Menschen mit geistiger Behinderung) (Hrsg.). *Menschen mit schwerer und mehrfacher Behinderung zwischen Exklusion und Inklusion. Dokumentation der Jahrestagung der DIFGB 2011.* Leipzig: Eigendruck der DIFGB, 23–32.

Schwarte, Norbert und Ralf Oberste-Ufer (2001). *LEWO II: Lebensqualität in Wohnstätten für erwachsene Menschen mit geistiger Behinderung. Ein Instrument für fachliches Qualitätsmanagement.* Marburg: Lebenshilfe-Verlag.

Seifert, Monika (2010). *KUNDENSTUDIE – Bedarf an Dienstleistungen zur Unterstützung des Wohnens von Menschen mit Behinderung.* Berlin: Rhombos-Verlag.

Thimm, Walter (2001). Leben in Nachbarschaften. Struktur und Konzeption eines gemeindenahen Systems besonderer pädagogischer Förderung. *Zeitschrift für Heilpädagogik* 52 (9): 354–359.

Trägererhebung (2005). *Dokumentation der trägerübergreifenden Nutzerbefragung in Hamburg 2005. Erstellt von Fachkräften Hamburger Träger von Wohnangeboten der Eingliederungshilfe. Manuskript.* Hamburg: o.A.

ZPE (Zentrum für Planung und Evaluation Sozialer Dienste der Universität Siegen) (2008). *Selbständiges Wohnen behinderter Menschen – Individuelle Hilfen aus einer Hand. Abschlussbericht.* Siegen: o.A.

Ambulante Dienste für behinderte Menschen – Entwicklungen, Herausforderungen und Perspektiven

Christian Huppert

1 Einleitung

Die Behindertenhilfe hat sich von ihren Anfängen in der Armenfürsorge bis heute als hochgradig differenzierter Bereich entwickelt und bildet ein tendenziell in sich geschlossenes System, das entlang des Lebenslaufs von behinderten Menschen und parallel zu vorhandenen Institutionen im Gemeinwesen alle relevanten Angebote in besonderer und besondernder Weise vorhält. Mit zunehmender Kritik an der Leitidee der Fürsorge und mit den beginnenden Diskursen zu Normalisierung und Integration entstand ab den 1960er Jahren eine Gegenbewegung zu den tradierten Konzepten der Institutionalisierung behinderter Menschen. Diese kritische Haltung wurde insbesondere geprägt durch das erstarkende Selbstbewusstsein körperbehinderter Menschen in der Krüppelbewegung und der späteren Selbstbestimmt-Leben-Bewegung. Auch verschiedene Elternvereinigungen (insbesondere die heutigen Verbände für Körper- und Mehrfachbehinderte und die Lebenshilfe-Vereinigungen) haben dazu beigetragen, dass Ambulante Dienste mit flexiblen und individuellen Angeboten geschaffen wurden. Seit Anfang der 1980er Jahre haben sich diese Dienste mittlerweile (fast) flächendeckend etabliert.

Ambulante Dienste werden hier als Organisationen oder Organisationseinheiten verstanden, die ambulante, personbezogene Leistungen für behinderte Menschen und ihre Angehörigen gestalten mit dem Ziel, selbstbestimmte Teilhabe außerhalb (teil-)stationärer Einrichtungen zu unterstützen. Die Dienstleistungen sollen Kompetenzen stärken und Selbsthilferessourcen in allen Lebensbereichen (Bildung, Arbeit, Wohnen, Freizeit) entwickeln.

Nach einer Beschreibung der Angebote und ihrer Entstehungsgeschichte blickt dieser Beitrag auf strukturelle Kennzeichen und die komplexe Finanzierungssituation. Abschließend stehen aktuelle Herausforderungen und Perspektiven zur Weiterentwicklung im Fokus.

2 Angebots- und Begriffsvielfalt in Ambulanten Diensten

Individuelle Schwerstbehindertenbetreuung (ISB), Persönliche Assistenz, Familienentlastende Dienste (FED), Familienunterstützende Dienste (FUD), Unterstützende Dienste, Ambulante Hilfen, Offene Behindertenarbeit (OBA), Offene Hilfen – das sind einige Beispiele für die Bezeichnung von Ambulanten Diensten für behinderte Menschen. Begrifflich gibt es eine Anlehnung an den § 3a des damaligen Bundessozialhilfegesetzes (BSHG), in dem der Vorrang offener (später ambulanter) vor stationären Hilfen gefordert wurde. Die begriffliche Vielfalt gründet auf unterschiedlichen Traditionen: Prägung durch die Ausrichtung auf bestimmte Zielgruppen, durch die Verwendung in einzelnen Verbänden oder auch in Förderprogrammen der Bundesländer. Alle Dienste

> »wollen Wahlmöglichkeiten bieten und verstehen sich somit als Ergänzung des bestehenden einrichtungsgestützten Systems der Behindertenhilfe« (Bundesvereinigung Lebenshilfe e.V. 1995, 4).

Für diesen Beitrag erscheint es sinnvoll, die Begriffsvielfalt aufzuzeigen, die Dienstbezeichnungen für den weiteren Verlauf begrifflich zu definieren und entlang der Zielgruppen aufgabenbezogen zu differenzieren. Die ambulante Hilfeform der Persönlichen Assistenz hat sich aus der Tradition der Selbstbestimmt-Leben-Bewegung entwickelt und bietet vorrangig Unterstützung für Menschen mit körperlicher Behinderung an. Heute nicht mehr passend erscheint der kaum noch verwendete Begriff der Individuellen Schwerstbehindertenbetreuung, der in wenigen Zusammenhängen nur noch über die Abkürzung ISB zu finden ist (z. B. Landesrahmenvertrag NRW – ambulanter Bereich 2001, 11). In Lebenshilfe-Zusammenhängen wurde für Dienste mit ambulanten Angeboten für Menschen mit Lernschwierigkeiten der Begriff Offene Hilfen geprägt. Dienste mit vergleichbaren Angeboten werden bei anderen Trägern beispielsweise auch als Unterstützender oder Ambulanter Dienst bezeichnet. Unter deren Dach haben sich aus den Familienentlastenden Diensten heraus eine Vielzahl von Angeboten entwickelt, die sich überwiegend an Menschen mit Lernschwierigkeiten und mehrfachen Behinderungen richten.

2.1 Persönliche Assistenz

Die Dienste der Persönlichen Assistenz erbringen Leistungen für behinderte Menschen mit dem Ziel, dass diese den Alltag in ihrer häuslichen Umgebung selbstständig und selbstbestimmt gestalten können. Assistenz wird dabei unabhängig vom Grad der Behinderung organisiert und kann bis zu 24 Stunden täglich umfassen. Neben der Unterstützung bei pflegerischen Maßnahmen (wie z. B. Aufstehen, Zubettgehen, Körperpflege, Toilettengang, Essenreichen) oder bei Behandlungspflege (z. B. Beatmung) werden auch Assistenz im Haushalt, bei der Freizeitgestaltung, im Studium oder bei der Arbeit sowie Mobilitäts- und Kommunikationshilfen angeboten.

Das Angebot grenzt sich ab von einer defizitär geprägten Sicht auf den Menschen, dessen Einschränkungen durch professionell Helfende ausgeglichen werden muss. Vielmehr übernehmen Assistenznehmende die Regie und bestimmen, welche Unterstützung gewünscht ist, wer sie durchführt, wann, wo und wie sie erbracht werden soll. Bei den Assistenznehmenden liegt damit die Personalkompetenz, Organisationskompetenz, Anleitungskompetenz und Finanzkompetenz (vgl. u. a. Rohrmann 2007, 101). Am weitestgehenden ist dies im Rahmen eines sogenannten Arbeitgebermodells sichergestellt, in dem die Assistenznehmenden selbst die Arbeitgeberfunktion übernehmen (vgl. Loeken & Windisch 2013). Im Modell einer Assistenzgenossenschaft können einzelne Arbeitgeberfunktionen an die Genossenschaft übergeben werden, wobei in der Regel die Personalauswahl und Einsatzplanung in der Verantwortung des behinderten Menschen bleiben. Andere Modelle bei Leistungserbringern sehen vor, dass Assistenznehmende möglichst weitgehende Mitwirkungsrechte bei der Gestaltung haben, dass eine Vertretung in Vorständen der Träger sichergestellt und dass ein Beschwerdemanagement institutionalisiert ist.

2.2 Offene Hilfen

Die heutige Gestalt Offener Hilfen hat sich in der Regel durch Differenzierung und Ausweitung der FED und FUD entwickelt. Im Kern stellen Familienunterstützende Dienste ambulante Hilfen für Familien mit behinderten Angehörigen zur Verfügung. Überwiegend steht die Zielgruppe der Menschen mit Lernschwierigkeiten (sogenannte geistige Behinderung) im Vordergrund. Ausgestaltet werden die Hilfen, indem Mitarbeitende der Dienste durch Aktivitäten mit den behinderten Menschen zum einen die Familie entlasten und zum anderen Freizeit für und mit den Angehörigen gestalten und in diesem Zusammenhang auch fördernd wirken. Die Leistungen haben sich im Laufe der Zeit je nach Dienst deutlich verändert und ausdifferenziert. Neben der Familienunterstützung werden vielfach auch Ambulant Betreutes Wohnen, Beratungsleistungen, Freizeit- und Sportangebote, Bildungsangebote, Urlaubsreisen, Unterstützung beim Schulbesuch (Schulbegleitung), Jugendhilfemaßnahmen und weitere ambulante Leistungen angeboten. Auch Leistungen für behinderte Eltern (»begleitete Elternschaft«) gewinnen an Relevanz. Diese verschiedenen Bereiche werden in der Regel unter dem Dach der Organisationseinheit »Offene Hilfen« zusammengefasst und haben sich weitgehend etabliert. Gleichzeitig sind sie gekennzeichnet durch eine große Vielfalt in Bezug auf den Differenzierungsgrad der Angebote und auf die organisatorische Ausgestaltung.

In Offenen Hilfen werden Leistungen gestaltet, die wenig standardisiert sind und die sich weitgehend an den Bedarfen und Wünschen der Nutzerinnen und Nutzer orientieren. Neben den individuellen Leistungen werden auch die Gruppenangebote so differenziert, dass sie möglichst altersgerecht und den unterschiedlichen Interessenslagen entsprechend angeboten werden. Anfangs stand als Ziel der Leistungen insbesondere die Entlastung des Familiensystems im Vordergrund. Sehr viel mehr Gewicht haben darüber hinaus bis heute die Ziele der Förderung von

Selbstständigkeit und der Teilhabe an den Angeboten im jeweiligen Sozialraum gewonnen (Huppert 2015, 145).

Im Rahmen einer von Markus Schäfers und Gudrun Wansing (2009) vorgelegten Studie in der Region Westfalen-Lippe wird der Frage nachgegangen, ob sogenannte Familienunterstützende Hilfen (FUH) vorhandene Potenziale und Ressourcen in Familien fördern können, um eine möglichst lange bzw. längere Einbindung im familialen Netzwerk zu ermöglichen. Neben informellen Hilfen durch die Familie oder soziale Netzwerke haben 45 % der befragten Familien angegeben, auch Angebote von Diensten in Anspruch zu nehmen. Als Nutzen werden vor allem gesehen, dass behinderte Angehörige mehr Kontakte und die Betreuungspersonen mehr Zeit für sich und andere Aufgaben haben (ebd., 74 ff.). An mehreren Stellen der Studie wird deutlich, dass ein hoher subjektiver Informations- und Beratungsbedarf bei den Familien besteht, die Informiertheit aber insgesamt eher als schlecht zu bezeichnen ist. Als Handlungsempfehlung wurde daher die Verbesserung von Information und Beratung formuliert, um vor allem an bedeutsamen Übergängen im Lebenslauf von erwachsenen behinderten Menschen zukunftsweisende Entscheidungen anzubahnen und zu begleiten. Die Datenbasis legt zudem die Annahme nahe, dass es eine »neue Generation« von Familien gibt, die häufiger familienunterstützende Leistungen in Anspruch nehmen und eine frühere Ablösung des behinderten Angehörigen vom Elternhaus anstreben (ebd., 132).

2.3 Beratung

Der Zugang zu personzentrierten und prozessorientierten Beratungsmöglichkeiten ist ein wesentlicher Faktor für eine gelingende, selbstbestimmte Teilhabe am Leben in der Gesellschaft. Mit der Neuausrichtung der Leistungen der Eingliederungshilfe im Rahmen des Bundesteilhabegesetzes (Ende 2016 vom Bundestag mit Zustimmung des Bundesrates beschlossen) weg von pauschalen Leistungsgestaltungen hin zu personzentrierten Leistungen in einem schwer überschaubaren Sozialleistungssystem steigt der Bedarf an Beratung und Koordinierung. Dabei gewinnt neben einer Unterstützung bei psychosozialen Fragestellungen das Wissen um Teilhabeleistungen und deren Durchsetzung an Bedeutung. Zur Stärkung von Selbsthilfekompetenzen der Ratsuchenden und zur Eröffnung von Wahlmöglichkeiten erscheint eine individuelle, kompetente und parteiliche, also nur den Interessen der Ratsuchenden verpflichtete Beratung sinnvoll und hilfreich.

Die Sozialleistungsträger sind gesetzlich zur Beratung verpflichtet (insbesondere durch § 14 Sozialgesetzbuch [SGB] I und nähere Vorschriften der einzelnen Leistungsgesetze) und nehmen diesen Auftrag in unterschiedlicher Ausprägung wahr. Leistungsanbieter wiederum bieten Beratung als integralen Bestandteil ihrer Dienstleistung an, durchgeführt von Mitarbeitenden der Einrichtungen und Dienste oder in eigens dafür eingerichteten Beratungsstellen. An Bedeutung gewinnt das Peer Counseling als Beratungsangebot, bei dem behinderte Ratsuchende von ebenfalls behinderten Menschen beraten und unterstützt werden (▶ Kap. 12). Die überwiegend durch die Körperbehindertenbewegung beförderte Methode wird zunehmend auch für Menschen mit Lernschwierigkeiten nutzbar gemacht mit dem Ziel

»der Bewusstseinsbildung, der Entwicklung persönlicher und politischer Entscheidungsbefugnis sowie der Emanzipation. Dieser Prozess befähigt, ... gleiche Möglichkeiten, gleiche Rechte und die volle Teilnahme in allen Bereichen der Gesellschaft zu erreichen« (Interessenvertretung Selbstbestimmt Leben in Deutschland e.V. 1991).

Der Bundesgesetzgeber hat im Rahmen der Reform der Eingliederungshilfe Strukturen etabliert, in denen unabhängige Teilhabeberatung für Menschen mit Behinderung angeboten werden soll (Bundesteilhabegesetz, Artikel 1, § 32 SGB IX). Auch in der Fachöffentlichkeit gibt es einen Diskurs unter dem Stichwort »unabhängige Beratung« über einen möglichen Einfluss der Interessen von Leistungserbringern und Leistungsträgern auf die Beratung (vgl. Forschungsgruppe Individuelle Hilfen-NRW 2008). Den einen wird das Streben nach bestmöglicher Auslastung der Angebote, den anderen der Fokus auf zu erzielende Einspareffekte unterstellt. Dabei erfolgt Beratung grundsätzlich in Abhängigkeit, beispielsweise vom Finanzier oder vom Arbeitgeber. Je strukturell unabhängiger sie von Leistungsträgern und Leistungserbringern angesiedelt ist, desto weniger ist allerdings interessengeleiteter Einfluss unterstellbar. Wo solche Strukturen aktuell nicht herstellbar sind, erscheint es notwendig, dass Ratsuchende bei der Auswahl eines Beratungsangebots transparent erkennen können müssen, welche potenziellen Abhängigkeiten den Prozess beeinflussen könnten.

3 Zur Geschichte Ambulanter Dienste

Die Independent Living-Bewegung, die in den USA als Bürgerrechtsbewegung seit den 1970er Jahren aktiv war, entfaltete internationale Wirkung und war Vorbild für Initiativen in anderen Ländern. Für die Behindertenhilfe entwickelte die Bewegung Leitlinien, an denen sich Angebote orientieren sollten. Die drei zentralen Elemente sind die Netzwerkorientiertheit, die Kontrolle durch Kundinnen und Kunden sowie die Bereitstellung einer weiten Palette von Dienstleistungen. Auch Peer Support gehört zu den Kernaufgaben (vgl. Miles-Paul 1992, 60 ff.), was durch die Artikel 24 und 26 der UN-Behindertenrechtskonvention nachdrücklich bestätigt wird. Auf Initiative behinderter Menschen gründeten sich in vielen deutschen Städten Zentren für selbstbestimmtes Leben (ZsL) als selbstkontrollierte Beratungsstellen. Die wesentlichen Inhalte der Arbeit sind die individuelle Stärkung behinderter Menschen im Sinne des Empowerments und politische Interessenvertretung, um gesellschaftliche Rahmenbedingungen so zu verändern, dass gleichberechtigte Teilhabe ermöglicht wird.

3.1 Aufbau Ambulanter Dienste

Bundesweit gründeten sich im Zuge der Selbstbestimmt-Leben-Bewegung Initiativen, um individuelle Arrangements »Persönlicher Assistenz« für behinderte

Menschen mit umfangreichem Pflege- und Assistenzbedarf zu gestalten. Diese wurden zumeist über den Einsatz Zivildienstleistender organisiert. In diesem Zusammenhang prägte das Bundesamt den Begriff der »Individuellen Schwerstbehindertenbetreuung«, der heute nur noch ganz vereinzelt (in Form der Abkürzung ISB) verwendet wird. Diese pragmatische Lösung entsprach allerdings nicht immer den Wünschen und Bedarfen der Assistenznehmenden. Die immer weiter verkürzte Einsatzzeit der Zivildienstleistenden erschwerte eine vertrauensvolle und längerfristige Zusammenarbeit und es mangelte an weiblichen Assistenzkräften für den Einsatz bei Assistenznehmerinnen. Spätestens mit dem Wegfall der Wehrpflicht und bereits mit der Einführung der Pflegeversicherung im Jahr 1996 arbeiten mittlerweile professionalisierte Dienste mit festangestellten Mitarbeitenden, die zum Teil auch pflegefachlich ausgebildet sind. Die Pflegeversicherung brachte einen zusätzlichen Einschnitt in die bis dahin als Komplexleistung ausgestaltete Persönliche Assistenz. Der somatisch orientierte und verrichtungsbezogene Pflegebedürftigkeitsbegriff und eine Abrechnung erbrachter pflegerischer Verrichtungen nach Leistungskomplexen erschweren das für die Alltagsgestaltung nötige Zusammenspiel von Pflege und Assistenz aus einer Hand (Lang 2001, 56 ff.). Mit der Einführung des neuen Pflegebedürftigkeitsbegriffs in der Pflegeversicherung zum Jahr 2017 kann diese Schnittstelle möglicherweise ein wenig geglättet werden. Anstelle des Bedarfs bei einzelnen Verrichtungen wird der Grad der Selbständigkeit in den Mittelpunkt gerückt und die Teilhabeorientierung in der Pflege gestärkt.

Anders als bei der Persönlichen Assistenz kamen die Impulse zum Aufbau Offener Hilfen überwiegend aus der Elternbewegung und hier vor allem aus Zusammenhängen der Lebenshilfe-Vereinigungen. Im Jahr 1983 hatte die Bundesvereinigung Lebenshilfe Eltern und Fachleute im Rahmen ihrer Marburger Gesprächstage eingeladen, das Thema der »Familienentlastenden Hilfen« zu diskutierten (Bundesvereinigung Lebenshilfe e.V. 1983). Im Erfahrungsaustausch wurde deutlich, dass es neben dem Ausbau von Tageseinrichtungen für Kinder, Schulen und Werkstätten dringend auch zusätzlicher Entlastung für Familienangehörige bedarf. In den Folgejahren wurden gesetzliche Regelungen gefordert, um Ausgleiche für behinderungsbedingte Mehrbelastungen von Familien finanziell gesichert herstellen zu können. Die Dienste sollen Wahlmöglichkeiten erhöhen und Handlungsräume bieten, damit Menschen mit Lernschwierigkeiten selbstbestimmt entscheiden können, wie sie ihr Leben gestalten möchten. Zur Ermöglichung der sozialen Integration wird die Gemeindeorientierung der Hilfen als eine wesentliche Grundlage gesehen, »damit niemand aufgrund seines Hilfebedarfs zum Verlassen des vertrauten Gemeinwesens gezwungen ist« (ebd. 1995, 8).

Das Thema der Qualitätsentwicklung und Qualitätssicherung begleitet die Phase des Aufbaus der Dienste, um die Organisation der zentralen Aufgaben und Arbeitsabläufe zu profilieren. So wurde in Hessen das Instrument »QUOFHI – Qualitätssicherung Offener Hilfen für Menschen mit Behinderung« entwickelt (Hamel & Windisch 2000), in NRW eine »Arbeitshilfe zur Qualitätssicherung und -entwicklung in Familienunterstützenden Diensten (AQUA-FUD)« (McGovern et al. 2000) und von der Bundesvereinigung Lebenshilfe ein Praxishandbuch für Familienunterstützende Dienste (Kursitza-Graf et al. 2005).

3.2 Staatliche Förderung der Dienste

Im Jahr 1989 benennt die Bundesregierung in ihrem Zweiten Bericht »Über die Lage der Behinderten und die Entwicklung der Rehabilitation« den Aufbau Ambulanter Dienste als sozialpolitische Aufgabe. Zur Vermeidung von Belastung und Überforderung von Familien mit behinderten Angehörigen sollten diese neuen Dienste im Verbund mit anderen Hilfen auf- und ausgebaut werden (Bundesminister für Arbeit und Sozialordnung 1989, 101 ff.). In der Folge gab es in einigen Bundesländern Programme zum Aufbau entsprechender Dienste verbunden mit finanzieller Unterstützung für Träger. Zur Verdeutlichung der sehr unterschiedlichen Fördersystematik an dieser Stelle ein kurzer Einblick in drei Bundesländer.

Die hessische Landesregierung hat ein Förderprogramm für Offene Hilfen aufgelegt, wobei hier unter Offene Hilfen sowohl Familienunterstützende Dienste als auch Dienste der Persönlichen Assistenz/ISB subsumiert wurden. In einem begleitenden Forschungsprojekt der Universität Kassel wurden Leistungsangebote, Personalstrukturen, Finanzierungsbedingungen und die Struktur der Nutzerinnen und Nutzer beleuchtet (Böttner et al. 1997). Es wird festgestellt, dass eine Profilschärfung nötig ist, die gleichzeitig Grundlage für eine enge Vernetzung mit anderen ambulanten Diensten und weiteren Angeboten für behinderte Menschen in der Region sein kann mit dem Ziel der Transparenz des Angebots gegenüber potenziellen Nutzerinnen und Nutzern und auch einer Steigerung der Effektivität. Heute stellen das Land Hessen und der Landeswohlfahrtsverband (überörtlicher Sozialhilfeträger) über eine Rahmenvereinbarung zur Kommunalisierung sozialer Hilfen den Kommunen Mittel zur Verfügung, die diese unter anderem für die ambulante Unterstützung von behinderten Menschen und deren Familien nutzen können. Die Mittel werden über die Kommunen als Zuwendung gezielt an Leistungserbringer vor Ort weitergeleitet.

In Nordrhein-Westfalen hat die Landesregierung im Jahr 1996 ein flächendeckendes Förderprogramm für Familienunterstützende Dienste aufgelegt mit dem Ziel, den Aufbau landesweit zu fördern. Das ambulante Hilfekonzept mit dem Zusammenwirken von professionellen und nichtprofessionellen Kräften wurde vom Land NRW als wichtiger und innovativer Bereich gesehen, den es weiterzuentwickeln gelte. Im Rahmen der Begleitforschung durch das Zentrum für Planung und Evaluation sozialer Dienste (ZPE) an der Universität Siegen (McGovern et al. 2000) wird in der Analyse des Förderprogramms darauf hingewiesen, dass es sich hierbei um eine spezialisierte Problembearbeitung handelt, die gezielte Anreize im Bereich der ambulanten Behindertenhilfe setzt und gleichzeitig zu einer weiteren Zersplitterung der örtlichen Hilfesysteme beitragen kann. Es wird empfohlen, eine enge Anbindung und Koordination zwischen Landesbehindertenpolitik und kommunaler Behindertenplanung zu erreichen, um die Etablierung neuer Dienste nachhaltig zu gewährleisten. Nach dem Auslaufen der Landesförderung gibt es in NRW keine Landesmittel und nur in wenigen Fällen kommunale Mittel zur Förderung Ambulanter Dienste oder zur Förderung von Beratungsarbeit.

In Bayern gab es seit den 1990er Jahren eine kommunale Förderung Offener Behindertenarbeit (OBA), die seit 2010 über den Freistaat Bayern und die bayerischen Bezirke auf Grundlage gemeinsamer Richtlinien finanziert wird. Gefördert werden Fachkräfte, Verwaltungskräfte und Einsatzkräfte der Familienentlastenden Dienste (FED) und für Freizeit-, Bildungs- und Begegnungsmaßnahmen in einem an die Bevölkerungszahl angepassten Stellenschlüssel. Zu den Aufgaben gehören u. a. Beratung, Gruppenarbeit, Öffentlichkeitsarbeit, Organisation und Durchführung von Dienstleistungen. In den 2015 überarbeiteten Richtlinien zur Förderung regionaler und überregionaler OBA und einer darüber hinausgehenden Leistungsbeschreibung werden die Aufgaben für die OBA um die Leitlinie der Sozialraumorientierung erweitert.

4 Strukturelle Kennzeichen der Dienste

Ambulante Dienste für behinderte Menschen können auch über die sie kennzeichnenden Strukturen beschrieben werden (vgl. McGovern et al. 2000, 18 ff.). Dies dient der Verdeutlichung von Settings, in denen auf den Unterstützungsbedarf und auf die Wünsche der Nutzenden eingegangen werden kann.

Hohe Individualisierung und Flexibilität der Hilfen

Die individuellen Leistungsarrangements und deren Ausgestaltung werden in der Regel im Rahmen einer Hilfeplanung unter der Regie des Leistungsträgers und im Rahmen der Einsatzplanung des Dienstes mit den behinderten Menschen und ggf. deren Angehörigen ausgehandelt. Gleichzeitig können sie bei der Auswahl der Mitarbeitenden sowie bei Zeit und Ort der Leistungserbringung mitbestimmen.

Geringerer Institutionalisierungsgrad der Angebote

Während stationäre Settings einen hohen Institutionalisierungsgrad aufweisen, zeigt sich ein sehr unterschiedlich ausgestalteter Grad der Institutionalisierung in Ambulanten Diensten. In den Bereichen Persönliche Assistenz (mit Pflegeleistungen) und Ambulant Betreutes Wohnen ist dieser durch differenzierte Vereinbarungen und Anforderungen noch vergleichsweise hoch, während er sich in FUD deutlich geringer darstellt.

Hohe Eigenständigkeit und Selbstverantwortung der Mitarbeitenden

Bei der detaillierten Planung der Einsätze und bei den Einsätzen selbst sind die Mitarbeitenden in der Regel alleine und somit – auch in Krisensituationen – in einem hohen Maß eigenverantwortlich tätig. Nur wenn Leistungen in Gruppenzusammenhängen erbracht werden, bestehen mehr Möglichkeiten des Austauschs und der Verantwortungsteilung.

Enge Zusammenarbeit von fachlich ausgebildeten Mitarbeitenden mit angelernten Einsatzkräften

In einigen Leistungsbereichen arbeiten multiprofessionelle Teams zusammen, insbesondere in der Persönlichen Assistenz treffen Pflegekräfte auf pädagogisch ausgebildete Mitarbeitende und angelernte Einsatzkräfte. Sie sind gefordert, ihre Arbeit miteinander abzustimmen und personzentriert umzusetzen.

Geringer Anteil hauptamtlicher Kräfte und höherer Anteil nicht einschlägig ausgebildeter Mitarbeitender in befristeten bzw. nicht langfristig gesicherten Beschäftigungsverhältnissen (insbesondere in FUD)

Die gewünschte Vielseitigkeit in der Leistungserbringung erfordert auf Seiten der Dienste eine hohe Flexibilität im Einsatz der Mitarbeitenden. Der Einsatz von Personen gegen eine Aufwandsentschädigung, Mitarbeitenden in Freiwilligendiensten oder befristet Beschäftigten ermöglichen Flexibilität, allerdings kann dies mit einer geringeren Anbindung an den Arbeitsbereich und die Ziele des Trägers einhergehen, als es bei hauptamtlich Beschäftigten ermöglicht werden kann.

Den Leitungskräften der Dienste kommt aufgrund dieser strukturellen Kennzeichnungen eine hohe Verantwortung zu, wenn sie beispielsweise hilfreiche Strukturen für Austausch, Qualifizierung, Qualitätssicherung und Kontrolle herstellen und Mitarbeitende in den unterschiedlichen Beschäftigungsverhältnissen für die Dauer ihres Engagements ausreichend motivieren und an den Dienst binden müssen (ebd.).

5 Leistungserbringung an den Schnittstellen der Sozialgesetzbücher

Eine weitere Herausforderung für die Gestaltung Ambulanter Dienste für behinderte Menschen stellt die unübersichtlich gestaltete sozialrechtliche Einbindung und somit die komplexe Finanzierungsstruktur der Dienste dar. Schon in den Anfängen des Aufbaus der Dienste bis zur Einführung der Pflegeversicherung mit dem SGB XI ab 1996 wurde deutlich,

> »dass die finanzielle Absicherung weitgehend vom Zusammentreffen nicht einkalkulierbarer Bedingungen abhing, vor allem vom Engagement und dem Wissen örtlicher und überörtlicher Repräsentanten ... und von der Bereitschaft einzelner Kommunen, Sozialbehörden oder Bundesländer zu ›freiwilligen‹ (meist befristeten) Kostenübernahmen« (Thimm 1997, 186).

Als wesentliche Refinanzierungsmöglichkeiten für Ambulante Dienste kommen insbesondere Leistungen der Eingliederungshilfe (§§ 53, 54 SGB XII – zukünftig im

SGB IX geregelt – und § 35 a SGB VIII), unterschiedliche Leistungen der Pflegeversicherung (SGB XI) und hierzu ergänzend auch Leistungen der Hilfe zur Pflege (§ 61 ff. SGB XII) infrage. An dieser Stelle kann keine detaillierte Einordnung der Leistungen in die Sozialgesetzbücher erfolgen (vgl. hierfür u. a. Huppert 2015), vielmehr werden die Schnittstellen und die Auswirkungen auf die Leistungserbringung in den Fokus gerückt.

Eine erste Schnittstelle ergibt sich in der Abgrenzung der Zuständigkeit für die Eingliederungshilfe zwischen den örtlichen und überörtlichen Trägern der Sozialhilfe. Mit einer strukturpolitischen Entscheidung in den Anfängen der Anstaltsfürsorge im 19. Jahrhundert wurde eine überörtliche Zuständigkeit für die Ausgestaltung der Leistungen für behinderte Menschen festgelegt, die 1961 mit Einführung des BSHG für die stationären Wohnhilfen weitergeführt wurde. Erst mit Inkrafttreten des SGB XII hat der Gesetzgeber den Ländern die Möglichkeit gegeben, eine einheitliche Zuständigkeit auch auf der örtlichen Ebene zu realisieren (§ 97 SGB XII). Einige Bundesländer haben diese Option umgesetzt, unter anderem um mögliche Schnittstellen in der Zuständigkeit zwischen örtlichem und überörtlichem Sozialhilfeträger zu vermeiden. Daraus ergibt sich allerdings die besondere Herausforderung der Herstellung gleichwertiger Lebensverhältnisse in allen Regionen.

Eine weitere wesentliche Schnittstelle ergibt sich aus der Abgrenzung zwischen den Leistungen der Eingliederungshilfe und der Pflegeversicherung. Die Leistungen der Eingliederungshilfe sind nicht nachrangig zur Pflegeversicherung (§ 13 Abs. 3 Satz 3 SGB XI). Diese Regelung ist allerdings nur vermeintlich eindeutig, denn spätestens mit dem Inkrafttreten des Pflegeneuausrichtungsgesetzes im Jahr 2013 wurden neue Leistungen in den Katalog der Pflegeversicherung aufgenommen, die in Teilen den Zielen der Eingliederungshilfe nahe stehen oder als identisch gewertet werden können. Mit dem Inkrafttreten eines neuen Pflegebedürftigkeitsbegriffs ab 2017 soll die defizitorientierte Sichtweise abgelöst werden durch den Blick auf die Fähigkeiten und Ressourcen der Pflegebedürftigen mit dem Ziel, deren Selbständigkeit zu erhalten oder wiederherzustellen. Mit der Reform der Eingliederungshilfe durch das Bundesteilhabegesetz (Ende 2016 verabschiedet) wird die Schnittstelle zwischen den beiden Sozialgesetzbüchern nur in wenigen Punkten konkretisiert und angepasst (▶ Kap. 5), sodass die Thematik der Abgrenzung weiter zu beobachten bleibt.

Mit dieser kurzen Darstellung wird bereits deutlich, dass eine einheitliche und gesicherte Finanzierung Ambulanter Dienste aktuell nur schwer erreichbar ist. Es bedarf eines umfassenden Wissens über die Rechtssystematiken der relevanten Sozialgesetzbücher und angesichts bestehender Abgrenzungsprobleme zwischen den Leistungsgesetzen bedarf es zudem eines genauen Blicks für die Details der Regelungen. Um in einem ambulanten Leistungsspektrum passgenaue, person- und ressourcenorientierte Angebote für behinderte Menschen schaffen zu können, bietet das ausdifferenzierte Sozialleistungssystem bislang nur die Option, aus allen relevanten Systemen die notwendigen Rechtsansprüche zu bündeln und ein Hilfearrangement im Angesicht der Schnittstellenproblematik zusammenzustellen.

6 Teilhabe und Inklusion – Herausforderungen für Ambulante Dienste

In Abgrenzung zum Begriff der Integration nimmt die Leitidee der Inklusion die Heterogenität von Gruppierungen und die Vielfalt von Personen wertschätzend in den Fokus, die Zuordnung zu Kategorien wird zugunsten eines Verständnisses von Pluralität aufgegeben und der Abbau von Marginalisierung und Diskriminierung ist wesentliche Voraussetzung.

> »Integration setzt die Diskriminierung (Unterscheidung) einzelner Personen anhand zugeschriebener Merkmale und ihre soziale Verortung außerhalb der Gesellschaft (Separation) voraus, Inklusion geht von der Vielfalt der Gesamtbevölkerung und der sozialen Zugehörigkeit aller Mitglieder aus« (Wansing 2012, 99).

Auf der Grundlage gleicher Rechte meint der Begriff Inklusion, dass allen Mitgliedern der Gesellschaft grundsätzlich alle Teilhabeoptionen in Aussicht gestellt werden. Der Begriff Teilhabe wiederum beschreibt, was der einzelne Mensch verwirklicht oder verwirklichen kann.

Die Leitidee der Inklusion hat das Potenzial, gesellschaftliche Veränderungsprozesse anzustoßen. In diesem Kontext ist auch eine Weiterentwicklung der professionellen Behindertenhilfe gefordert, um behinderten Menschen eine umfassende Teilhabe am Leben in der Gemeinschaft zu ermöglichen. Dazu gehört ganz wesentlich die Sensibilisierung der Mehrheitsgesellschaft mit dem Ziel, Heterogenität und Vielfalt menschlichen Lebens zu schätzen und Pluralität als Chance für die Entwicklung einer Gesellschaft anzuerkennen.

Immer häufiger werden Konzepte der Sozialraumorientierung diskutiert und für die Behindertenhilfe nutzbar gemacht. Ursprünglich geprägt von Wolfgang Hinte (2006) für die Soziale Arbeit mit Menschen in erschwerten Lebenslagen haben Daniel Franz und Iris Beck (2007) sowie Georg Theunissen (2012) den Ansatz für die Behindertenhilfe aufbereitet. Mittlerweile wurden weitergehende bzw. konkretisierende Ansätze in die Diskussion eingeführt, wie beispielsweise »Community Inclusion« (Theunissen 2006), »Community Care« (Aselmeier 2007) oder »Enabling Community« (Kurzke-Maasmeier 2010). Im Rückgriff auf diese Ansätze kann als eine wesentliche Anforderung an die professionelle Behindertenhilfe formuliert werden, den Bezug zum Gemeinwesen herzustellen sowie die einzelnen Angebote an den individuellen Ressourcen der Menschen mit Behinderung zu orientieren und noch stärker auf deren jeweiligen Sozialraum zu beziehen. Dies erfordert eine Verlagerung der professionellen Haltung weg von einer umfassenden Betreuung und hin zu einer Unterstützung zur Erschließung persönlicher Netzwerke und zur Gestaltung eines individuellen Lebensstils. Die Mitarbeitenden von Diensten und Einrichtungen werden zu »Netzwerkenden« (Kirschniok & Huppert 2010) und zu »Brückenbauenden in die Gemeinde« (Seifert 2006).

6.1 Offene Hilfen – Inklusion im Konjunktiv

In einer eigenen Studie zu Offenen Hilfen (Huppert 2015) wird insbesondere im Rahmen einer Befragung von Akteuren und Nutzenden der Dienste eine qualitative Bestandsaufnahme zur Gestalt Offener Hilfen vorgelegt und weitergehend untersucht, ob die bisherige Ausgestaltung eine stabile Grundlage für eine Weiterentwicklung der Dienste darstellt entlang der Herausforderungen, die sich aus veränderten Außenerwartungen und den Leitideen der Teilhabe und Inklusion ergeben.

In Bezug auf die Vision einer inklusiven Gesellschaft wird deutlich, dass Nutzerinnen und Nutzer, deren Eltern und auch die Akteure in den Diensten diese zwar als ein erstrebenswertes Ziel benennen, gleichzeitig jedoch angesichts aktueller Alltagserfahrungen zurückhaltend und skeptisch in diese Richtung blicken. Erlebte Hürden und Grenzen gewinnen eine hohe Relevanz im Leben der Betroffenen und erst wenn »die Gesellschaft« sich offener, wohlwollender und interessierter zeigt, wird dem Miteinander eine Chance gegeben.

Ein weiteres Ergebnis der empirischen Untersuchung ist die bemerkenswerte Feststellung, dass das Thema Inklusion in den Diensten überwiegend äußerlich bleibt und (noch) nicht in das eigene strategische Handeln integriert wird. Ideen und Wünsche für eine innovative Weiterentwicklung verbleiben eher vage und unkonkret im Konjunktiv: »ich glaube/es müsste/wenn es irgendwann einmal der Fall wäre/ist ein hehres Ziel, aber schwierig« (ebd., 197). Auch hier stehen kritische Feststellungen und einschränkende Fragen im Raum, die beispielsweise auf unzureichende Regelangebote verweisen. Eine Leitungskraft macht deutlich, dass hier noch ein längerer Weg zu gehen ist:

> »Diese Disco ist aber geschaffen von Leuten in der Behindertenhilfearbeit. Das finde ich eigentlich noch viel erschreckender, wenn Menschen, die aktiv in der Behindertenhilfe arbeiten, Angebote schaffen, die Menschen aus dem normalen Leben völlig ausgrenzen. ... Wir sind noch lange nicht bei der Inklusion« (ebd., 195).

Eine spürbare Dynamik in der Auseinandersetzung mit der Leitidee Inklusion ist in den Diensten erkennbar, die in der Trägerstruktur weitgehend unabhängig von anderen Angeboten agieren können oder die von Trägern betrieben werden, die ausschließlich ambulante Angebote machen. Über noch aktive Gründungspersönlichkeiten oder langjährige Leitungskräfte ist eine ausgeprägte Organisationskultur erhalten, die die Motivation zu einer innovativen und auf Inklusion gerichteten Weiterentwicklung des Dienstes fördert.

6.2 Akteure in der ambulanten Behindertenhilfe

Ambulante Dienste haben sich als Fachdienste in der Behindertenhilfe etabliert und professionalisiert (Huppert 2015, 208 ff.). Aus kleinen Initiativen sind große und differenzierte Dienste geworden, die ihre Leistungsgestaltung entlang der unterschiedlichen Erwartungen weiterentwickelt und ihre organisationalen Strukturen immer wieder angepasst haben. Sie werden als ein wesentlicher Baustein des Hilfearrangements geschätzt und dabei überwiegend als ein Anbieter von Leistungen für behinderte Menschen wahrgenommen. Gleichzeitig verstehen sich die Dienste selbst überwiegend nicht als vernetzte Akteure im Gemeinwesen und sie werden auch von außen als Fachdienst und damit als Teil des Leistungssystems der Behindertenhilfe wahrgenommen.

6.3 Vernetzte Kompetenzzentren im Gemeinwesen

Eine Möglichkeit der Weiterentwicklung Ambulanter Dienste in der Behindertenhilfe liegt in der Fokussierung einer Funktion als Netzwerkende und Brückenbauende. Sie entwickeln sich zu Kompetenzzentren mit dem Ziel, vorhandene Angebote im persönlichen Umfeld der behinderten Menschen für diese nutzbar zu machen. Auf Grundlage des Konzeptes der Sozialraumorientierung bieten sie den Akteuren im Gemeinwesen ihre Kompetenzen und Erfahrungen an und motivieren zur Öffnung vorhandener Angebote (Fehren 2011, 447). Sie verzichten auf parallele Strukturen innerhalb des Settings der Behindertenhilfe, zeigen Wahlmöglichkeiten auf und bieten eine assistierende Begleitung für erste Schritte oder eine dauerhaft nötige Assistenz zur Teilhabe an Angeboten in den jeweils individuellen Sozialräumen. Sie investieren somit überwiegend in die Netzwerkgestaltung und weniger in Immobilien.

7 Fazit und Ausblick

Mit der Historie und den aktuellen Strukturen wird deutlich, dass in Ambulanten Diensten individualisierte und personzentrierte Arrangements für behinderte Menschen hergestellt werden können. Die Dienste bieten zudem Anknüpfungspunkte, um die Leistungen auch stärker sozialraumorientiert auszurichten. Für eine fundierte Weiterentwicklung fehlen jedoch strukturelle Anstöße. Der normativ geführte Menschenrechtsdiskurs auf Grundlage der UN-Behindertenrechtskonvention reicht alleine scheinbar nicht aus, um eine Neuausrichtung zu bewirken. Eingebettet in eine gesamtgesellschaftliche Strategie braucht es Anreize und Ressourcen, um die Potenziale zu entfalten und strukturelle Veränderungen auf den Weg zu bringen (Huppert 2015, 212 f.). Ambulante Dienste für behinderte Menschen haben das Potenzial und können Akteure werden auf dem Weg zu einem inklusiven Gemeinwesen.

Literatur

Aselmeier, Lorenz (2007). *Community Care und Menschen mit geistiger Behinderung.* Wiesbaden: VS.

Böttner, Reinhard, Thomas Hamel, Adrian Kniel und Matthias Windisch (1997). *Lebensqualität durch Offene Hilfen. Entwicklung und Bedeutung der Offenen Hilfen für behinderte Menschen und ihre Angehörigen in Hessen.* Marburg: Lebenshilfe Verlag.
Bundesminister für Arbeit und Sozialordnung (1989). *Behinderte und Rehabilitation. Zweiter Bericht der Bundesregierung über die Lage der Behinderten und die Entwicklung der Rehabilitation.* Bonn: Deutscher Bundestag.
Bundesvereinigung Lebenshilfe e.V. (Hrsg.) (1983). *Familienentlastende Dienste.* Marburg: Lebenshilfe Verlag.
Bundesvereinigung Lebenshilfe e.V. (1995). *Offene Hilfen zum selbstbestimmten Leben für Menschen mit (geistiger) Behinderung und ihre Angehörigen.* Marburg: Lebenshilfe Verlag.
Fehren, Oliver (2011). Sozialraumorientierung sozialer Dienste. In Adalbert Evers, Rolf G. Heinze und Thomas Olk (Hrsg.). *Handbuch Soziale Dienste.* Wiesbaden: VS, 442–457.
Forschungsgruppe Individuelle Hilfen-NRW (2008). *Selbständiges Wohnen behinderter Menschen. Individuelle Hilfen aus einer Hand. Abschlussbericht.* Siegen: ZPE.
Franz, Daniel und Iris Beck (2007). *Umfeld- und Sozialraumorientierung in der Behindertenhilfe. Empfehlungen und Handlungsansätze für Hilfeplanung und Gemeindeintegration.* Hamburg: DHG Eigenverlag.
Hamel, Thomas und Matthias Windisch (2000). *QUOFHI – Qualitätssicherung Offener Hilfen für Menschen mit Behinderung. Handbuch. Instrumente zur Qualitätsdiskussion und -evaluation.* Marburg: Lebenshilfe Verlag.
Hinte, Wolfgang (2006). Geschichte, Quellen und Prinzipien des Fachkonzepts »Sozialraumorientierung«. In Wolfgang Budde, Frank Früchtel und Wolfgang Hinte (Hrsg.). *Sozialraumorientierung. Wege zu einer veränderten Praxis.* Wiesbaden: VS, 7–24.
Huppert, Christian (2015). *Inklusion und Teilhabe. Herausforderung zur Weiterentwicklung der Offenen Hilfen für behinderte Menschen.* Marburg: Lebenshilfe Verlag.
Interessenvertretung Selbstbestimmt Leben in Deutschland e.V. (1991). *Gründungsresolution vom 20. April 1991.* http://www.isl-ev.de/index.php?option=com_content&view=article¬&id=50:gruendungsresolutionen&catid=45&Itemid=415&lang=de (Zugriff: 06. Juni 2017).
Kirschniok, Alina und Christian Huppert (2010). Das Zusammenspiel von Struktur, Handlung und Interessen, oder: Wie Netzwerke einen Beitrag zur Veränderung leisten. *Teilhabe* 49 (2): 61–67.
Kursitza-Graf, Beate, Sandra Scheffler und Winfried Wagner-Stolp (2005). *Offene Hilfen: Familienunterstützende Dienste (FUD). Konzepte, Wissen, Innovation.* 2. Aufl. Marburg: Lebenshilfe Verlag.
Kurzke-Maasmeier, Stefan (2010). Von der Fürsorge zur Selbstbestimmung. Die UN-Behindertenrechtskonvention als Herausforderung für soziale Dienste, soziale Professionen und Gemeinwesen. *Soziale Arbeit* 59 (1): 2–10.
Landesrahmenvertrag NRW – ambulanter Bereich (2001). *11 Landesrahmenvertrag NRW gemäß § 93 d Bundessozialhilfegesetz (BSHG) – ambulanter Bereich – zu den Leistungs-, Vergütungs- und Prüfungsvereinbarungen nach § 93 Abs. 2 BSHG.* https://www.lwl.¬org/LWL/Soziales/Behindertenhilfe/ambu_betreu_wohnen/landesrahmenvertrag (Zugriff: 06. Juni 2017).
Lang, Klaus (2001). Zwischen Pflegeversicherung, Sozialhilfe und Benachteiligungsverbot. In Ambulante Dienste e.V. (Hrsg.). *Wenn Menschenwürde zum Luxus wird.* Berlin: Druckhaus Am Treptower Park.
Loeken, Hiltrud und Matthias Windisch (2013). *Behinderung und Soziale Arbeit: Beruflicher Wandel – Arbeitsfelder – Kompetenzen.* Stuttgart: Kohlhammer.
McGovern, Karsten, Ralf Oberste-Ufer, Albrecht Rohrmann, Johannes Schädler und Norbert Schwarte (2000). *AQUA-FUD. Arbeitshilfe zur Qualitätsentwicklung für Familienunterstützende und Familienentlastende Dienste.* Siegen: ZPE.
Miles-Paul, Ottmar (1992). *Wir sind nicht mehr aufzuhalten. Behinderte auf dem Weg zur Selbstbestimmung.* München: AG SPAK.
Rohrmann, Albrecht (2007). *Offene Hilfen und Individualisierung. Perspektiven sozialstaatlicher Unterstützung für Menschen mit Behinderung.* Bad Heilbrunn: Klinkhardt.

Schäfers, Markus und Gudrun Wansing (2009). *Konzept Familienunterstützende Hilfen (FUH). Alternativen zum Betreuten Wohnen behinderter Menschen. Abschlussbericht zum Projekt FUH im Auftrag des Landschaftsverbandes Westfalen-Lippe.* Dortmund: TU Dortmund.

Seifert, Monika (2006). Teilhabe von Menschen mit schweren Behinderungen – ein Bürgerrecht. *Behinderung und Pastoral 2006* (7): 6–13.

Theunissen, Georg (2006). Inklusion – Schlagwort oder zukunftsweisende Perspektive? In Georg Theunissen und Kerstin Schirbort (Hrsg.). *Inklusion von Menschen mit geistiger Behinderung: zeitgemäße Wohnformen, soziale Netze, Unterstützungsangebote.* Stuttgart: Kohlhammer, 13–40.

Theunissen, Georg (2012). *Lebensweltbezogene Behindertenarbeit und Sozialraumorientierung. Eine Einführung in die Praxis.* Freiburg i.Br.: Lambertus.

Thimm, Walter (1997). *Quantitativer und qualitativer Ausbau ambulanter familienentlastender Dienste (FED). Abschlussbericht.* Baden-Baden: Nomos.

Wansing, Gudrun (2012). Der Inklusionsbegriff in der Behindertenrechtskonvention. In Antje Welke (Hrsg.). *UN-Behindertenrechtskonvention. Mit rechtlichen Erläuterungen.* Berlin: Eigenverlag Deutscher Verein, 93–103.

Peer Counseling als Methode zur Unterstützung einer selbstbestimmten Lebensführung – ein Beratungskonzept und seine Wirkweisen

Micah Jordan und Mario Schreiner

1 Einleitung

Menschen mit chronischen Erkrankungen und Behinderungen stellen eine heterogene soziale Gruppe dar. Nicht allein der soziobiografische Hintergrund, sondern auch Art und Ausmaß der Beeinträchtigungen und damit einhergehend Zugriffsmöglichkeiten auf individuelle Ressourcen, Problembewältigungsstrategien, Persönlichkeitsmerkmale, Lebensstil, Unterstützungs- und Pflegebedürftigkeit u. a.m. können Menschen mit Beeinträchtigungen an einer gleichberechtigten, selbstbestimmten und unabhängigen Lebensführung (be-)hindern. Vor diesem Hintergrund wird von Selbsthilfe-Zusammenschlüssen seit vielen Jahren Selbstbestimmung für Menschen mit Behinderungen gefordert (vgl. z.B. Rock 2001; Cloerkes 2001). In den vergangenen Jahren hat auch die UN-Behindertenrechtskonvention (UN-BRK), u. a. in Artikel 3, diesen Anspruch nochmals als völkerrechtlich verbindlich untermauert. Diesen Forderungen versucht die Bundesregierung mit dem im Dezember 2016 verabschiedeten Bundesteilhabegesetz (BTHG) (vgl. Die Bundesregierung der Bundesrepublik Deutschland 2016) gerecht zu werden. Dieses zielt darauf ab, bevormundendes Fürsorgedenken zu überwinden und Menschen mit Behinderungen als gleichberechtigte Bürgerinnen und Bürger zu behandeln.

Themenstellungen rund um Gleichstellung, Selbstbestimmung, Diskriminierungsverbot und Bürgerrechte dominieren innerhalb der Behindertenbewegung. Diese Themen sind zentral für die im Rahmen von Selbsthilfe-Zusammenschlüssen häufig anzutreffende Beratungsform des Peer Counseling.[11] Diese Beratungsform von und für Menschen mit Behinderungen[12] stellt eine Alternative zu etablierten Beratungsangeboten dar und ergänzt zum Beispiel Beratungsangebote von Leistungsträgern.[13] Die Beratungsmethode zielt u. a. darauf ab, Empowermentpro-

---

11 In diesem Artikel wird aus schreibstilistischen Gründen Counseling synonym zum Beratungsbegriff verwandt und in der US-amerikanischen Schreibweise geschrieben.
12 Diese Art der Beratung findet auch Einsatz bei den Angehörigen von Menschen mit Behinderungen (vgl. hierzu z. B. Blochberger 2008) sowie anderen Peer Groups, die sich wechselseitig beraten (für einen Überblick vgl. Braukmann et al. 2015).
13 Die Einführung einer solchen ergänzenden und unabhängigen Teilhabeberatung ist aktuell in § 32 SGB IX-RegE vorgesehen (vgl. Die Bundesregierung der Bundesrepublik Deutschland 2016).

zesse[14] bei den Ratsuchenden auszulösen (vgl. Hermes 2006), denn Selbstermächtigung und -befähigung sind entscheidende Schritte auf dem Weg zu Selbstbestimmung. Im Peer Counseling wird der Blick nicht auf die Einschränkungen, Defizite oder Schwächen der Ratsuchenden gelenkt, sondern die individuellen Selbstverfügungskräfte, Ressourcen und Problemlösungskompetenzen der Ratsuchenden fokussiert. Ziel ist, dass die Ratsuchenden Gelegenheit erhalten bzw. dazu befähigt werden, Probleme des täglichen Lebens so weit wie möglich selbst zu lösen (vgl. ebd.). Beratende sind und waren vergleichbaren Lebens- und Problemstrukturen wie Ratsuchende ausgesetzt und verfügen somit über vielfältige Erfahrungen im Themenspektrum Behinderung. In der Beratung kann gerade diese Verknüpfung von Professionalität und eigener Betroffenheit zur Verwirklichung einer selbstbestimmten Lebensführung und der Teilhabe am Leben in der Gemeinschaft beitragen (▶ Kap. 3; Konieczny 2014).

In diesem Artikel werden Grundsätze und Ziele des Peer Counseling-Beratungskonzeptes vorgestellt und auf die Entstehung und Verbreitung eingegangen. Wirkweisen dieser Beratungsform werden nachgezeichnet und durch Rückgriffe auf erste Ergebnisse der Evaluation eines aktuell laufenden Modellprojektes zu Peer Counseling im Rheinland, an welchem die Autorin und der Autor beteiligt sind, belegt. Der Beitrag schließt mit einem Fazit ab, in dem Peer Counseling als ein wichtiges Instrument dargestellt wird, welches zu mehr Selbstbestimmung im Leben von Menschen mit Behinderungen im Gemeinwesen beitragen kann.

2 Definition und Grundsätze von Peer Counseling

Unter *Peer* werden Personen verstanden, die als Gleichgestellte ähnliche Lebenserfahrungen oder -umstände teilen, wie beispielsweise Alter, Ethnie, Geschlecht, soziokultureller Hintergrund (wie Bildungsstand, Berufsgruppenzugehörigkeit etc.) oder auch das Vorliegen von Behinderung/chronischer Erkrankung (vgl. Hermes 2011).

Counseling leitet sich vom englischen Verb to counsel ab und lässt sich übersetzen mit: Beratung, Empfehlung, unterstützende Begleitung (vgl. Weiner & Delahunty 1993). Peer Counseling im Kontext der Unterstützung von Menschen mit Behinderungen bedeutet demnach: Beratung von und für Menschen mit Behinderungen. Sie ist eine Beratungsmethode, die weitgehend unabhängig von ökonomischen und haushaltsrechtlichen Interessen und der Kostenverantwortung der Leistungsträger und -erbringer sein soll. Abhängig von dem Beratungsanlass und -konzept kann das Setting im Peer Counseling in Häufigkeit, Anzahl und Gesprächsdauer variieren und sowohl in Form von Einzel-, Mehrpersonen oder Gruppenberatung stattfinden (vgl. Konieczny 2014).

---

14 Unter Empowerment werden sowohl bestimmte theoretische Annahmen, inhaltliche Konzepte und Leitideen als auch Beratungs- und Föderansätze verstanden, die neben einer professionellen Grundhaltung auch Prozesse der Persönlichkeitsbildung beinhalten. Für weiterführende Erläuterungen vgl. Tilly Miller und Sabine Pankofer 2000.

Unter dem Oberbegriff selbstbestimmter Unterstützungsarrangements des Peer Help/Peer Support werden neben dem Peer Counseling weitere Ansätze und Methoden, wie Peer Education, Peer Leadership, Peer Mediation, Peer Mentoring, Peer Teaching und Peer Tutoring zusammengefasst, die sich nicht immer trennscharf voneinander abgrenzen lassen (vgl. Heyden von 2015). Peer Counseling, wie es in der emanzipatorischen Selbsthilfe- und Behindertenbewegung verortet ist, beinhaltet Beratung als eine Hilfeform mit spezifischer inhaltlicher Ausrichtung, orientiert an einem professionellen Beratungskonzept unter Einsatz diverser Gesprächsführungs- und Kommunikationstechniken.

Nach Vincent J. D'Andrea und Peter Salovey (1996) basiert das Peer-Beratungskonzept auf acht Pfeilern (commandments):

- Wertfreiheit,
- Empathie,
- Non-direktive klientenzentrierte Beratung,
- Formulierung von offenen Fragen,
- Förderung von Problembewusstsein und Lösungsstrategieentwicklung,
- Paraphrasieren statt zu interpretieren (aktives Zuhören),
- Ausrichtung auf das Hier und Jetzt,
- Wahrnehmen und Benennen von Gefühlen.

Peer Counseling beinhaltet mehr als nur Beratungstätigkeit: Vielmehr werden sowohl durch den gezielten Einsatz von Empowermentstrategien der soziopolitische Kampf um Gleichberechtigung und Anerkennung von Menschen mit Behinderungen forciert als auch das Individuum ermächtigt, sich selber für ein Leben in Unabhängigkeit und Selbstbestimmung einzusetzen (vgl. Braukmann et al. 2016; Rösch 1995).

Die konzeptionellen Beschreibungen des Peer Counseling-Ansatzes lassen einen deutlichen Bezug zu Auffassungen und Methoden der humanistischen Psychologie erkennen, welche stark auf die Bedürfnisse und Anliegen der Ratsuchenden ausgerichtet sind (client centered), wie beispielsweise auch in der humanistischen Psychotherapie von Annemarie und Reinhard Tausch (1990) beschrieben.

3 Entstehung und Verbreitung des Peer Counseling

Beschreibungen erster Anwendungen des Peer Counseling finden sich im Zusammenhang mit der Gründung der Selbsthilfebewegung der Anonymen Alkoholiker Ende der 1930er Jahre in den USA (vgl. Hermes 2011). Nach Alfred Hyman Katz und Eugene I. Bender (1976) entwickelt sich die Beratungsmethode Peer Counseling parallel zu den unterschiedlichen Strömungen und Ansätzen von Selbsthilfe- und Interessenvertretungsverbänden und -gruppen (beispielsweise US-amerikanischer Veteranenverbände, Menschen mit Suchterkrankungen, Studierende mit Behinderungen und/oder chronischen Erkrankungen) und ist bereits Ende der

1950er Jahre in den USA überregional präsent (vgl. Bratter & Freeman 1990). Gemeinsames Moment ist der Umgang mit Herausforderungen der Lebensgestaltung nach Brüchen in der Biografie, etwa mit traumatisierenden Lebensereignissen, (chronischer) Erkrankung und/oder Behinderung.

Von der US-amerikanischen Independent-Living-Bewegung werden in den 1960er Jahren Peer Counseling-Programme für Studierende mit Behinderungen konzipiert, verbunden mit dem Ziel einer gleichberechtigten Teilhabe. Im gleichen Zeitraum bilden Menschen mit Behinderungen lokale und nationale Netzwerke, um Forderungen nach einem umfassenden Diskriminierungsverbot und selbstbestimmter Lebensführung Ausdruck zu verleihen. In den folgenden 20 Jahren werden in den USA über 300 Centers for Independent Living (CIL) gegründet, wo Peer Counseling als Beratungsmethode eingesetzt wird (vgl. Hermes 2006).

Der formalisierte Peer Counseling-Ansatz findet ab Mitte der 1970er Jahre auch Eingang in die deutsche Behindertenbewegung und entwickelt sich sukzessive zu einem festen Bestandteil der heutigen Selbsthilfekultur für Menschen mit unterschiedlichen Erkrankungen und Formen von Beeinträchtigungen und Behinderungen. Mittlerweile stellen Peer-Support und Peer-Beratung nicht nur im angelsächsischen Raum, sondern auch in vielen europäischen Ländern feste Angebote in der emanzipatorischen Behindertenbewegung sowie in der Arbeit mit psychisch kranken und suchtkranken Menschen dar (vgl. ebd. 2011).

Bundesweit organisierte Interessenvertretungen und Behindertenverbände bieten mittlerweile – nahezu flächendeckend – kostenlose, unabhängige und zielgruppenorientierte Peer-Beratung für Menschen mit Behinderungen sowie deren Angehörigen zu Fragen aus allen Lebensbereichen in den Beratungsstellen an.

Ausgehend von den Anforderungen in der Beratungsarbeit mit psychisch kranken Menschen wurde in den letzten Jahren von Selbsthilfe-Zusammenschlüssen sowie auch psychiatrischen Versorgungszentren – wie beispielsweise in Hamburg (vgl. Mahlke et al. 2014) – Peer Counseling unter dem Begriff der Ex-In-Beratung aufgegriffen und für die eigene Zielgruppe angepasst und erweitert.

4 Aktueller Diskurs zum Peer Counseling

In der UN-BRK wird die Beratungsarbeit durch und für Menschen mit Behinderungen u. a. als eine Maßnahme angeführt, damit Menschen mit Behinderungen, »ein Höchstmaß an Unabhängigkeit ... sowie die volle Einbeziehung in alle Aspekte des Lebens und die volle Teilhabe an allen Aspekten des Lebens erreichen« (Art. 26 Abs. 1 UN-BRK) können. Vor diesem Hintergrund könnte Peer Counseling als Form unabhängiger Beratung geeignet sein, um dieser umfänglichen Forderung nach Teilhabe zu entsprechen und dabei gleichzeitig eine sinnvolle Erweiterung bereits bestehender Beratungsstrukturen darstellen.

Das Recht von Menschen mit Behinderungen auf eine selbstbestimmte und unabhängige Lebensführung mit gleichberechtigter Teilhabe rückt auch vor der aktuellen Diskussion um das BTHG (vgl. Die Bundesregierung der Bundesrepublik Deutschland 2016)[15] in den Fokus der politischen und öffentlichen Aufmerksamkeit. Das Gesetz sieht u. a. die Etablierung einer unabhängigen Teilhabeberatung vor. Bei dieser soll die Beratung von Betroffenen durch Betroffene (§ 32 SGB IX-RegE) besondere Berücksichtigung finden. Das niederschwellige Beratungsangebot von Peer Counseling kann von Ratsuchenden beansprucht werden, um – unabhängig von Leistungsträgern und -erbringern – über bestehende Rehabilitations- und Teilhabeleistungen aufgeklärt und informiert zu werden. Die unabhängige Teilhabeberatung ist dabei als eine Ergänzung zur gesetzlichen Beratungs- und Unterstützungspflicht der Rehabilitationsträger (§§ 14, 15 SGB I) angedacht. In der Konsequenz bedeutet dies, dass sich lokale und regionale Beratungsstrukturen – bei Einführung des BTHG – entsprechend der neuen Anforderungen weiterentwickeln und vernetzen müssen. Die einzuführende Beratungsform soll den Ratsuchenden bereits im Vorfeld der Inanspruchnahme von Rehabilitationsleistungen zur Verfügung stehen. Durch die Beratung sollen die Ratsuchenden befähigt werden, eine selbstbestimmte Auswahl zur Inanspruchnahme von Leistungen zu treffen. Unklar ist bislang noch, wie die neuen Beratungsangebote ausgestaltet sein müssen, damit alle potenziell adressierten Personen erreicht und die bestmöglichen Wirkungen entfaltet werden können. Zudem existieren aktuell keine verbindlichen Qualitätsstandards, z. B. zur räumlich-sächlichen sowie personellen Ausgestaltung von Peer-Beratung. Dies zeigt sich beispielsweise auch in der Qualifikation und Supervision von Peer Counselors. Weder wurden bisher die unterschiedlichen Lehr- und Lernkonzepte wissenschaftlich-empirisch untersucht noch stellt die Schulung zur bzw. zum Peer Counselor eine zertifizierte Weiterbildung nach der Deutschen Anerkennungs- und Zulassungsverordnung (AZWV) dar. Die Einführung von verbindlichen (Mindest-)Standards zur Ausgestaltung unabhängiger Beratung ist vor diesem Hintergrund angezeigt.

5   Empirische Forschung zu den Wirkweisen von Peer Counseling

Zukünftig ist davon auszugehen, dass – beflügelt durch die Anforderungen der UN-BRK und den aktuellen Entwicklungen im deutschen Sozialrecht (BTHG) – Peer Counseling und seine Einsatzmöglichkeiten sowie konzeptionelle Ausgestaltung vermehrt in den Mittelpunkt der Aufmerksamkeit treten werden. Fragen rund um eine gesicherte Finanzierung, mögliche Einsatzbereiche oder aber auch die Stellung von Peer Counseling im System etablierter Beratungsangebote sind bislang weitgehend ungeklärt. Empirisch geprüfte Daten zu Wirk- und Gelingensfaktoren des Peer Counseling liegen nicht vor, sind aber zur flächendeckenden Umsetzung der Beratungsangebote grundlegend. Ebenfalls ist unklar, welche Faktoren sich fak-

---

15 Bei Fertigstellung dieses Beitrags lag das BTHG nur in Entwurfsfassung vor.

tisch auf die Beratungssituation auswirken und wie diese das Entscheidungsverhalten der Ratsuchenden beeinflussen. Die zentralen Fragen, auf welche Art und Weise sich Peer Counseling-Angebote auf Ratsuchende und Beratende auswirken, Entscheidungsfindungs- und Persönlichkeitsbildungsprozesse beeinflussen und inwiefern die Inanspruchnahme der Beratung zu einer selbstbestimmten Lebensführung beitragen kann, sind nicht abschließend untersucht und belegt (zum Forschungsstand vgl. Braukmann et al. 2015, 43 ff.).

5.1 Forschungsstand

Mit Blick auf einschlägige nationale und internationale Beiträge, die Peer Counseling bei Menschen mit Behinderungen avisieren, lässt sich feststellen, dass:

- diese häufig eine spezielle Gruppe behinderter Menschen fokussieren (vgl. Salzer 2011; Unterberger 2009; Blochberger 2008; Schwonke 2000),
- vereinzelt Aspekte wie Wirkweisen des Peer Counseling oder Anforderungen an die Kompetenzen der Peer Counselors untersucht werden,
- die vorliegenden Studien überwiegend auf kleinen Fallzahlen basieren und nicht abschließend bzw. umfassend sind,
- insgesamt wenig neuere Publikationen zum Peer Counseling bei Menschen mit Behinderungen und/oder chronischen Erkrankungen vorliegen,
- aktuelle Arbeiten mehrheitlich Menschen mit psychischen Erkrankungen betrachten (vgl. z. B. Utschakowski 2009; Mahlke et al. 2014).

Zusammenfassend lässt sich festhalten, dass Peer Counseling im Kontext der Unterstützung für Menschen mit Behinderungen bislang nur marginale wissenschaftliche Beachtung gefunden hat. Repräsentative empirische Erhebungen zu Wirksamkeit und Ergebnissen dieser Beratungsform (zumindest) im deutschsprachigen Raum stehen aus. Ebenso fehlen fundierte Erkenntnisse zu möglichen Hemmnissen im Prozess der Peer-Beratung und zum tatsächlichen Bedarf an Peer Counseling (vgl. auch Jordan & Wansing 2016).

5.2 Das Projekt Peer Counseling im Rheinland

Entscheidungs- und Übergangssituationen von Menschen mit (wesentlichen) Behinderungen in wesentlichen Teilhabebereichen wie Wohnen und Arbeiten sind bislang häufig durch wenig Mitsprachemöglichkeiten und Gestaltungsräume gekennzeichnet. Wahlmöglichkeiten und/oder alternative Wohnformen sind nicht oder nur unzureichend bekannt. Dies führt häufig dazu, dass es für diese leistungsberechtigten Menschen mit Behinderungen fast selbstverständlich erscheint, aus dem Elternhaus in eine stationäre Wohneinrichtung umzuziehen. Spätere Wechsel in ambulant betreute Wohnformen gelingen häufig nicht. Die Betroffenen wünschen sich kompetente Beratung und Information zu möglichen Unterstützungsarrangements, um selbstbestimmt über die für sie geeignete Wohnform entscheiden zu können (vgl. Schäfers & Wansing 2009).

Ebenso ist es problematisch, dass viele Menschen, die Anspruch auf Leistungen zur Teilhabe am Arbeitsleben haben, diesen Anspruch mehr oder weniger alternativlos in Werkstätten für behinderte Menschen (WfbM) erfüllen. Übergänge von der Förderschule in den Beruf verlaufen immer noch in vielen Fällen als »institutioneller Automatismus«, von der Schule direkt in die WfbM. Auch Menschen, die aufgrund von Behinderungen auf dem allgemeinen Arbeitsmarkt scheitern, erleben häufig die WfbM als einziges Angebot der beruflichen Eingliederung bzw. Rehabilitation (vgl. Detmar et al. 2008).

Individuelle Beratung in Form von Peer Counseling könnte einen wesentlichen Beitrag zur Informationsvermittlung und Aufklärung über bestehende Rehabilitationsangebote und -möglichkeiten leisten. Hierdurch werden Entscheidungsprozesse von Leistungsberechtigten durch mehr Selbstbestimmung geprägt. Möglicherweise könnten auf diese Weise auch einzelfallbezogene Leistungen der Eingliederungshilfe reduziert oder ganz vermieden werden (vgl. Braukmann et al. 2016).

Aus diesen Gründen hat sich der Landschaftsverband Rheinland (LVR) entschieden, von 2014 bis 2017 (verlängert bis 2018) Peer Counseling im Rahmen eines Modellprojektes an zehn Standorten zu fördern und diese Erprobung wissenschaftlich zu evaluieren.[16]

Die geförderten Beratungsstellen befinden sich in unterschiedlicher Trägerschaft und haben aufgrund ihrer strukturellen Voraussetzungen unterschiedliche Schwerpunkte hinsichtlich ihrer Adressatinnen und Adressaten. Aufgaben der wissenschaftlichen Begleitung sind es, Wirkfaktoren sowie förderliche und hinderliche Bedingungen für erfolgreiches Peer Counseling zu identifizieren. Dabei sind die Wirkungsergebnisse zu analysieren und zu bewerten, um Handlungsempfehlungen für die Weiterentwicklung des Peer Counseling zu erstellen.

Um den komplexen Umsetzungs- und Wirkbedingungen im rheinländischen Modellprojekt gerecht zu werden, wird der Forschungsgegenstand auf verschiedenen Ebenen und aus unterschiedlichen Perspektiven betrachtet. Hierzu werden u. a. Gruppendiskussionen mit Ratsuchenden, Beratenden (an jeweils zwei unterschiedlichen Zeitpunkten) und Projektverantwortlichen[17] sowie schriftliche Befragungen von Ratsuchenden und Beratenden durchgeführt. Die schriftliche Befragung der Ratsuchenden erfolgt an zwei unterschiedlichen Zeitpunkten, sodass etwaige Einflüsse und Auswirkungen von Peer Counseling auf das Leben der Ratsuchenden erkannt werden können.

Die erste Welle der schriftlichen Befragung hat von Juni 2015 bis März 2016 stattgefunden. Es konnten 110 Ratsuchende im Alter von 16 bis 75 Jahren, mit einem Altersdurchschnitt von 41 Jahren, zu ihren Erfahrungen mit Peer Counseling befragt werden.[18] Frauen waren mit einem Anteil von knapp 60 Prozent an der

---

16 Projektträger LVR, Projektlaufzeit: Juni 2014–Ende 2018, wissenschaftliche Begleitung: Prognos AG in Kooperation mit Universität Kassel (Fachgebiet Behinderung und Inklusion, Prof. Dr. Wansing).
17 Bei den Projektverantwortlichen handelt es sich um Vertreterinnen und Vertretern der Leistungserbringer.
18 Der Fragebogen lag in einer kurzen Version – als vereinfachtes Angebot – und in einer langen Version vor. 16 Personen haben die Kurz- und 94 Personen die Langversion des Fragebogens ausgefüllt.

Befragung beteiligt. Die größte Gruppe an Befragten stellten Menschen mit psychischen Behinderungen dar, gefolgt von Menschen mit körperlichen und mehreren Behinderungen. Mehrheitlich lebten die Befragten in einer eigenen Wohnung bzw. in einer Wohngemeinschaft. Rund ein Viertel nutzte ambulante Leistungen zur Wohnunterstützung. Menschen mit Behinderungen, die stationäre Wohnunterstützung in Anspruch nehmen, konnten nur in geringem Umfang erreicht werden.

Im Folgenden werden ausgewählte Ergebnisse aus der ersten schriftlichen Ratsuchendenbefragung zu den Motivationen, Peer Counseling zu nutzen, sowie zu Wirkungen und Bewertungen aus Sicht der Ratsuchenden dargestellt (vgl. Braukmann et al. 2016).

5.3 Erste empirische Ergebnisse

Peer-Faktoren als Motiv zur Inanspruchnahme des Beratungsangebotes

Peer-Faktoren stellen offenbar zentrale Kriterien für den Beratungserfolg dar. Die Möglichkeit mit einer Person zu sprechen, die gleichartige Lebenserfahrungen hat, beeinflusst die Entscheidung, Peer Counseling als Beratungsform in Anspruch zu nehmen, stark. So geben die Ratsuchenden an, dass es für sie in einer Peer-Beratung von besonderer Wichtigkeit ist, einer Beraterin oder einem Berater gegenüber zu sitzen, welche(r) sich bereits in einer ähnlichen Lebenssituation befand, wie die Ratsuchenden selbst. Ebenso wird häufig der Wunsch geäußert, mit einer Beraterin oder einem Berater zu sprechen, der ebenfalls eine Behinderung hat. Mehr als die Hälfte der Befragten geht davon aus, dass Mitarbeitende von anderen Beratungsstellen sie häufig nicht verstehen und ihre Fragen generell nur von Peer Counselors beantwortet werden können.

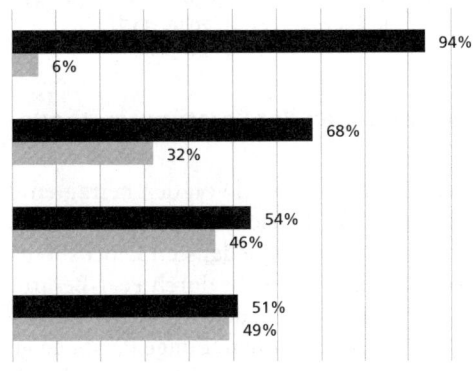

Abb. 1: Motivationen Peer Counseling in Anspruch zu nehmen (eigene Darstellung nach Braukmann et al. 2016, 107)

Wirkungen des Peer Counseling

Die inhaltliche Bandbreite der Beratungsinhalte im Peer Counseling reicht von allgemeinen Fragestellungen zur Alltagsbewältigung, über Informationen zu Ausbildungsmöglichkeiten und Wohnformen bis zu behinderungsspezifischen Fachthemen. Es sind die Ratsuchenden selbst, welche die Wahl des Beratungsgegenstandes treffen und somit entscheiden, wo Prioritäten gesetzt werden. Unabhängig vom Beratungsthema geben die Ratsuchenden an, dass es ihnen nach der Beratung besser geht und ihre Fragen beantwortet wurden. Die Beratungsgespräche werden als hilfreich beschrieben und führen bei vielen Ratsuchenden dazu, dass sie besser wissen, was wichtig in ihrem Leben ist und welche Veränderungen sie anstreben.

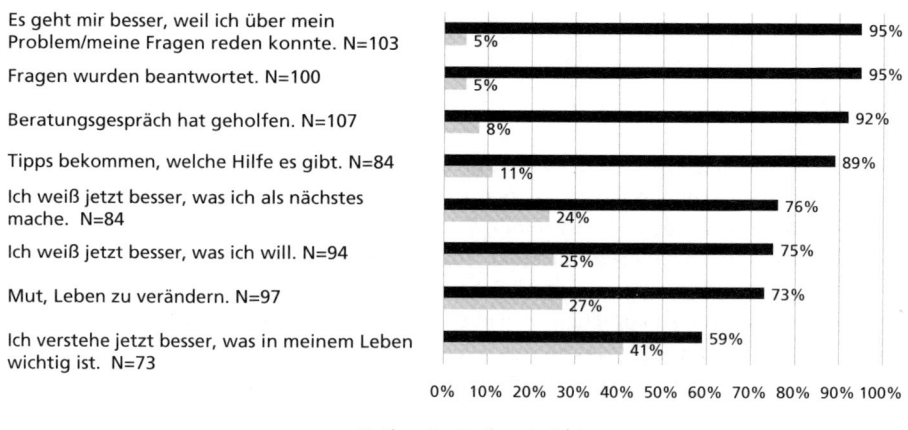

Abb. 2: Beratungsergebnisse aus Sicht der Ratsuchenden (eigene Darstellung nach Braukmann et al. 2016, 113)

Bewertungen der Beratungsmethode

Peer Counseling wird von den befragten Personen als wichtige Form der Beratung eingeschätzt, die sie weiterempfehlen würden. Individuelle Problem- und Fragestellungen in verschiedensten Lebensbereichen (z. B. Gesundheit, Arbeit, Wohnen) können aus ihrer Sicht durch Peer-Beratung positiv beeinflusst werden, sodass die Ratsuchenden mehrheitlich Peer Counseling bei anderen Themen wieder in Anspruch nehmen wollen. Einige Personen geben an, dass sie in Zukunft nur noch zur Peer-Beratung gehen werden. Aus der Perspektive der Ratsuchenden stellt Peer Counseling ein wichtiges Beratungsangebot dar, welches bestehende Beratungsstrukturen sinnvoll und notwendig ergänzt. Mehrheitlich möchten die Befragten Peer Counseling anderen Personen weiterempfehlen sowie auch selbst wieder in Anspruch nehmen.

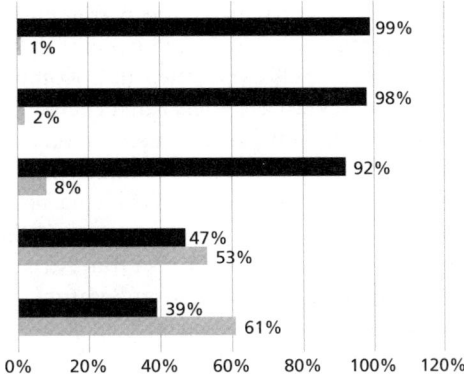

Abb. 3: Bewertung des Peer Counseling (eigene Darstellung nach Braukmann et al. 2016, 114)

6 Bedeutung des Peer Counseling zur Unterstützung einer selbstbestimmten Lebensführung

Um Menschen mit Behinderungen eine selbstbestimmte Lebensführung und aktive Teilhabe am Leben in der Gesellschaft zu ermöglichen, ist es notwendig, dass entsprechende (von Leistungsträgern und -erbringern) unabhängige, zielgruppenorientierte und bedarfsgerechte Beratungsangebote vorgehalten werden. Diese müssen Informationen zu Fragestellungen aus allen Teilhabebereichen – insbesondere Arbeitsleben, Wohnen, Freizeit- und Alltagsgestaltung – vorhalten.

Das alltagsnahe und auf der eigenen (Behinderungs-)Erfahrung basierende Peer Counseling kann in besonderer Weise durch einen Informations- und Wissensvorsprung der Beratenden situationsadäquat auf Anfragen von Ratsuchenden reagieren. Insbesondere in mit Unsicherheiten, Befürchtungen oder Ängsten verbundenen Übergangsphasen – bei biografischen Nullpunkterfahrungen oder Lebenskrisen – kann die bzw. der Peer Counselor eine motivierende Vorbildfunktion einnehmen, was auf Ratsuchende bestärkend und ermutigend wirken kann. Darüber hinaus kann das Vertrauensverhältnis zwischen Beratenden und Ratsuchenden zu einer erhöhten Akzeptanz und Compliance führen (vgl. Braukmann et al. 2016; auch Blochberger 2008; Contag 2009; Miles-Paul 1992).

Die dargestellten Grundlagen des Peer Counseling und die ausgewählten empirischen Ergebnisse aus dem rheinländischen Modellprojekt geben einen nicht abschließenden Einblick in die Beratung von Betroffenen für Betroffene. Festzuhalten ist, dass anscheinend beide Seiten von Peer-Beratung profitieren: Ratsuchende und

Beratende. Die Mehrheit der befragten Peer Counselors geben an, dass sie durch ihre Beratungstätigkeit eine persönliche Weiterentwicklung, beispielsweise einen Zuwachs an Selbstvertrauen und Kompetenzen im Umgang mit der eigenen Behinderung, erfahren. Viele Ratsuchende entscheiden sich bewusst, Peer Counseling in Anspruch zu nehmen, da sie davon ausgehen, dass Menschen, die sich in einer ähnlichen Lebenssituation befanden oder befinden, besonders gut auf ihre Anliegen eingehen können und die Probleme besser verstehen als Mitarbeitende anderer Beratungsstellen (vgl. Braukmann et al. 2016).

Insgesamt werden die Beratungsergebnisse von Ratsuchenden (sehr) positiv eingeschätzt, unabhängig vom Beratungsanliegen. Auch wenn noch keine abschließenden Ergebnisse vorliegen, zeigt sich eine deutliche Tendenz, dass Beratungen zu Teilhabeleistungen wie Arbeiten, Wohnen, Unterstützungsbedarf und Hilfsmittelversorgung, häufig eine Auseinandersetzung mit der eigenen Lebenssituation und weiterer Schritte der Veränderung beinhalten (ebd.). Klar scheint jedoch, dass Wirkungen des Peer Counseling nicht monokausal sind, sondern in einem Gefüge unterschiedlicher Kontextfaktoren ablaufen. Unter Berücksichtigung der Verschiedenheit von Menschen mit Behinderungen (vgl. Art. 3 UN-BRK) und deren individuellen Beratungsanforderungen ist es ein Qualitätsmerkmal der Beratungsstellen, wenn sie den vielfältigen Beratungsbedürfnissen gerecht werden. Dies spricht grundsätzlich für eine Vielfalt in der Peer-Beratungslandschaft mit konzeptionell-thematischen Schwerpunktsetzungen (vgl. Braukmann et al. 2016).

Bei zahlreichen Ratsuchenden, die Peer Counseling genutzt haben, hat dieses Empowermentprozesse ausgelöst. Dies bestätigt die Erwartungen, dass Peer Counseling eine geeignete Ergänzung der aktuellen Beratungspraxis darstellt und aktuellen Forderungen nach unabhängiger Beratung zur Verbesserung der Selbstbestimmung und Teilhabe von Menschen mit Behinderungen im Gemeinwesen entspricht. Mit Blick auf den weiteren Forschungsbedarf lässt sich feststellen, dass weitere empirische Forschung zu den Wirkweisen und Ergebnissen sowie den in diesem Kontext relevanten Einflussfaktoren von Peer Counseling notwendig ist, um Möglichkeiten und Grenzen dieser Beratungsform einordnen und bewerten zu können. Die Begleitforschung im rheinländischen Peer Counseling Projekt wird durch ihre folgenden Erhebungsschritte einen Beitrag hierzu leisten und Wirkweisen sowie fördernde als auch hemmende Faktoren für gelingende Peer-Beratung ermitteln.

Literatur

Blochberger, Kerstin (2008). *Befragung zum Nutzen der Peer Counseling-Angebote des Bundesverbandes behinderter und chronisch kranker Eltern – bbe e.V. Evaluation eines Peer Counseling-Angebotes unter Berücksichtigung der Kriterien der Disability Studies. Masterarbeit.* http://bidok.uibk.ac.at/library/blochberger-counseling.html (Zugriff: 07. Juni 2017).

Bratter, Bernice und Evelyn Freeman (1990). The Maturing of Peer Counseling. *Counseling and Therapy. Journal of the American Society on Aging 14* (1): 49–52.
Braukmann, Jan, Andreas Heimer, Melanie Henkel, Micah Jordan, Mario Schreiner, Gudrun Wansing und Matthias Windisch (2015). *Evaluation von Peer Counseling Anlaufstellen und Beratungsangeboten im Rheinland. Erster Zwischenbericht.* http://www.lvr.de/media/wwwlvrde/soziales/menschenmitbehinderung/wohnen/dokumente_232/peer_counseling/150716_Zwischenbericht_1_PeerCounseling_final.pdf (Zugriff: 07. Juni 2017).
Braukmann, Jan, Andreas Heimer, Melanie Henkel, Micah Jordan, Mario Schreiner, Gudrun Wansing und Matthias Windisch (2016). *Evaluation von Peer Counseling im Rheinland. Zweiter Zwischenbericht.* http://www.lvr.de/media/wwwlvrde/soziales/menschenmitbehinderung/wohnen/dokumente_232/peer_counseling/14-1361_Anlage_2_Anlagen_zum_Zwischenbericht.pdf (Zugriff: 07. Juni 2017).
Cloerkes, Günther (2001). *Soziologie der Behinderten. Eine Einführung.* 2. neu bearb. und erw. Aufl. Heidelberg: Winter.
Contag, Katharina (2009). *Empowerment in der ambulanten Behindertenarbeit. Eine qualitativ-empirische Untersuchung von Beratungsformen für Menschen mit Behinderung. Diplomarbeit.* http://bidok.uibk.ac.at/library/contag-empowerment-dipl.html (Zugriff: 07. Juni 2017).
D'Andrea, Vincent J. und Peter Salovey (1996). *Peer Counseling: Skills, Ethics and Perspektives. Science and Behavior Books.* 2. Aufl. Palo Alto, California: Science and Behavior Books.
Detmar, Winfried, Manfred Gehrmann, Ferdinand König, Dirk Momper, Bernd Pieda und Joachim Radatz (2008): *Entwicklung der Zugangszahlen zu Werkstätten für behinderte Menschen. Im Auftrag des Bundesministeriums für Arbeit und Soziales.* http://www.bmas.de/SharedDocs/Downloads/DE/PDF-Publikationen/forschungsbericht-f383.pdf;jsessionid=0EA6CC5F5E3BC545E851C1A8EE572518?__blob=publicationFile, zuletzt aktualisiert am 06.10.2008 (Zugriff: 07. Juni 2017).
Die Bundesregierung der Bundesrepublik Deutschland (2016). *Entwurf eines Gesetzes zur Stärkung der Teilhabe und Selbstbestimmung von Menschen mit Behinderungen (Bundesteilhabegesetz – BTHG). Deutscher Bundestag 18. Wahlperiode. Berlin (Deutscher Bundestag, Drucksache 18/9522).* http://dip21.bundestag.de/dip21/btd/18/095/1809522.pdf (Zugriff: 05. Dezember 2016).
Hermes, Gisela (2006). Peer Counseling – Beratung von Behinderten für Behinderte als Empowerment-Instrument. In Heike Schnoor (Hrsg.). *Psychosoziale Beratung in der Sozial- und Rehabilitationspädagogik.* Stuttgart: Kohlhammer, 74–85.
Hermes, Gisela (2011). Peer-Konzepte in der Selbstbestimmt-Leben-Bewegung. In SelbstBestimmt Leben e.V. (Hrsg.). *Peer gesucht! Spätere Inklusion nicht ausgeschlossen. Peer-Konzepte zwischen Empowerment und (Selbst-)Ausgrenzung in Schule und Behindertenhilfe. Dokumentation der Fachtagung am 12. November 2011.* Bremen: o.A.,18–31. http://docplayer.org/18048523-Peer-gesucht-spaetere-inklusion-nicht-ausgeschlossen.html (Zugriff: 07. Juni 2017).
Heyden, Maximilian von (2015). *Peer-Involvement als pädagogisches Konzept (Teil 2): Konzeptuelle Formen.* https://finder-akademie.de/peer-involvement-als-paedagogisches-konzept-teil-2-konzeptuelle-formen (Zugriff: 07. Juni 2017).
Jordan, Micah und Gudrun Wansing (2016). *Peer Counseling: Eine unabhängige Beratungsform von und für Menschen mit Beeinträchtigungen – Teil 1: Konzept und Umsetzung. Beitrag D32-2016 in www.reha-recht.de.* https://http://www.reha-recht.de/fachbeitraege/beitrag/artikel/beitrag-d32-2016/ (Zugriff: 05. Dezember 2016).
Katz, Alfred Hyman und Eugene I. Bender (1976). *The Strength in US: Self-Help Groups in the Modern World.* New Viewpoints: Third Party Pub Co.
Konieczny, Eva (2014). *Bedeutung und Chancen des Peer Counseling für die Planung selbstbestimmter Unterstützungsarrangements von Menschen mit Behinderungen.* Saarbrücken: Akademiker Verlag.
Mahlke, Candelaria I., Ute M. Krämer, Thomas Becker und Thomas Bock (2014). Peer support in mental health services. *Current Opinion in Psychiatry 27* (4): 276–281.

Miles-Paul, Ottmar (1992). *Wir sind nicht mehr aufzuhalten. Behinderte auf dem Weg zur Selbstbestimmung.* http://bidok.uibk.ac.at/library/miles_paul-peer_support.html (Zugriff: 07. Juni 2017).
Miller, Tilly und Sabine Pankofer (Hrsg.) (2000). *Empowerment konkret!: Handlungsentwürfe und Reflexionen aus der psychosozialen Praxis. Dimensionen sozialer Arbeit und der Pflege. Bd. 4.* Stuttgart: Lucius und Lucius.
Rock, Kerstin (2001). *Sonderpädagogische Professionalität unter der Leitidee der Selbstbestimmung.* Bad Heilbrunn: Klinkhardt.
Rösch, Matthias (1995). *Peer Counseling und Psychotherapie. Die Randschau – Zeitschrift für Behindertenpolitik.* http://www.peer-counseling.org/index.php/peer-counseling-online-bibliothek/peer-counseling-und-psychotherapie-matthias-roesch (Zugriff: 07. Juni 2017).
Salzer, Marc (2011). *Consumer-Delivered Service as a Best Practice in Mental Health Care Delivery and the Development of Practice Guidelines.* http://www.cdsdirectory.org/SalzeretalBPPS2002.pdf (Zugriff: 07. Juni 2017).
Schäfers, Markus und Gudrun Wansing (2009). *FUH – Familienunterstützende Hilfen. Konzept Familienunterstützende Hilfen (FUH) – Alternativen zum Betreuten Wohnen für Menschen mit Behinderungen. Abschlussbericht zum Projekt FUH.* http://www.lwl.org/spur-download/fuh/fuh-bericht.pdf (Zugriff: 07. Juni 2017).
Schwonke, Claudia (2000). *Untersuchung zur Wirkung von Peer-Counseling.* Diplomarbeit Universität Kassel. http://www.peer-counseling.org/attachments/article/10/UNTERSUCHUNG_ZUR_WIRKUNG_VON_PEER-COUNSELING_(Claudia_Schwonke).pdf (Zugriff: 07. Juni 2017).
Tausch, Annemarie und Reinhard Tausch (1990). *Gesprächspsychotherapie: Hilfreiche Gruppen- und Einzelgespräche in Psychotherapie und alltäglichem Leben.* Göttingen: Hogrefe.
Unterberger, Claudia (2009). *Peer Counseling – Beratung von Menschen mit Behinderung.* http://othes.univie.ac.at/4938/1/2009-04-13_0307801.pdf (Zugriff: 07. Juni 2017).
Utschakowski, Jörg, Gyöngyvler Sielaff und Thomas Bock (Hrsg.) (2009). *Vom Erfahrenen zum Experten. Wie Peers die Psychiatrie verändern.* Bonn: Psychiatrie Verlag.
Weiner, Edmund S. C. und Andrew Delahunty (1993). *The Oxford English Dictionary for the Business World.* Oxford: Oxford University Press.

Autorenverzeichnis

Beck, Iris, Dr. habil., Professorin für Allgemeine Behindertenpädagogik und Soziologie an der Fakultät für Erziehungswissenschaft der Universität Hamburg. Forschungsschwerpunkte: Implementation und Evaluation gemeindeorientierter Unterstützungssysteme; Lebenslage, soziale Netzwerke und Lebensbewältigung behinderter Menschen; Inklusion und Partizipation als Bedingung der Lebenschancen; Sozialpolitik-, Organisations- und Institutionstheorien; Wandel von Programmen, Strukturen und Handlungsprozessen (Qualitätsentwicklung).

Deuschle, Andrea, Dipl.-Haushaltsökonomin, Geschäftsführerin Institut Personenzentrierte Hilfen GmbH Fulda. Forschungs-/Arbeitsschwerpunkte: Beratung und Schulung zur Integrierten Teilhabeplanung (ITP).

Franz, Daniel, Dr., Dozent und wissenschaftlicher Mitarbeiter (Studiengang Soziale Arbeit) am Fachbereich Gesundheit & Soziales der Hochschule Fresenius am Standort Hamburg. Forschungsschwerpunkte: Personenzentrierung; Sozialraumorientierung; Wohnangebote für Menschen mit Behinderung; professionelles Handeln in wohnbezogenen Diensten.

Frevert, Uwe, Dipl. Soz.-Päd., Vorstandsmitglied im Bundesverband der Interessensvertretung Selbstbestimmt Leben in Deutschland e.V. – ISL, Mitarbeiter im Verein zur Förderung der Autonomie Behinderter – fab e.V., Kassel, Peer Counselor und Trainer im Team Peer Counselor (ISL). Arbeitsschwerpunkte: Peer Counseling (Center for Independent Living, Berkeley, und ISL) Beratung zum persönlichen Budget/zur Assistenz (Selbstorganisation von Hilfen).

Gromann, Petra, Dr., Professorin für Rehabilitation am Fachbereich Sozialwesen der Hochschule Fulda. Forschungsschwerpunkte: Hilfeplanungsverfahren und Steuerung regionaler Verbundsysteme; Behindertenhilfe: Qualitätssicherung und Nutzerkontrolle, Weiterentwicklung der Gemeindepsychiatrischen Versorgung, Teilhabe an Arbeit und Beschäftigung; Hochschuldidaktik: life-long learning, blended learning individuelle Lernvereinbarungen.

Huppert, Christian, Dr., Fachreferent für Offene Behindertenhilfe und Betreuungsrecht beim Paritätischen Landesverband NRW. Arbeitsschwerpunkte: Fachliche Beratung und Organisationsberatung mit dem Fokus Teilhabe und Inklusion in den Themenfeldern Offene Hilfen/Ambulante Dienste, Familienunterstützende

Dienste, (Peer-/Tandem-)Beratung, Schulbegleitung, Persönliche Assistenz, Kultur/Freizeit/Sport und Betreuungsrecht.

Jordan, Micah, Master of Arts, wissenschaftliche Mitarbeiterin im Fachgebiet Behinderung und Inklusion am Fachbereich Humanwissenschaften, Institut für Sozialwesen der Universität Kassel, Forschungsschwerpunkte: Peer Counseling; Selbstbestimmte Lebensführung und Lebensweltgestaltung bei Behinderung; Organisation und Entwicklung der unabhängigen Interessensvertretung behinderter und chronisch kranker Menschen.

Rohrmann, Albrecht, Dr., Professor für Sozialpädagogik mit dem Schwerpunkt Soziale Rehabilitation und Inklusion am Department Erziehungswissenschaft und Psychologie der Universität Siegen. Forschungsschwerpunkte: Sozialpädagogische Unterstützung von Menschen mit Behinderung; Inklusion; Institutionen der Behindertenhilfe; Teilhabeplanung; Qualitätsentwicklung in der Behindertenhilfe; Sozialwissenschaftliche Aspekte von Behinderung; Behindertenpolitik.

Schäfers, Markus, Dr., Professor für Rehabilitation und Teilhabe im Sozialraumbezug am Fachbereich Sozialwesen der Hochschule Fulda. Forschungsschwerpunkte: Profilierung einer Teilhabeforschung; Soziale Indikatoren/Lebensqualitätsforschung; Methodenforschung zur Befragung; Diskurs der Eingliederungshilfereform; Neue Steuerungsinstrumente/Persönliches Budget; Bedeutung der Sozialraumorientierung für die Behindertenhilfe.

Schartmann, Dieter, Dr., Leiter der Stabsstelle »Medizinisch-psychosozialer Fachdienst« im Dezernat Soziales des Landschaftsverbandes Rheinland (LVR). Arbeitsschwerpunkte: Weiterentwicklung der Eingliederungshilfe, Aufbau und Steuerung von Beratungs- und Unterstützungsangeboten für Menschen mit Behinderungen, Umsetzung der UN-BRK.

Schreiner, Mario, Dr., wissenschaftlicher Mitarbeiter im Fachgebiet Behinderung und Inklusion am Fachbereich Humanwissenschaften, Institut für Sozialwesen der Universität Kassel, Forschungsschwerpunkte: Teilhabe am Arbeitsleben bei Behinderung; Beschäftigung in Werkstätten für behinderte Menschen; Peer-Counseling, Teilhabeforschung und Partizipation, Anerkennung und Behinderung.

Wansing, Gudrun, Dr., Professorin für Rehabilitationssoziologie am Institut für Rehabilitationswissenschaften der Humboldt-Universität zu Berlin. Forschungsschwerpunkte: Theorien und Konzepte von Inklusion, Exklusion, Behinderung und Teilhabe; Lebenslagen behinderter Menschen (Teilhabeforschung); Behinderung und Migration; Steuerungskonzepte der Rehabilitation und Teilhabe.

Weinbach, Hanna, Dr., wissenschaftliche Mitarbeiterin am Zentrum für Planung und Evaluation Sozialer Dienste (ZPE), Universität Siegen. Forschungsschwerpunkte: Inklusion und Partizipation; wohlfahrtsstaatliche Strukturen, professionelle Handlungskonzepte und Folgen sozialer Unterstützung für Kinder, Jugendliche und erwachsene Menschen mit Behinderungen.

Welti, Felix, Dr. habil., Professor für Sozial- und Gesundheitsrecht, Recht der Rehabilitation und Behinderung am Fachbereich Humanwissenschaften, Institut für Sozialwesen der Universität Kassel.

Windisch, Matthias, Dr., i.R., zuvor wissenschaftlicher Mitarbeiter im Fachgebiet Behinderung und Inklusion am Fachbereich Humanwissenschaften, Institut für Sozialwesen der Universität Kassel, geschäftsführender Vorstandsvorsitzender bei aha e.V. Kassel (Verein Ambulante Hilfen im Alltag). Forschungs-/Arbeitsschwerpunkte: Inklusion und Lebensqualität, soziale Teilhabe und Selbstbestimmung von Menschen mit Behinderung und Pflegebedarf; ambulante, personenzentrierte und sozialraumorientierte Unterstützung von Menschen mit Beeinträchtigungen und Hilfebedarf; Organisations- und Qualitätsentwicklung/-management in der Behindertenhilfe.

Markus Schäfers
Gudrun Wansing (Hrsg.)

Teilhabebedarfe von Menschen mit Behinderungen

Zwischen Lebenswelt und Hilfesystem

2016. 185 Seiten, 13 Tab.
Kart. € 36,–
ISBN 978-3-17-029370-0

Der Bedarfsbegriff hat für alle beteiligten Akteure im Rehabilitationsgeschehen praktische Relevanz: Bedarfe von Menschen mit Behinderungen zur Verwirklichung gesellschaftlicher Teilhabe zu ermitteln und darauf aufbauend passende Hilfen zu planen, ist eine zentrale Aufgabe. Angesichts dieser Schlüsselfunktionen von Bedarfsfeststellung und Teilhabeplanung beschäftigt sich dieser Band mit dem Begriff des Bedarfs vor dem Hintergrund neuer Denkmodelle von Behinderung und Teilhabe. Teilhabebedarfe von Menschen mit Behinderungen werden aus unterschiedlichen Perspektiven beleuchtet und Orientierung gebende ethische, rechtliche und soziale Standards diskutiert. Dabei deckt das Buch auch grundlegende Widersprüche auf, die dem Teilhabebedarf zwischen Lebenswelt und Hilfesystem innewohnen.

Prof. Dr. Markus Schäfers lehrt und forscht im Fachbereich Sozialwesen der Hochschule Fulda mit dem Schwerpunkt Rehabilitation und Teilhabe im Sozialraumbezug. **Prof. Dr. Gudrun Wansing** ist Professorin für Behinderung und Inklusion am Institut für Sozialwesen der Universität Kassel.

Leseproben und weitere Informationen unter www.kohlhammer.de

W. Kohlhammer GmbH
70549 Stuttgart

Kohlhammer